兵士たちがみた日露戦争

—従軍日記の新資料が語る坂の上の雲—

いちょうコンソーシアム企画

横山篤夫
西川寿勝
編著

雄山閣

本書は二〇一一年一〇月一日に大阪市立中央図書館で開催された「大阪の兵士が語る坂の上の雲」―日露戦争従軍日誌から―　の講演記録をもとに編集しました。また、第三章は二〇一一年九月一八日に真田山陸軍墓地集会所で行われた研究集会での講演記録をもとにしました。

はじめに

本書は、兵士の備忘録《びぼうろく》として戦場で綴られた『従軍日記』から日露戦争を検証した、シンポジウム記録をもとに作成しました。私たちがシンポジウムを企画するにあたって三つの驚きがありました。

まず、日露戦争では「空《むな》しく将卒《しょうそつ》を失い、各聯隊《れんたい》の戦闘者は二、三〇〇名しかいなかった。ほとんど前線を支えられなくなっていた。」・「午後四時三〇分に第二大隊は奉天城内廓を占領した。」など、最前線の細かな情報が末端の兵士にも飛び交い、それが正直に記されていたことです。これらの情報や記録そのものが軍事郵便の検閲をくぐりぬけるなど、郷里の国民に伝えられる場合もありました。

戦争では自軍に都合良い情報は公表するが、そうでないものは機密として秘匿されます。例えば、アジア太平洋戦争ではミッドウェイ海戦で四空母が撃沈され惨敗したことを海軍がひた隠し、東條首相がそれを知ったのは一ヵ月後、重光外相は終戦まで知らなかった、といいます。ましてや国民は息苦しいまでの言論と情報の統制を受けていたことはよく知られます。これに比較すると日露戦争は非常におおらかな時代であったのか、国民から戦争を希求する時代性だったのか、考えさせられます。

いずれにせよ、日露戦争の時代は読み書きの知識から新聞・雑誌の普及まで、国民が新しい情報伝達手段を急速に獲得した分岐点でした。国家は情報統制の利点・欠点を意識しはじめた段階だと考えます。

現在も同様ではないでしょうか。インターネットや携帯電話などの呼びかけを国家が制御できず、中東では革命がおきました。日本でも正確な情報を発信できなかった原発事故により、国民は風評に委縮しました。情報統制の新たな分岐点かもしれないのです。まさに、歴史は現在をうつす鏡です。

次に、日露戦争では兵士による文字史料が厖大にあることに驚きました。考古学を専門とする私は、城郭や墳墓などの人々の営みを発掘してきましたが、文字史料に遭遇することはほとんどありません。そこに暮らした個人の名前までたどることは文献史料を介してもまれでした。そうすると、戦乱の痕跡を確認しても、その主体は常に無名戦士だったわけです。

日露戦争時代になると個々の兵士は戦場に筆記用具を持ち込み、日記や手紙を自ら記し、見聞記録をとることが常態化していました。さらに、戦死者の墓碑や生前の写真まで追跡できる場合が多く、まさに顔が見え、名のある人々による歴史証言を掘り起こすことができるのです。

ところが、このような豊富な史料に恵まれながら、出征兵士の記録からの戦争検証作業はほとんど行われていません。これにも大いに驚きました。日本の歴史学では少ない史料から、きめ細かな研究が続けられ、重箱の隅をつつくような小論文も多くあります。対して、豊かな史料に支えられた近代史の研究者は古い時代を専門とする研究者数に比べて格段に少なく、研究が進んでいるどころか、史料の集成段階にあるのです。

確かに、戦史・戦術からみた日露戦争は多くの研究史が蓄積され、軍が主体で編纂されたものも多くあります。しかし、司令部の視点に立った大局的研究が目立ち、末端兵士の実相からの史料を積み上げたものはわずかです。

すでに日露戦争から一〇〇年以上が経過し、日本人の記憶から明治はすっかり消え去りました。しばらくのちには戦前・戦中の記憶もなくなってしまうでしょう。そうすると、個人が残した記録も、急速に散逸《さんいつ》・消滅してしまいます。本書を通じて、このような崖っぷちの史料群があることを紹介し、脚光をあてる機会となれば幸いです。そして、日露戦争や近代史を正しく位置づけるためにも、新たな研究の方向性を示すものと自負しています。

末筆ながら、本書を著すにあたって日露従軍日記を読む会と旧真田山陸軍墓地を考える会の諸氏には有益な助言をいただきました。記して謝辞とします。また、本書の編集中に私の親族中、最後の出征軍人だった勇おじさんが他界しました。子供のころから旧軍の話をよく聞かせていただき、研究動機を与えてくれた人でした。ご冥福をお祈りします。

二〇一二年二月四日

西川　寿勝

凡　例

本書を編集するにあたり、以下の統一をはかりました。

・引用の従軍日記は旧字・あて字を新字・現代字に、カタカナをひらがなにしたほか、句読点や（　）書きで語句を補い、読みやすくしました。

・敬称を略しました。

・従軍日誌は従軍日記に統一しました。

・本文中の●●聯隊は歩兵聯隊（連隊）を示し、大阪、名古屋など衛戍地《えいじゅち》を（　）に記しました。

・地名は基本的に『公刊戦史』の地名に準拠しました。青泥窪（ダルニー）は戦争途中に大連（だいれん）に変更されますが、本文では大連に統一しました（『公刊戦史』＝『明治卅七・八年日露戦史』全一〇巻、参謀本部編）。

兵士たちがみた日露戦争―従軍日記の新資料が語る坂の上の雲―目　次

第一章　日露戦争の時代

西川 寿勝
Toshikatsu Nishikawa

第一節　戦争の世紀

日本人と戦争　私もそうですが、もはや日本人の大半は戦後生まれです。戦後とはアジア太平洋戦争が終結した一九四五（昭和二〇）年八月一五日からで、すでに六五年以上の歳月が流れています。

多くの日本人にとって戦争といえばアジア太平洋戦争であり、しかも戦中とは戦争末期の本土決戦に向かう悲惨な状況と同一視してしまうのです。ところが、わが国は明治以来、日清戦争・日露戦争・第一次大戦・シベリア出兵・満州事変・日中戦争とほぼ一〇年ごとに大きな戦争を海外で繰り返してきました（図1）。決して、アジア太平洋戦争のみが戦争ではなかったのです。しかも、その大半は「勝ちいくさ」とされ、勝利報道や兵士の凱旋《がいせん》に国民は沸き返り、高揚した経験だったのです。戦前までの日本人にとって、戦争とは国民の歓喜や自信に直結し、アジア太平洋戦争末期の悲壮な印象で語られるものではなかったのです。

さらに、戦争となれば莫大な軍事物資や食糧を準備する必要が生じます。確かに、国民は物資欠乏への危機感がありました。買いだめにはしり、生活の制限もおきました。しかし、経済活動からみれば未曾有の戦争特需だったわけです。戦争は何も生み出さないといわれますが、生産と破壊の周期が急加速する事態です。そして、ひとたび特需を経験した国民は、次の特需を期待するようになったわけです。

明治時代の日本　長い鎖国を破って船出した若い日本は、近代的で強い軍隊を頼りにしました。国民は戦争によって世界観をひろげ、民族意識にも目覚めたのです。兵士は命の危険にさらされ、心や体に大きな傷を負うこともありました。しかし、国家のために命がけで取り組んだ経験は、生涯のなかで一番の晴れ舞台だったわけです。兵役を成人男性への通過儀礼と位置づける見方もあります。

時代	和　暦	西　暦	出　来　事（太字は主な戦役）
明治	6	1873	徴兵制度の開始
	10	1877	**西南戦争**
	27～28	1894～95	**日清戦争** 下関条約 台湾征討
	33	1900	**北清事変**（連合国による義和団の乱と清軍の鎮圧）以降、天津駐剳軍常駐
	37～38	1904～05	**日露戦争**　ポーツマス条約
	43	1910	韓国併合　以降、朝鮮駐剳軍常駐
大正	3	1914	第一次世界大戦勃発 **大正三年戦役**（日本は日英同盟から派兵） 満州に関東軍設置・常駐
	7～11	1918～22	**シベリア出兵**
昭和	2～4	1927～29	**済南事変**（第一次山東出兵）
	6～8	1931～33	**満州事変**
	7～8	1932～33	**上海事変**
	12～	1937～	**日中戦争**（支那事変）
	14	1939	**ノモンハン事件**（関東軍とソ連軍の衝突）
	16～20	1941～45	**アジア太平洋戦争**（大東亜戦争）

図1　近・現代の戦争

このような意識が全国隅々まで駆け巡った出来事が日露戦争です。日露戦争とは一九〇四（明治三七）年二月八日から翌九月五日の約六〇〇日、遼東半島から南満州を主戦場とした日本とロシアの戦争です。若き小国が大国にいどんだはじめての総力戦でした。その戦場は日本でもロシアでもなく、日本から言えば海を越えたとおい朝鮮半島と中国東北部でした。そのため、海軍が黄海・日本海の制海権を確保できるかどうかが外征した日本軍兵士の死命を制しました。結果は世界の先進諸国を驚愕《きょうがく》させるものでした。

日露戦争は、司馬遼太郎による小説『坂の上の雲』にくわしく描かれました。『坂の上の雲』については近年、NHKでドラマ化されましたし、愛媛県松山市に「坂の上の雲ミュージアム」が開館して様々な展示品を見ることができるようになりました。その他にも、解説書や軍記、映画などもたくさん知られます。これらの特徴は、戦争を遂行する司令官や政治家の視点からみた戦争と、兵士や国民の視点からみた戦争が混在することです。

『坂の上の雲』が執筆されたのは一九六〇年代でした。そうすると、一九〇四年におこった日露戦争出征兵士から戦争体験を直接聞きだすこともなんとか可能だったわけです。もちろん、現在はそういう体験者もすっかりいなくなりました。

それ以前の戦争、例えば戦国時代の合戦や幕末の動乱では、歴史の立役者となる為政者や武将の視点で戦争を読みとく場合が大半です。末端で戦争に参加した兵士の存在は希薄になりがちです。戦争の検証は数少ない史料にたよらざるを得ません。識字率の低かった大多数の兵士の視点による記録はあまりみられません。

逆に、日中戦争やアジア太平洋戦争では司令部や将校の視点から見た戦争も検証されているのですが、戦争の末端にいた国民の証言や体験記録が豊富にあり、多角的に分析することが可能です。

今回、日露戦争を体験した兵士の日誌、従軍日記に脚光をあて、多角的に検証することを試みました。まずは兵士の世界観を鮮明にするため、当時の日本と日露戦争を概観してみたいと思います。

第二節　日露戦争、日本軍の快進撃

日露戦争概観　日露戦争の戦闘経緯を概観しましょう（図2）。日露戦争の特徴を一言で示せば、この戦争はこれまでにないすさまじい砲撃戦だったということです。海軍が軍艦と軍艦で対決するにせよ、陸軍がコンクリートで固められた要塞を攻撃するにせよ、平原の塹壕を制圧するにせよ、大砲が活躍したのです。また、莫大な量の砲弾を必要としました。大砲が戦闘の勝敗を決した兵器として活躍したのでした。

さて、緒戦は一九〇四（明治三七）年二月七日、日本海軍が旅順のロシア艦隊に奇襲攻撃をしたことには

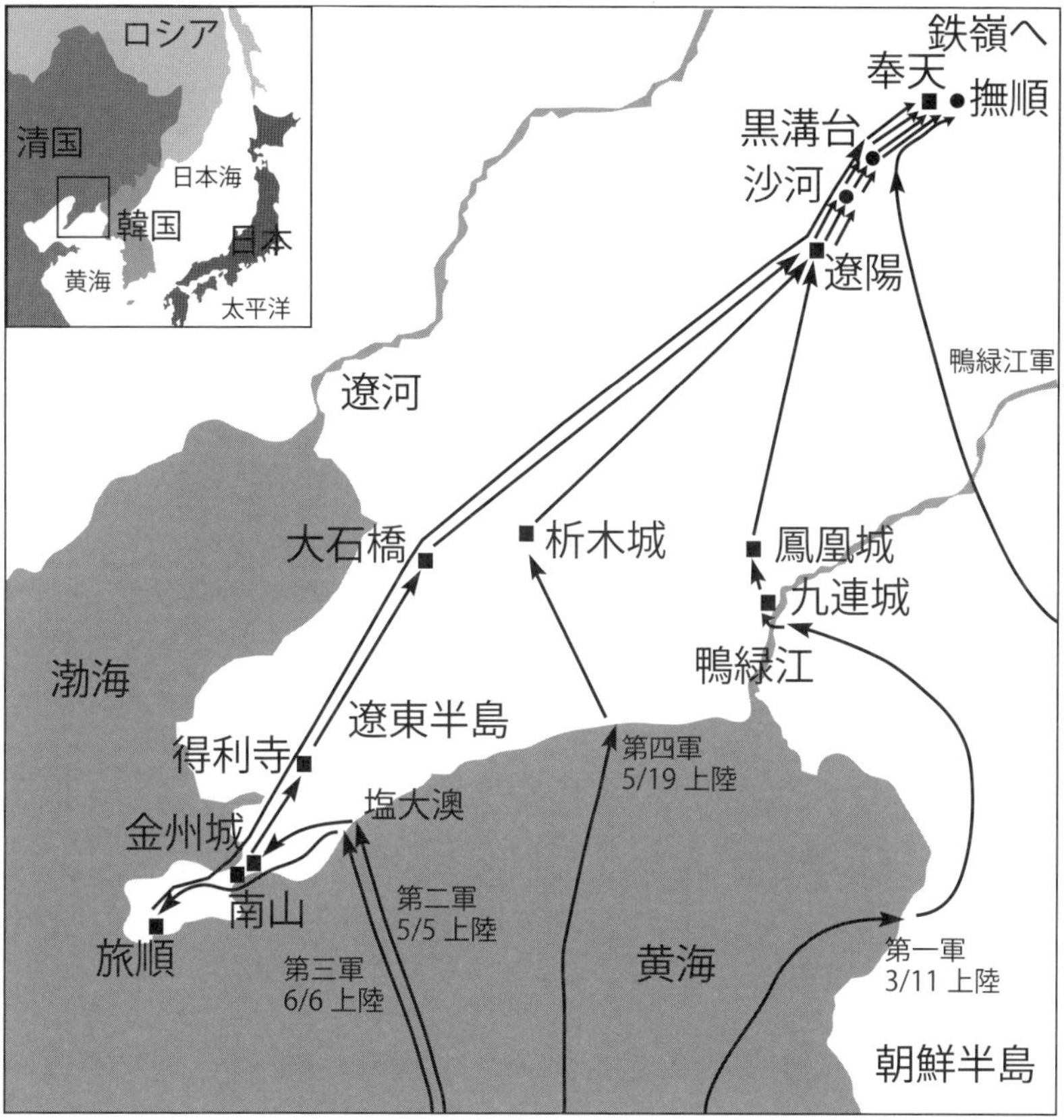

月日（明治37年·38年）	主な戦闘	戦闘軍	兵力（日本）	兵力（ロシア）
4月30日・5月1日	鴨緑江の戦い	第一軍	42000	24000
5月25日・26日	金州城・南山の戦い	第二軍	38500	17000
6月14日・15日	得利寺の戦い	第二軍	33600	41400
7月23日	大石橋の戦い	第二軍	34000	20000
7月31日・8月1日	析木城の戦い	第四軍	34400	33000
8月19日～ 10月26日～ 11月26日～	旅順要塞攻略戦 第一次～第三次	第三軍	64000	47000
8月24日～9月4日	遼陽の戦い	第一軍・第二軍・第四軍	134500	224600
10月9日～10月20日	沙河の戦い	第一軍・第二軍・第四軍	120800	221600
1月25日～1月29日	黒溝台の戦い	臨時立見軍	53800	105100
3月1日～3月10日	奉天の戦い	第一軍～第四軍・鴨緑江軍	249850	309600

図2　日露戦争の進軍経路

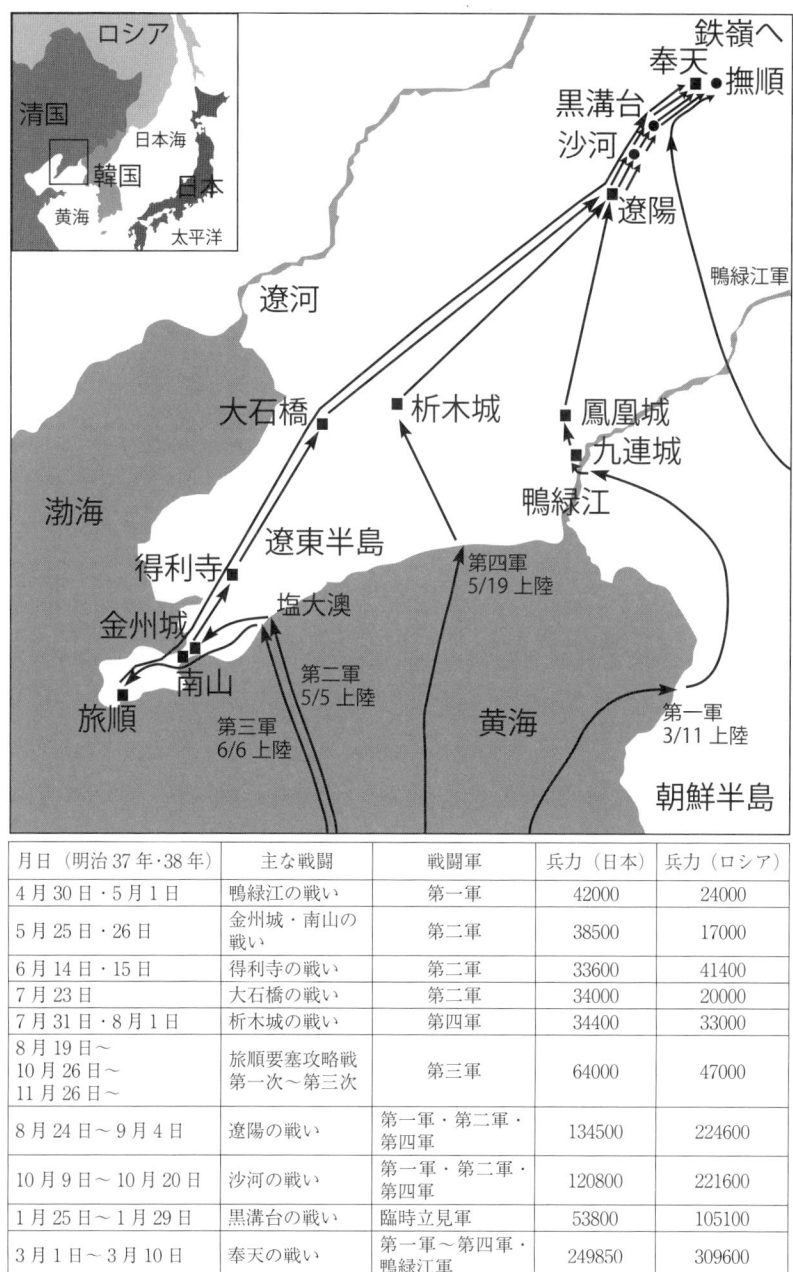

じまります。両国の宣戦布告は同年二月一〇日に行われますが、実際には七日から戦争は始まっていたのです。当時の国際法では驚くことに宣戦布告なき戦争がありえたのです。

海軍の奇襲後、陸軍は先遣部隊《せんけんぶたい》を朝鮮半島の仁川《じんせん》（ソウル西北）に上陸させました。日本軍が上陸したにもかかわらず、ロシア軍は積極的な反撃に出ません。逆に、ロシアの旅順艦隊は援軍を頼みとし旅順港に籠ります。旅順港は遼東半島の先端に位置します。連合艦隊は旅順港の出入口に船舶を沈めて封鎖を試みますが、成功しませんでした。そこで、陸軍は一部部隊を半島先端に南下させて旅順を攻めます。これが、乃木《のぎ》希典《まれすけ》大将率いる第三軍で、予想に反する死闘を繰り広げる旅順要塞攻略戦となるのです。

陸軍はまず、黒木為楨《くろきためもと》大将率いる第一軍を半島北部に上陸させ、四月三〇日・五月一日に鴨緑江《おうりょくこう》を渡ってロシア軍を破り、中国に進入します。「鴨緑江の戦い」です。

続く奥保鞏《おくやすかた》大将率いる第二軍は遼東半島の付け根に上陸し、五月二五・二六日、南山《なんざん》のロシア軍陣地を攻略して占領しました。「金州城・南山の戦い」です。さらに第二軍は大連《だいれん》を占領、ここから反転して遼陽《りょうよう》・奉天《ほうてん》を目指して北上します。六月一四日には南下してきたロシア軍を「得利寺《とくりじ》の戦い」で撃退、七月二三日には追撃して「大石橋《だいせききょう》の戦い」でも勝利しました。

ちなみに、「金州城・南山の戦い」は第一師団（東京）・第三師団（名古屋）・第四師団（大阪）による四万人規模の共同作戦でした。包囲網の一翼で各師団は闘うわけですが、当然成果が競われました。まず、金州城攻略では第四師団（大阪）の第九聯隊（大津）が城の南門に取り付いて城内占領を試みました。しかし、工兵隊の爆薬が豪雨で湿って城門を破壊できなかったのです。城壁からはげしい銃撃にさらされて挫折・撤退してしまいます。ちょうど、この撤退に入れ替わって、今度は第一聯隊（東京）が東門に取り付き、みごと城門を爆破・開城し、占領するのです。あと一歩だった第四師団（大阪）はくやしかったと思います。それで、翌日からの南山砲台包囲戦では執拗な突撃を繰り返し、今度は第八聯隊（大阪）が南山山頂を占領して、日章旗を翻《ひるがえ》すわけです（第二章参照）。

奥第二軍は南山から反転して北上、乃木第三軍は南下して旅順要塞の外郭に達し、八月一九日から総攻撃を開始します。これが有名な「旅順要塞攻略戦」です。しかし、堅牢に防護された旅順要塞を攻めあぐね、大損害を出して退却しました（第三章参照）。その後、第三軍は旅順攻撃を継続しましたが、一〇月二六日の第二次攻撃も失敗、一一月二六日からの第三次攻撃でようやく旅順港内を一望できる二〇三高地を占領、直ちに港内の艦隊を砲撃、旅順艦隊の脅威は払拭《ふっしょく》されたわけです。結果的に、旅順要塞は四四三基の砲を使って、合計三五万発の発射で陥落することになるのです。

旅順の悪戦苦闘の原因を単純に示せば、それは日本にとってはじめての本格的な要塞攻略戦だったことです。日清戦争のとき、わが国はまだ青銅の大砲で戦っていました。その後、陸軍はロシア軍の陣地防護の堅牢さを危惧し、ドイツのクルップ社に鋼鉄の大砲を大量発注しました。しかし、どれくらい砲弾が必要か予想できず、大小の大砲一門につき、三〇〇～四〇〇発の携行で十分と考えました。攻略戦の開始時、大連の兵站部《へいたんぶ》にはほとんど備蓄の砲弾は用意されていませんでした。ところが、旅順要塞は予想以上に堅牢で、結局一一万発以上の砲弾を撃ちつくしたのです。しかし、それでも旅順要塞は破壊できず、第一次攻撃で突撃した歩兵は戦死約五〇〇〇、戦傷約一万人の大損害をこうむりました。

第一次攻撃の反省から、陸軍は砲兵工廠《ほうへいこうしょう》に猛烈な砲弾生産を要求し、約一ヵ月で大量の砲弾を運びました。ただし、砲弾が供給されるまで、乃木第三軍はロシアの要塞砲にさらされたまま、ほとんど反撃できず、ひたすら要塞に近づくための塹壕《ざんごう》・トンネル掘削で耐えていました。

兵士を勇気付けたのは、本土の海岸防備にされていた巨大な二八センチ榴弾砲《りゅうだんほう》の移送でした。砲身だけでも一〇トンというこの巨砲は貨車二両を連結して旅順まで運ばれ、約四〇〇人で牽引して陣地に据えられました。砲のコンクリート基礎土台を築くだけでも大変な工事だったのです。しかし、一〇月はじめに六門が、月末には一八門が設置されました。結局、旅順要塞に打ち込まれた砲弾二九六トンのうち、三分の二はこの巨砲から発射されたものでした。

第一次攻撃の砲弾は発射後、空中で散弾が飛び出す榴散弾《りゅうさんだん》が大半だったので、要塞は破壊されません。第二次攻撃では堅牢なコンクリートを打ち砕くため、鋳鉄製のぶ厚い破甲榴弾《はこうりゅうだん》が主に要求されました。しかし、第二次攻撃で四二〇〇〇発の砲弾を撃ちつくしても要塞は破壊できませんでした。鉄の塊を要塞にぶつける方法ではだめだったわけです。そして、第二次攻撃でも戦死約一〇〇〇、戦傷二七〇〇〇の被害を出して、失敗します。

次に要求された砲弾は外被の鉄をなるべく薄くして、炸薬《さくやく》を多く詰めた長榴弾《ちょうりゅうだん》でした。第三次攻撃は爆風で要塞を破壊する戦法だったのです。そして、攻撃の焦点を要塞西端の二〇三高地に切り替え、ここでも五千余の戦死者、一万余の戦傷者の犠牲の上に、ついに占拠したのです。

最終的に、砲弾の一つが旅順要塞を設計した司令官コンドラチェンコ少将の籠《こ》もる司令室まで達し、多数の将校と共に吹き飛ばしました。二八センチ榴弾砲の威力は要塞に籠もるロシア兵の戦意を喪失させ、一九〇五（明治三八）年の元日になってロシア軍のステッセル旅順要塞司令官は降伏したのです。この降伏により、ロシア兵二万五千の俘虜と一万七千の傷病患者が発生しました。それで日本では全国各地に俘虜収容施設が建設されたのです（コラム4参照）。

乃木第三軍の悪戦苦闘に対し、黒木第一軍・奥第二軍と、野津道貫《のづみちつら》大将率いる第四軍は東清鉄道《とうしんてつどう》沿いに北上を続け、遼陽でロシア陸軍に決戦を挑みます。八月二四日から九月四日におこった「遼陽の戦い」です。日本軍は激戦ののち、遼陽城を無血占領したもののロシア軍は兵力を温存したまま撤退し、撃破には失敗しました。

追撃する日本軍に対し、ロシア軍は沙河《さか》を前にして攻勢に転じます。「沙河の戦い」です。ここでも決着をみず、しばらく沙河を挟んで両軍は対陣し、越冬状態に入りました。しかし、新たに前線に赴任したグリッペンベルク大将は、一月二五日に日本軍の最左翼にあった秋山好古の騎兵旅団への反攻を試みます。その結果、日本軍は戦線崩壊の危機に陥り、多数の死傷者を出しながら、極寒の前線を防衛しました。「黒溝台《こっこうだい》の戦い」です。

実は、沙河の戦いのころ、日本軍は大変な事態に陥っていました。遼陽の戦いで日本軍は銃弾・砲弾を撃ちつくし、これから生産する分も旅順要塞攻略用に手いっぱい、補給のめどはたたなくなっていたのです。

しかし、戦地の兵站倉庫に弾薬がないことは前線には知らされませんでした。戦意の喪失どころか、陣地防衛も不可能だったからです。この窮状《きゅうじょう》にひとり気をはいた部隊がありました。それが各軍一大隊、重砲八門（計二四門）からなる戦利野砲《せんりやほう》大隊です。日本軍の砲弾は底をついていたものの、ロシア軍が撤退のとき残していった弾薬は多量だったのです。日本軍はロシアから奪った大砲で盛んに攻撃を仕掛け、砲弾の致命的欠乏はロシア軍に悟られずに済みました。

一九〇五（明治三八）年一月になって、旅順を落とした乃木第三軍が北上する前線に合流、半島を守備していた川村景明《かわむらかげあき》少将の鴨緑江軍も合流し、大山巌《おおやまいわお》満州軍総司令官の号令の下、史上最大の陸戦とされる「奉天の戦い」が企図されました（第四章参照）。危機的だった弾薬の欠乏も、英・米からの供給によって、この頃には各部隊に行き渡ったばかりか、兵站倉庫には砲弾四〇万発、銃弾二〇〇〇万発の備蓄ができました。

三月一日からはじまった、奉天の戦いは一〇〇キロに及ぶ長大な戦線の左翼から乃木第三軍が回りこみ、右翼から川村鴨緑江軍が回りこみ、奉天城南面にあるロシア軍を奥第二軍・野津第四軍・黒木第一軍が引き付けている間に包囲、壊滅させようという大機動作戦でした。

日本軍によるこの壮大な包囲作戦は成功したかのようでしたが、三月九日になってロシア軍は砂塵《さじん》にまぎれて撤退をはじめます。日本軍は三月一〇日に奉天城を占領、一六日には鉄嶺《てつれい》北方まで追撃し、捕虜二万余人を得ました。しかし、陸軍は三二万八千発の砲弾を使い果たし、撤退するロシア軍主力の追撃は中断されました。

その後、北海にあったバルチック艦隊が七ヵ月に及んだ航海の末に日本近海に到達しました。五月二七日に連合艦隊と激突し、「日本海海戦」となりました。この海戦でバルチック艦隊はその艦艇のほとんどを失い、司令長官まで降伏するなど、日本海軍はロシア海軍に対し決定的な打撃を与えました。対して、日本の艦隊は喪失艦が水雷艇三隻という圧勝だったのです。

日本は和平交渉を有利に進めるため、七月に「樺太《からふと》攻略作戦」を実行し、少数の部隊で全島を占領しました。ロシアは相次ぐ敗北と、帝政に対する民衆の不満が増大し、一月九日には血の日曜日事件が発生、革命がおこって戦争継続が困難になりました。日本も物資や兵員が危機的状況にあり、両国は八月一〇日からアメリカ・ポーツマス近郊で終戦交渉に臨み、九月五日に講和しました。

日本はこの戦争で約一七億円の戦費を投入しました。このうち、一二億円は外国債によるものです。また、先に示した大砲や機関銃（砲）をはじめ、軍艦にいたるまで主力兵器の大半も諸外国から調達したものでした。

当時の日本軍の常備兵力二〇万人に対して、総動員兵力は五倍以上の一〇九万人にまで達しました。総力戦にむけ、国民生活の隅々にまで覚悟を求められました。もともと日清戦争後の三国干渉で遼東半島を返上させられた日本は臥薪嘗胆《がしんしょうたん》を決心し、戦争の準備をしてきました。臥薪嘗胆とは硬い薪《まき》の上に寝たり、苦い熊の胆臓を舐《な》めたりして復讐心《ふくしゅうしん》をちかい、ついに戦争で打ち勝った中国呉王《ごおう》の故事です。

日本では各県持ち回りで毎年、陸軍特別大演習が実施され、郷土の山野で兵士が鍛えられました。例えば、一八九八（明治三一）年には四万人が紅白に分かれ、大阪平野を舞台に天覧の壮大な戦争ごっこを行います（図3）。和歌山から輸送船で上陸する南軍が北上し、大阪城から南下する北軍と三日にわたって会戦しました。大阪の陣を想起させ、新聞はその勝敗に懸賞を出しました。しかし、岸和田城・今池の戦闘、池上・曽根・信太山・黒鳥山の戦闘、住吉《すみよし》・我孫子《あびこ》の戦闘、帝塚山《てづかやま》・長居《ながい》の戦闘と、湾岸に沿って南軍が北東に快進撃、大阪城に肉薄する状況はまさに奉天城を目指して北上する日露戦争をイメージしたものとわかるのです。このようにして市民は戦争を身近に感じ、訓練をつんだ兵士が総力戦に挑んだわけです。

第三節　日露戦争を戦った兵士

戦史と戦記　近代の戦争を検討するうえで重要となる史料に「戦史」と「戦記」があります。「戦史」は戦争を歴史的・軍事史的に検討した書物で日露戦争では陸軍参謀本部の刊行した『明治卅七八年日露戦史』が

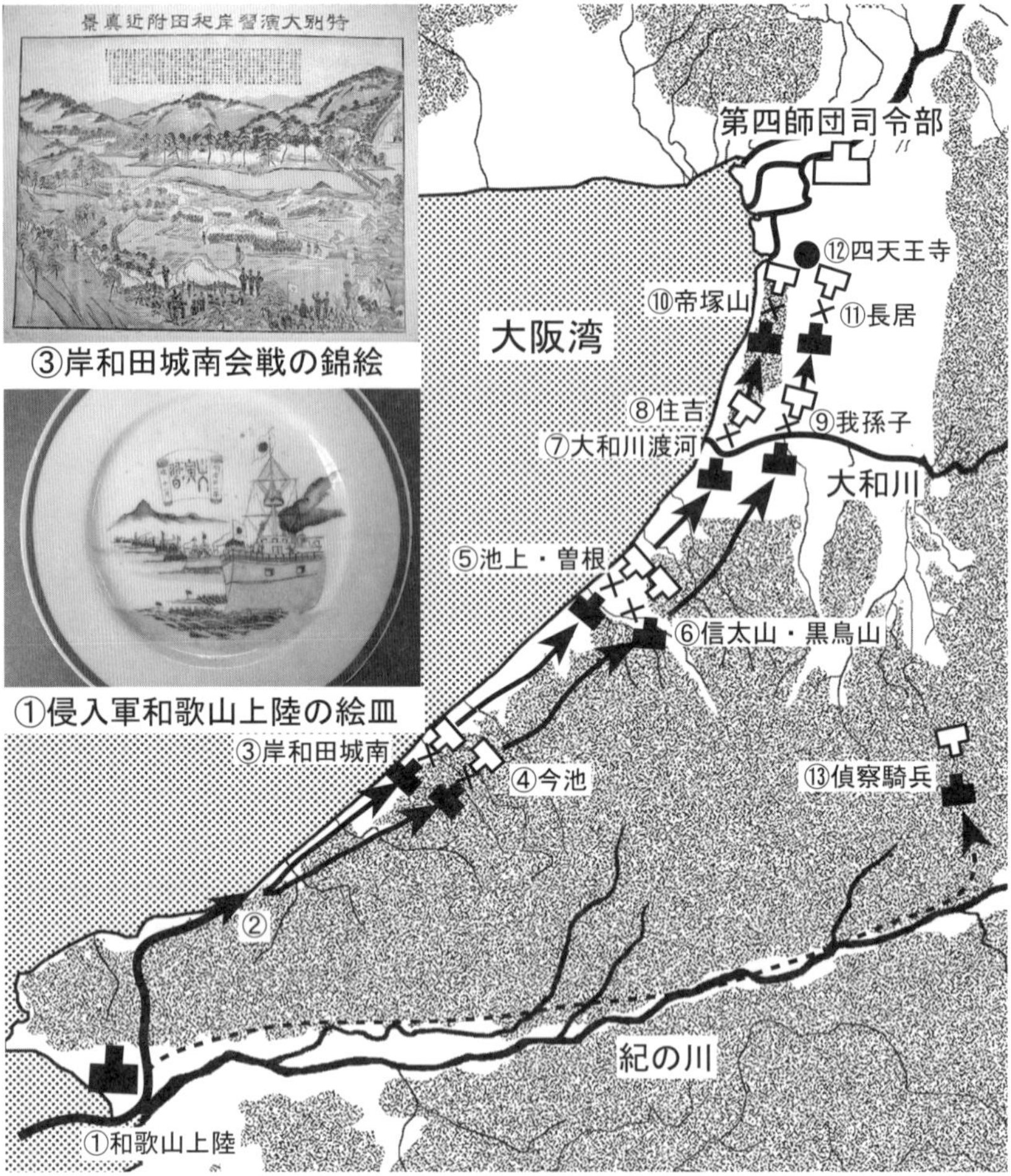

①11月14日、侵入軍和歌山上陸　②15日、紀州街道・熊野街道を二手に北上　③岸和田城南会戦　④今池付近の会戦　⑤16日、池上・曽根付近の会戦　⑥信太山・黒鳥山の争奪戦　⑦17日早朝、侵入軍大和川渡河　⑧住吉の会戦　⑨我孫子付近の会戦　⑩帝塚山の最終決戦　⑪長居付近の最終決戦　⑫四天王寺の野戦病院　⑬15日、侵入軍の偵察騎兵

1898年11月、海軍艦艇から上陸する侵入軍4万人（第四師団（大阪）・第十師団（福知山））と迎え撃つ防衛軍4万人（第三師団（名古屋）・第九師団（金沢））が激突する壮大な軍事演習が大阪平野で繰り広げられた。当時の新聞は「加太・由良の要塞砲を撃破した某外国軍が、大挙大阪にむかって猛進予定」と説明し、どちらが勝つか懸賞を賭ける話題となった。

図3　日露戦争を想定した1898（明治31）年の陸軍特別大演習

その代表です（以後『公刊戦史』）。これは本文一〇巻、付図・付表一〇巻からなる大著で、各部隊の戦闘や行動がつぶさに記録されています（第五章図3、206頁参照）。また、ロシア軍の動向も対比的に紹介され、基本的な動向は網羅されているといえるでしょう。最近では、国立国会図書館がデジタルアーカイブでこの大著をすべてウェブ公開しているので、詳細を閲覧することも可能です。また、ロシア軍から見た日露戦争を和訳したものに、陸軍参謀本部『明治三七八年戦役露軍之行動』全一二巻（一九分冊）があります。詳細な進軍経緯や指令、統計が記されています。

これに対し、「戦記」は主に従軍兵士による体験談です。報告文から日記や小説まで、様々な形態があります。桜井忠温《さくらいただよし》の『肉弾』、田山花袋《たやまかたい》の『一兵卒』、水野広徳《みずのひろのり》の『此一戦』などがその代表で、日本における戦争文学の幕開けとされます。

戦記は個人の体験によるため、大局的な動向が記されたものではなく、勘違いや感覚的な記述が多く含まれます。しかし、裏返せば現場の生の状況を当事者が記したわけで、戦史にないリアリティーがあります。個々の兵士の置かれた環境や感情についても検討することができます。故郷に送った手紙などは辛酸を伝えることより無事と安全が強調されるでしょうし、従軍日記であれば、自己の周辺で印象に残ったことのみが誇張されている場合があります。主観が入りやすいのです。

ところが、先に示した『公刊戦史』も同様の主観が読み取れるのです。参謀本部から見た戦争の動向になっており、あまりにも上層部の作戦通りに戦闘が移行しており、不自然な部分が多くあります。また、総司令部の失敗や指令の矛盾は取り繕われた可能性があり、犠牲も美化され、はぐらかされます。戦場の知略と勇敢が勝ち取った武功も、指令通りと記されている可能性があります。

また、『公刊戦史』の刊行以降にできた各部隊の聯隊史などは『公刊戦史』の影響を大きく受けており、『公刊戦史』に準じた戦闘過程で構成されたり、作戦や進軍の方向性を総司令部の視線から記述する傾向にあります。そして、司馬の『坂の上の雲』についても、引用する『公刊戦史』の史料批判が十分ではなく、現在ではいくつかの誤認が指摘されています。

この問題点に気づき、『公刊戦史』の欠点を補った書物に谷寿夫の『機密日露戦史』があります。著者は陸軍学校で日露戦争の戦闘を教本に後進を育成した指導教官で、日露戦争では近衛歩兵聯隊の小隊長として出征した軍人です。『公刊戦史』に隠された作戦・戦略の失敗や矛盾を数多く批判した戦史ですが、さきの終戦まで秘匿（機密）されていました。

谷は当時の総司令部や将校からも反省談話をとっています。日露戦争の実態を読み解くには、総司令部の視点にたった『公刊戦史』の欠点を検証する必要があるのです。近年刊行された日露戦争の研究書や解説書は、この欠点に留意したものとそうでないものが混在しているように見受けられます。

私は、戦場にあった兵士の従軍日記と対比させることが検証に有効と考えます。さらに、陸軍省が刊行した『明治卅七八年戦役感状写』（以後『感状写《かんじょううつし》』）と『靖国神社忠魂史』（以後『忠魂史』）が注目できると考えています。

前者の『感状写』は陸軍総司令部などが発行した部隊や個人に対する武勲について、場所・日時・状況などが簡潔に記されます。感状とは勲功のあった部隊や個人に授与された表彰状にあたります。武功は部隊長・師団長から軍団長に上奏されるもので、厳密な審査がありました。例えば、奉天会戦に関連するものだけで五八五通にのぼります。その日付・場所・所属部隊をたどることによって、最前線の展開と激戦の実態

感状
第七師団野戦電信隊
奉天附近ノ会戦ニ於テ敵弾ヲ日月シ広野ヲ往来シ
露国電線ノ利用ニ努メ疾風砂塵ヲ巻キ咫尺ヲ
辨ロス。他方面ノ交通屡々壮絶スルニ係ラズ常ニ能機
敏ト精勵トシテ以テ軍ト総司令部連絡ヲ維持シ命令
報告ノ通達機宜ヲ失セズ統帥上遺憾ナカラシメ
タリ其功績顕著ナリトス仍テ茲ニ感状ヲ附與ス
明治三十八年三月二十三日
第四軍司令官伯爵野津道貫　花押

感状
徒歩砲兵第二聯隊第五第六中隊
奉天附近ノ会戦ニ於テ明治三十八年
三月七日漢城堡附近ノ攻撃ニ参與シ他
ノ砲兵隊ト協カシ猛烈ナル敵ノ砲火ノ下ニ
有効ナル射撃ヲ継続シテ堅固ナル防
御工築物ヲ破壊シ敵ヲ制圧シテ大
ニ歩兵ノ攻撃前進ヲ容易ナラシメ且強
大ナル数回ノ逆襲ニ対シテハ巧ミニ之ヲ砲撃シ
テ多大ナ損害ヲ與ヘ敵ヲ潰乱ニ陥シ漢城堡
附近ノ占領ヲ確実ナラシメタリ其功績著大
ナリトス従テ茲ニ感状ヲ付與ス
明治三十八年三月二十三日
第四軍司令官伯爵野津道貫　花押

感状を授与された部隊や兵士は下賜金で記念杯を作成し、凱旋祝いとした。
二点は奉天会戦の感状を杯に写した「感状杯」。

発行司令官	総司令官（大山）	第三軍（乃木）	第二軍（奥）	第四軍（野津）	第一軍（黒木）	鴨緑江軍（川村）	その他 ※	合計（通）
総発行数	87	789	500	172	256	118	104	2026
奉天会戦発行数（内第四師団）	10（0）	158（0）	167（39）	84（5）	56（0）	110（0）	0（0）	585（44）

※朝鮮駐剳軍・師団長授与など、海軍は除く。
（陸軍省（1907）『明治卅七八年戦役感状写』第一～四巻より）

図 4　感状杯と日露戦争で陸軍が発行した感状

をつかむことができるのです（図4）。

後者の『忠魂史』は、戦死者の動向を知る資料です。日露戦争の戦死者は靖国神社に合祀されました。これは遺族の弔慰金《ちょういきん》や戦没者の名誉にもかかわることなので、遺漏はほとんどありません。この記録には戦死者の日付・場所・部隊名が記されているのです。例えば、奉天の戦いに関連する戦死者は後日、野戦病院などで亡くなった方をのぞいても二一七〇四人ありました。この資料も最前線の展開と激戦の実態をつかむことができる資料なのです。

兵士の徴募　近代の戦争では、徴兵制によって動員された一般国民が兵士となって闘いました。そこで、日露戦争時の陸軍の部隊編成を概観します（図5）。兵卒（兵士）は国民皆兵による徴兵制度で集められたといっても、女子にはなく、家督を継ぐ長男も除かれる場合が多かったといいます。平時は三年の徴兵期間で一通りの訓練を受け、退役しました。しかし、事変や戦争が勃発すると、退役した一般人も臨時動員を受けました。また、戦争が激化すると、部隊に大量の戦死・戦傷者が発生するので、さらに以前に退役した人達まで補充されたのです。

このようにして、人口の増加とともに陸軍は師団を増やしました。師団とは独立して作戦が実行出来る歩兵・砲兵・工兵などを備えたひとまとまりの戦闘集団で、一万人規模です。日露戦争開始時には全国あわせて一三個の師団がありました。

各師団は二旅団に分かれます。旅団は二個の歩兵聯隊を基幹にします。聯隊とはほぼ各県ごとに徴募区をもつ基本組織です。兵士は三年満期で徴募され、各年八〇〇人程度の兵士が集められたわけです。人口過多の都心部では徴募区が小さくなりました。逆に、地方は人口が少なく、働き手を失うと地域が疲弊《ひへい》するので、

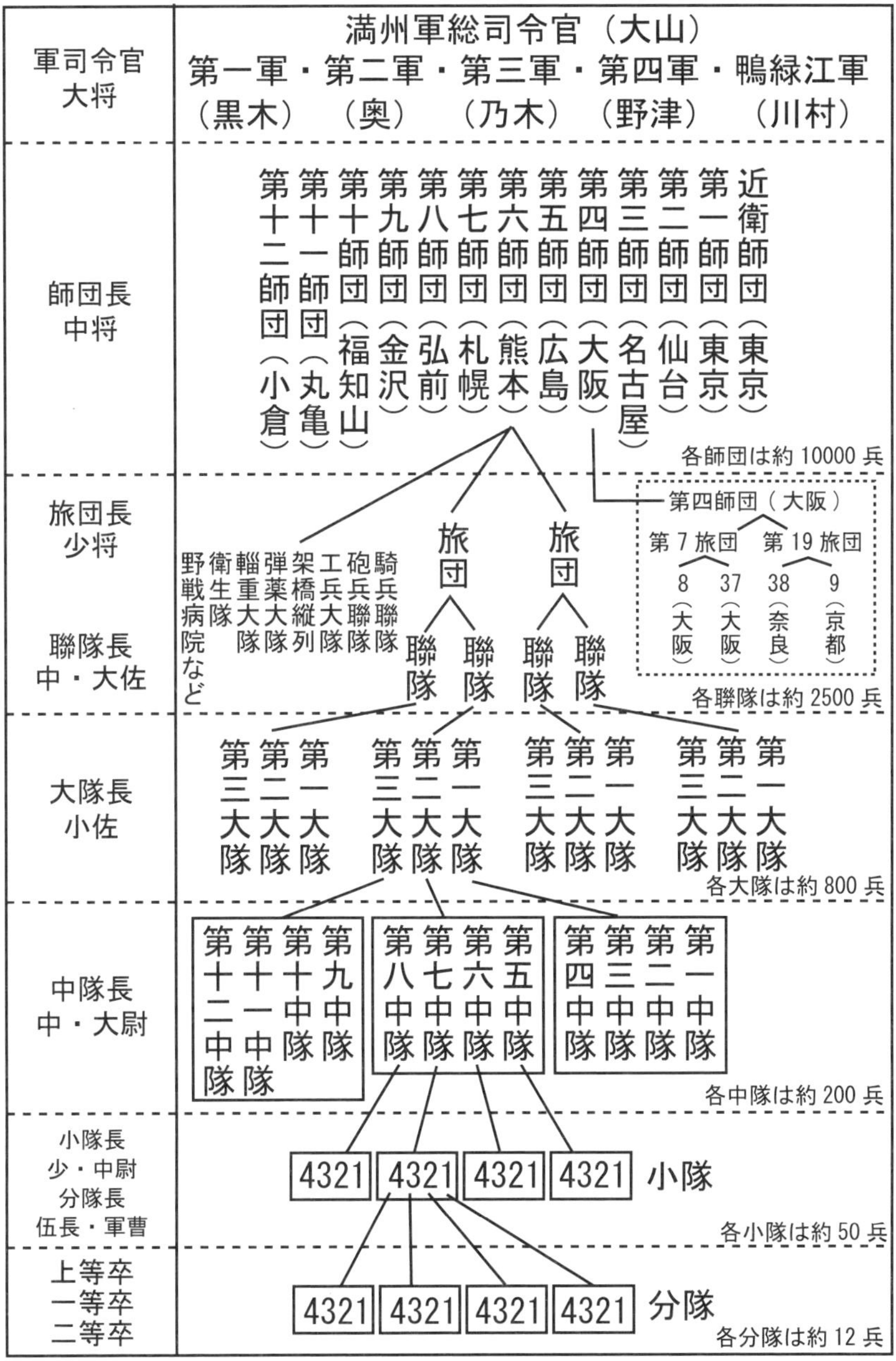
軍司令官
大将
満州軍総司令官（大山）
第一軍・第二軍・第三軍・第四軍・鴨緑江軍
（黒木）（奥）（乃木）（野津）（川村）
師団長
中将
近衛師団（東京）
第一師団（東京）
第二師団（仙台）
第三師団（名古屋）
第四師団（大阪）
第五師団（広島）
第六師団（熊本）
第七師団（札幌）
第八師団（弘前）
第九師団（金沢）
第十師団（福知山）
第十一師団（丸亀）
第十二師団（小倉）
各師団は約 10000 兵
旅団長
少将
騎兵聯隊
砲兵聯隊
工兵大隊
架橋縦列
弾薬大隊
輜重大隊
衛生隊
野戦病院など
旅団
旅団
第四師団（大阪）
第 7 旅団
第 19 旅団
8（大阪）
37（大阪）
38（奈良）
9（京都）
聯隊長
中・大佐
聯隊
聯隊
聯隊
聯隊
各聯隊は約 2500 兵
大隊長
小佐
第三大隊
第二大隊
第一大隊
各大隊は約 800 兵
中隊長
中・大尉
第十二中隊
第十一中隊
第十中隊
第九中隊
第八中隊
第七中隊
第六中隊
第五中隊
第四中隊
第三中隊
第二中隊
第一中隊
各中隊は約 200 兵
小隊長
少・中尉
分隊長
伍長・軍曹
4321
4321
4321
4321
小隊
各小隊は約 50 兵
上等卒
一等卒
二等卒
4321
4321
4321
4321
分隊
各分隊は約 12 兵

図 5　日露戦争時の陸軍組織

聯隊の兵員がなかなか整いませんでした。

日露戦争の部隊　基幹となる歩兵聯隊（二四〇〇人程度）は、三個の歩兵大隊（八〇〇人程度）に細分されます。各大隊は四個中隊からなるので、聯隊は一～一二中隊が基本単位です。中隊（二〇〇人程度）はさらに四個小隊（各五〇人程度）に分けられ、小隊は四個分隊（各一二人程度）からなります。

分隊長は伍長《ごちょう》・軍曹《ぐんそう》がまとめました。伍長とは五人一組の班長という意味です。そして、各兵卒は上等・一等・二等の階層です。小隊長は少・中尉級、中隊長は中・大尉級、大隊長は少佐級です。聯隊長は中・大佐級、旅団長は少将、師団長は中将、方面軍司令官は大将・元帥《げんすい》です。日露戦争では、第一～第四軍の各大将を満州軍総司令官の大山巌元帥が統括する体制でした。

一師団は四個の歩兵聯隊（約一万人）のほか、司令部と砲兵聯隊・騎兵聯隊・輜重《しちょう》大隊・工兵大隊（五千人前後）などが付属しました。輜重とは弾薬や食料を運搬する部隊で、工兵とは前線の障害物を除去したり、進軍のために道路や橋を建設する部隊です。その他、野戦病院の衛生隊や、有線通信を付設する電信隊、夜襲を警戒する照明隊もありました。これらは大きくても中隊規模（二〇〇人程度）でした。

さて、徴兵制の歴史をもう少し細かく紐解くと、当初はフランスの軍制にならって創設されました。このときは師団制ではなく、鎮台《ちんだい》制です。東京・仙台・名古屋・大阪・広島・熊本の六鎮台で、文字通り明治政府は列島鎮圧の拠点にしたのです。このとき、東京は首都、大阪は軍都にする構想もあったようです。鹿児島の志士が蜂起《ほうき》した西南戦争（一八七七年）では九州の拠点、熊本鎮台が攻撃の要点だったわけです。ところが、政府軍は熊本城に籠《こ》もって、鎮台を守り抜いたため、西郷軍はほとんど進撃できないまま戦局は悪化しました。

一八七〇～七一年、フランスとドイツ（プロイセン）が普仏《ふふつ》戦争となり、ドイツが勝利しました。ドイツの兵士運用に刺激されたわが国は、しばらくしてフランス軍制からドイツ軍制に切り替えます。これが師団制・旅団制で、外征に適したものです。日本もロシアも国民皆兵制度を採用していたドイツに追従しました。ただし、徴募するにあたっては原籍地主義による郷土部隊のままとし、ほぼ各県単位の「ご当地聯隊」が出来上がります。

先に示したように、基幹となる歩兵聯隊は司令部などを除くと二四〇〇人程度です。徴兵は三年ですから、毎年八〇〇人余の成人男子が入隊したわけです。この数が多いか少ないかです。国民皆兵とすれば、各県とも二〇歳になる健康な青年男子が毎年八〇〇人程度だったことになるのです。

人口の多い大阪の場合、歩兵聯隊が二つとしても（第八聯隊・第三七聯隊）一六〇〇人余です。それでも、現在の市町村区分で単純計算すれば、一市あたり平均四〇人程度にすぎません。そうすると、実際は徴兵にもれた成年男子がかなりいたことがわかります。日本の成年男子数に対する軍隊を経験した兵士の比率は訓練率とも呼ばれ、第一次大戦前のドイツ・フランスでは六割以上に達していました。対して日本は、満州事変以降まで二割を越えませんでした。それは軍の権限が弱かったのではなく、軍費や兵舎などの都合により、多くの兵士を抱える余裕がなかったからといわれます。

コラム1

従軍日記とは

延廣 壽一
Toshikazu Nobuhiro

従軍日記とは

はじめに、「従軍日記」は研究史において明確に定義されたものではない。実際の表題は個人の裁量で名付けられており、従軍記・陣中日記・戦役録など様々なバリエーションがある（図1）。近年の研究では、そうしたものを総称する呼び名として従軍日記としている。とくに、これは従軍日記の研究で大きな成果をあげている新井勝紘《あらいかつひろ》（専修大学教授）による用語である。(1) 小稿もこれにならう。

戦争の記録という大きな括りで捉えると、個人が書き残した従軍日記と対極をなすものが、軍による公式記録である。これはいわゆる『公刊戦史』と呼ばれるもので、日本の近代以降の戦争については、西南戦争では『征西戦記稿《せいせいせんきこう》』（全四巻）、日清戦争では『明治廿《にじゅう》七八年日清戦史』（全八巻）・『二十七八年海戦史』（全三巻）、日露戦争では『明治卅《さんじゅう》七八年日露戦史』（全二〇巻）・『明治三十七八年海戦史』（全三巻）、アジア太平洋戦争では『戦史叢書《せんしそうしょ》』（全一〇二巻）が刊行されている。

また、日清戦争では、出征した各部隊の公式報告である陣中日誌が防衛省防衛研究所図書館に残されている。中塚明《なかつかあきら》（奈良女子大学名誉教授）によると、これは一九五九（昭和三四）年まで宮内庁書陵部《くないちょうしょりょうぶ》に所蔵さ

ⓐ工藤清作『征露雑記』原本　ⓑ鈴木文吉『日露戦役従軍記』原本　ⓒ田中小一郎「日露戦争従軍日誌」『文化論輯』神戸女学院大学　ⓓ上田長次郎「征露戦役従軍日記」『大津市歴史博物館研究紀要』13　ⓔ田山花袋『日露観戦記』上下　緑の笛豆本の会　ⓕ多門二郎『日露戦争日記』芙蓉書房　ⓖ多田海造『日露役陣中日誌』巧玄出版　ⓗ茂沢祐作『ある歩兵の日露戦争従軍日記』草思社　ⓘ根来藤吾『夕陽の墓標』毎日新聞社

図1　日露戦争従軍日記各種

れていたもので、アジア太平洋戦争の敗戦による機密文書の焼却から偶然に逃れることができた貴重な戦争資料である[2]。これは『公刊戦史』を編纂するうえで重要な史料になっていたと考えられる。日露戦争の陣中日誌も存在するが散逸が激しく、日清戦争のものほどまとまって残っていない。

陣中日誌に対して、個人が書き残したものを従軍日記としているのは、軍の日記形式の史料とは性質が異なるためである。それは組織・集団と、個人という差異である。軍では公的な日記形式の資料に「日誌」と名付ける傾向があり、「公的＝日誌」に対する存在として、従軍日記を「私的＝日記」としている。従軍日記は個人が書き残したものであるために特有の魅力がある。

個人が書き残したものといっても分類は困難である。復員後に懐古して綴《つづ》った紀行文やノンフィクション戦記、体験談など多様である。小稿では従軍者が体験・見聞きした出来事を日記形式に綴ったものを従軍日記としている。

従軍日記の研究

日露戦争従軍日記について、日露戦争が終結した一九〇五（明治三八）年から約一世紀を経た現在、書き手はすでにこの世を去り、故人の戦争体験がどういうものであったかを検証することは困難になっている。

研究分野では近年、従軍日記の史料的価値が見直されている。その研究史は、一九七〇～一九九〇年代に大濱徹也《おおはまてつや》（筑波大学名誉教授）・大江志乃夫《おおえしのぶ》（茨城大学名誉教授）・井ケ田良治《いけだりょうじ》（同志社大学名誉教授）・宇野《うの》俊一《としかず》（千葉大学名誉教授）らによって発展してきた。研究対象は日露戦争従軍日記が中心であった。

そして、二〇〇〇年には従軍日記の研究に大きな進展があった。新井勝紘は、大谷正（専修大学教授）の「「文明戦争」と軍夫」における日清戦争従軍日記の発見の成果を受けて[3]、日清戦争・日露戦争従軍日記の残存調査を行った。この調査では、出版された従軍日記の全国的な把握と、東京都周辺のフィールドワーク（実地調査）が行われた。注目されるのは、フィールドワークにより個人蔵の従軍日記が少なからず発見されたことにある。調査の結果、日清戦争従軍日記三七編、日露戦争従軍日記三〇編が確認された。

新井は今後の見通しについて仮説も述べている。それは「全国の都道府県史及び市町村史や、個人や地方の出版物などを丹念にあたれば、その数はもっと増えることが予想される。さらに自治体史などの文書調査がすすめば、新しく確認される従軍日記ももっと増えてくるだろう」というものであった[4]。これを受けて、小稿では県市町村史における採用史料や公的機関における所蔵を重点とした調査を行った。その結果、二〇一二年現在で日露戦争従軍日記は一一一編を確認した（図2）。また、日清戦争従軍日記は六一編を確認した（どちらも新井の成果を合算）。ただ、県市町村史の調査は西日本地域だけのものである。全国的な調査には至っていないが、新井の仮説は正しかったといえるだろう。

見えてきた現存する従軍日記

公的機関における従軍日記の所蔵は、大谷の成果においてすでに明らかにされていたものであった。それが発表されたのは一九九四年であった。その後の新井の二〇〇〇年における調査からも、一〇年あまりが経過した。その間、公的機関では新たな史料公開が進んだ。代表的なものとして、防衛省防衛研究所図書館・国立国会図書館・靖国神社偕行文庫《かいこうぶんこ》などのウェブ公開がある。また、防衛研究所図書館や偕行文庫では個人の寄贈が少なくない。ちなみに、国立国会図書館の憲政資料室には、日露戦争時に第四軍司令官だった野津《のづ》道貫《みちつら》陸軍大将の『日露戦争陣中日誌』が所蔵されている。

つぎに、市町村史では従軍日記が少なからず紹介されている（府・県史では未見）。しかしながら調査した文献数一三八〇冊のうち一一四冊（約九パーセント）にしか採用されていない。今後、全国規模で詳細に調査すれば数はもっと増えるだろう。ただ、不思議なことに、用いられている従軍日記が全体的に少ないなかで、日露戦争、日清戦争、西南戦争の順に多く、アジア太平洋戦争のものは異例といってよいほど少なかった。

今回の調査では、出版された従軍日記にも注目した。この過程でインターネットオークションに出品される従軍日記も散見された。世代交代による家財の整理、現代人の価値観の変化は、故人の遺品を管理することを難しくする。オークションによって従軍日記の存在を知ることができるという利点もあるが、出品によって従軍日記に関連する資料が別個に切り離される可能性もある。このように、従軍日記や関連資料の散逸は軽視できない問題である。

従軍日記は単体で完結された史料であるとはいえない。例えば、兵士の経歴を記した軍隊手帳、戦地と故郷を繋いだ軍事郵便、復員後に郷里で行われた凱旋《がいせん》記念《きねん》の資料、賞勲局《しょうくんきょく》から発行された賞状なども残されていることがある。さらに、遺族の伝える故人の来歴によって、従軍日記は立体的な検証が可能となり、よりよく戦争体験を知ることができる。

ところで、従軍日記を史料として扱う場合、留意すべき点もある。個人が体験・見聞きしたものであるがゆえに、記された内容を他の史料と見比べて、信憑性《しんぴょうせい》を確保する必要がある。例えば、所属する部隊の行軍経路や日時などを知ることで、従軍日記の信憑性をある程度確保することができる。

従軍日記の内容で興味深いのは、個人にとって戦争がどういうものであったかを詳しく知ることができることである。これによって、現代の我々が抱いている戦争のイメージが覆ることもある。これも『公刊戦史』や陣中日誌で捨象《しゃしょう》された、従軍日記の魅力である。

日清戦争や日露戦争から考えると、一世紀以上の時が流れ去った。現代人は少し前のことでも忘れることがある。翻《ひるがえ》って、従軍日記は個人がひっそり残したものが多いが、それを家族や子孫は平成の世にまで大切に保管している。軍が『公刊戦史』として戦争を記録している一方で、個人の手による戦争の記録が従軍日記というかたちで残されている。これは社会全体として掛け替えのない戦争の記憶・文化遺産である。脈々と受け継いできた家族や子孫の努力に敬服する限りである。

従軍日記を読もう

多数ある日露戦争従軍日記のなかで比較的入手しやすい七編を紹介する。従軍日記を読むことで日露戦争のイメージがより具体的になり、日露戦争に対する理解を深めることができる。

まず、刊行本を紹介しよう。

① 多門二郎（二〇〇四）『日露戦争日記』芙蓉書房（三三〇〇円）

これは黒木為楨《くろきためとも》陸軍大将が率いる第一軍の仙台歩兵第四聯隊小隊長、第三旅団の副官として第一線で活躍、召集から凱旋・帰国するまでの詳細な従軍日記である。大陸で見聞きしたことや戦場での心境を切々と綴り、「戦記中の白眉《はくび》の書」といわれる。ただし、戦闘経緯は『公刊戦史』などを参考に加筆修正してあり、史料的には考察を加える必要がある。現代語訳で読みやすい。

② 茂沢祐作《もさわゆうさく》（二〇〇五）『ある歩兵の日露戦争従軍日記』草思社（二九四〇円）

これは黒木第一軍の新発田《しばた》歩兵第十六聯隊の上等兵による従軍日記である。鴨緑江渡河《おうりょくこうとか》作戦、遼陽《りょうよう》会戦、沙河《さか》会戦、黒溝台《こっこうだい》会戦、奉天会戦など、ほぼすべての第一線に加わり、塹壕《ざんごう》で砲撃を浴び、二度も銃創《じゅうそう》を負う。こうした多くの戦いを経て戦功によって伍長《ごちょう》に昇進する。召集から凱旋まで、ほぼ毎日の出来事が記録され、兵士の日常がよくわかる。現代語訳で読みやすく、専門用語の注釈と解説もある。

つぎに、入手はやや難しいが、読み応えのある従軍日記を紹介する。どちらも従軍日記の原文とともに、日露戦争研究の権威である大江志乃夫による解説（原文に対する指摘を含む）がついている。

③ 竹内太郎吉著・大江志乃夫解説（一九八〇）『日露戦争日記』神戸新聞出版センター

これは兵庫県姫路《ひめじ》市に本拠をもつ、第十師団の砲兵（階級は不明であるが、一等卒か二等卒か）の従軍日記である。数個師団で編成された第一軍～第四軍とは異なり、第一〇師団は単独で第一軍と第二軍の上陸地点の中間に上陸した。これは第一軍と第二軍に対するロシア軍からの各個撃破を防ぐ処置であった。その特異な師団の特異な足跡を一兵士の目を通して知ることができる。

④　加藤健之助著・大江志乃夫監修（一九八〇）『日露戦争軍医の日記―加藤健之助の記録―』ユニオン出版

これは青森県弘前《ひろさき》市に本拠をもつ、第八師団の衛生隊に所属する軍医の従軍日記である。傷ついた将兵に対する治療から日常の陣中生活はもとより、奉天会戦における第八師団の死闘も軍医の目から記されている。写真も掲載されており、戦地における医療の実態を克明に記した貴重な記録である。

最後に、近年の研究者による成果を紹介する（刊行予定も含む）。現在でも、新たな従軍日記の発見や発表が続いている。

⑤　樋爪　修〈資料紹介・翻刻《ほんこく》〉「征露戦役従軍日記について」『大津市歴史博物館研究紀要』一三　二〇〇七　大津市歴史博物館　（一二〇〇円）

これは第四師団（大阪）の歩兵第九聯隊（大津）に所属する、歩兵軍曹の従軍日記である。書き手の上田長次郎は、金州城攻撃・南山攻撃・首山堡《しゅざんぽ》攻撃・遼陽会戦・奉天会戦といった戦闘に参加し、苦難の行軍から激戦の様子などを詳しく綴っている。当従軍日記は個人から同博物館に寄贈された経緯をもち、従軍日記の他に軍事郵便、従軍メモなども残されているという珍しいものである。樋爪修（同博物館）はこうした史料を翻刻し、比較しながら解説しているため、書き手の戦争体験を詳しく知ることができる。ちなみに、これは博物館刊行物であるため、問い合わせれば購入できる。

⑥　今西聡子「田中小一郎「日露戦争従軍日誌」」『文化論輯』二〇〇九　神戸女学院大学大学院

これは、第十師団の後備歩兵第二〇聯隊（神戸）に所属する歩兵一等卒の従軍日記である。今西聡子によって発見され、関係者からの取材をへて、翻刻に解説がつけられている。他の従軍日記と大きく異なるのは、戦闘で負傷した後、内地に送還されて療養を受ける過程が綴られていることである。従来、あまり注目されていなかった当時の医療体制をうかがうことができる貴重な記録である。

⑦　西川甚次郎著・真田山陸軍墓地研究会編『戦場と兵士―第四師団野戦衛生隊西川甚次郎「日露従軍日誌」をよむ―』岩田書院（二〇一三年刊行予定）

これは第四師団の衛生隊に所属する兵士の従軍日記である。大阪市玉造にある真田山陸軍墓地で開催されている研究会に、西川甚次郎のお孫さんによってご提供頂いたものである。この従軍日記には戦闘の場面はほとんどないが、負傷者の担架運搬や、陣中生活の様子など戦争の見えにくい側面が綴られている。行軍の合間に見られる娯楽などから、当時の風俗がうかがえて興味深い。現在、当従軍日記は編集作業中で近く刊行の予定である。

註

（1）新井勝紘（二〇〇〇）「従軍日記に見る兵士像と戦争の記憶」『人類にとって戦いとは』三　東洋書林

（2）中塚　明（一九九七）『歴史の偽造をただす―戦史から消された日本軍の「朝鮮王宮占領」』高文研　一四一頁

（3）大谷　正・原田敬一編（一九九四）『日清戦争の社会史』フォーラム・A　一九五～二二八頁

（4）前掲註1　一二九頁

図２　日露戦争従軍日記一覧（■不明・未確認、1～30は新井勝紘調査、他は延廣による）

	著者（所属・階級など）	表題	出典文献
1	鈴木 弥助 （1師・後備49聯・歩兵・一卒）	『従軍記』	林英夫『ロシアを見てきた三芳の兵士』三芳町教育委員会、1989
2	大沢 敬之助 （後1旅・後備■聯・歩兵・上兵）	『戦中日記』	色川大吉「日露戦争下のある農民兵士の日記」『人文自然科学論集』24、東京経済大学、1970
3	中野 藤三郎 （■・後備43聯・■・■）	『日露従軍記』	『同』徳島県出版文化協会、1978
4	鶴田 禎次郎 （1師・軍医部長・二等）	『日露戦役従軍日誌』	大濱徹也編『近代民衆の記録』8、新人物往来社、1978
5	熊沢 宗一 （13師・騎13大・騎兵・二卒）	『軍隊日誌』	大濱徹也『明治の墓標』河出文庫、1990
6	稲垣 光太郎 （近師・野戦兵器廠・曹長）	『特務曹長日誌』	大濱徹也『明治の墓標』河出文庫、1990
7	佐藤 巌栄 （9師・従軍僧侶）	『第九師団従軍僧見聞記』	大濱徹也『明治の墓標』河出文庫、1990
8	打越 信太郎 （海軍■・■・機関兵・一等）	『従軍の友 僕の日記』	大江志乃夫『戦争と民衆の社会史』現代史出版会、1979
9	星野 保 （近師・■・砲兵・三等）	『征露従軍日記』	宇野俊一『日本の歴史』26、小学館、1976
10	西山 幸三 （近師・1聯・砲兵・■）	『日露戦役従軍日誌』13巻	新井勝紘「日露戦争体験を記した従軍日記」『広報まちだ』歴史占描30～39回
11	薄井 福次郎 （近師・1聯・歩兵・■）	『従軍日記』	『町田市史史料集』9、町田市、1973
12	大久保 久太郎 （1師・後備49聯・■・■）	『陣中日誌』	『稲城市史』資料編3、稲城市、1997
13	竈源 次郎 （6師・衛生・看護手）	『征露従軍日誌』	『新水俣市史』上、水俣市、1991
14	小川 又三郎 （■・■・■・伍長）	『明治三七・八年戦役従軍日誌』	『同』私家本、1925
15	塚原 東次郎 （■・■・■・■）	『日誌』（第二号）	なし
16	岡野 寅造 （12師？・■・■・■）	『征露従軍日録』	伊藤暢直「従軍日記に見る日露戦争―日露戦争下の輜重兵と輜重輸卒」
17	櫻井 藤作 （■・電信教導大隊・工兵・伍長）	『従軍回想録』	『新潟市史』資料編6、新潟市、1993
18	丸山 豊 （■・■・歩兵・大佐）	『従軍日記』	京都聯隊区将校団『日露戦役回顧談集』1929
19	中谷 定之丞 （■・■・歩兵・大佐）	『戦場日記』	京都聯隊区将校団『日露戦役回顧談集』1929
20	速水 約蔵 （3師・18聯・■・大佐？）	『戦場日記』	京都聯隊区将校団『日露戦役回顧談集』1929
21	竹本 多吉 （10師・■・歩兵・■）	『従軍日誌』	京都聯隊区将校団『日露戦役回顧談集』1929
22	■ （■・■・■・■）	『従軍日誌』	京都聯隊区将校団『日露戦役回顧談集』1929
23	石井 常造 （2師・砲2聯・砲兵・少佐）	『日露戦役餘談』	『同』不動書店、1908・国立国会図書館近代デジタルライブラリーで公開
24	由上 治三郎 （近師・■・騎兵・大尉）	『鐵蹄夜話』	『同』敬文館、1911

25	渋川 柳次郎 （従軍法務官）	『従軍三年』	渋川玄耳『同』春陽堂、1907・国立国会図書館近代デジタルライブラリーで公開
26	■ （■・■・■・■）	『征露陣中日誌』	『多摩市史』資料編 3、2005
27	多田 海造 （近師・衛生・看護手）	『征露陣中日誌』	『看護兵の六五七日日露役陣中日誌』巧玄出版、1979
28	加藤 健之助 （8 師・軍医・三等）	■	『日露戦争軍医の日記』私家本、ユニオン出版社、1980
29	大月 隆仗 （3 師・■・歩兵・上等）	■	『兵車行 兵卒の見たる日露戦争』敬文館、1912 国立国会図書館近代デジタルライブラリーで公開
30	多門 二郎 （2 師・3 旅副官・歩兵・中尉）	『戦闘詳報』	『日露戦争日記』芙蓉書房、2004
31	上田 長次郎 （4 師・9 聯・歩兵・軍曹）	『征露戦役従軍日記』	樋爪 修「征露戦役従軍日記について」『大津市歴史博物館研究紀要』13、2007
32	宮嶋 粂治 （海軍？・■・■・兵曹）	『日露戦役従軍日記』	石田捨男「対馬海峡にバルチック艦隊を迎え撃つ」『正論』391、産経新聞社、2004
33	市来崎 慶一 （海軍松島艦・■・■）	『日露戦争従軍日記』	市来崎秀丸「軍艦「松島」の若き士官がつづった黄海海戦と日本海海戦の記録」『正論』391、産経新聞社 2004
34	山田 豊太郎 （後 4 旅・後備 38 聯？・歩兵・二等軍曹）	『軍中日誌』	井ケ田良治「一兵士の日露戦争従軍日誌」『同志社法學』45—6、同志社大学、1994
35	大沢 界雄 （満州軍参謀本部・歩兵・大佐）	『日露戦役日誌』1～9 巻	なし
36	野津 道貫 （第四軍司令官・歩兵・大将）	『日露戦役陣中日誌』	なし・国立国会図書館蔵
37	菅原 梅寿 （近師・■・■・■）	■	菅原秀幸編『或る近衛兵士の記録』私家本、1979
38	加藤 長作 （近師・■・歩兵・軍曹）	『日露戦争従軍日誌』	なし
39	荒波 正隆 （近師・■・歩兵・■）	『征露日誌』	『日露戦争征露日誌』・ルネッサンスブックス私家本、2005
40	織田 角三郎 （近師・後 2 聯・歩兵・■）	『明治三十七八年之役征露従軍日誌』	『新編岡崎市史』近代 4、1991
41	土肥原 三千太 （1 師・軍医・三等）	『日露戦役日記』	『同』私家本、1979
42	浅野 薫一 （■・■・■・■）	『日露戦争従軍日記』	『同』宇和島・吉田日記刊行会、2008
43	板倉 薫 （後 1 師・看護手・少尉）	『戦胞日誌』	なし
44	若宮 安次郎 （後 1 師・弾薬大隊・■・■）	『行軍日記』	『陸海 軍人日記』金港堂書籍、1904　ウェブ公開
45	茂沢 祐作 （2 師・16 聯・歩兵・伍長）	『明治三十七年戦役従軍日誌』	『ある歩兵の日露戦争従軍日記』草思社、2005
46	根来 藤吾 （2 師・工 2 大・工兵？・伍長）	『征露日記』	高杉治男編『夕陽の墓標』毎日新聞社、1976
47	附柴 知三郎 （3 師・3 聯・砲兵・少尉）	『征露日誌』	『新編岡崎市史』近代 4、1991
48	伊藤 市太郎 （3 師・6 聯・■・■）	『日露戦手記』	『岩倉市史』中巻、1985
49	加藤 喜三郎 （3 師・18 聯？・歩兵・伍長）	■	大江志乃夫『兵士たちの日露戦争』朝日新聞社、1988

50	高井 勇治郎 (3師・■・■・■)	『日露戦討従軍日誌』	伊自良村『伊自良誌』1973
51	■ (4師・■・歩兵・中尉)	■	『福知山市史』第四巻、1992
52	矢寺 伊太郎 (4師・8聯・歩兵・軍曹)	『日露戦争従軍日記』	『同』私家本、1980
53	井原 ■ (4師・■・歩兵・■)	『日露戦役従軍日誌』	『ふるさと神村』1999
54	重森 岩吉 (■・後備9聯・■・二等軍曹)	『日露戦争従軍日誌』	東円堂区『続東円堂誌』
55	中石 松 (後4旅・後備38聯・歩兵?・二卒)	『日露戦役従軍日誌』	『久御山町史』第二巻、1989
56	城山 市松 (後4旅・■・歩兵・一卒)	『日露記念陣中日誌』	『大宇陀町史』史料編第三巻、2003
57	遠藤 愛次郎 (5師・■・看護手)	『日露戦争従軍日記』	南加茂村『ふるさと南加茂誌』1995
58	三浦 菊八 (5師・21聯・歩兵・■)	『日露戦役日記』	柿木村『柿木村誌』第二巻、2003
59	新木 耕一/黒見 鹿蔵/岩佐 徳三郎 (5師・21聯?・歩兵?・軍曹)/(同伍長)/(同伍長)	『露戦役』	米子市『新修米子市史』第三巻、2007
60	片岸 長三 (9師・騎9聯・騎兵・軍曹)	『陣中日誌』	片岸正編『一騎兵隊員の陣中日誌』私家本、1986
61	佐藤 信次 (9師・軍医・一等)	『陣中日誌』	青木袈裟美『故陸軍三等軍醫正佐藤信次君陣中日誌』陸軍軍醫團、1931
62	新田 又一郎 (9師・工9大・工兵・■)	『旅順要塞攻撃間の日誌』	なし
63	水野 留治郎 (9師・■・歩兵・軍曹)	『陣中日誌』	栗東町『栗東の歴史』第三巻、1992
64	松延 翠 (9師・砲9聯・砲兵・大尉)	『陣中私筆』/『従軍日誌』	なし
65	長畑 亀太郎 (10師・40聯・歩兵・一卒)	『日露戦争従軍記』	『同』ウェブ公開
66	武信 兵蔵 (10師・■・歩兵?・一卒)	■	武信絹子編『征露の思い出』今井書店、1988
67	竹内 太郎吉 (10師・砲10聯・砲兵・一卒?)	『日露戦争日記』	『同』神戸新聞出版センター、1980
68	山根 清市郎 (10師・10聯・砲兵・■)	『征露陣中日誌』	なし
69	為本 正晴 (10師・40聯・喇叭手・■)	『日露戦争従軍日誌』	『長船町史』通史編・史料編下、2001・2000
70	70伊井 佐藤治 (10師?・■・■・軍曹)	『従軍日記』	『湯原町史』後編、1957
71	前原 僚平 (10師・40聯・歩兵・一卒)	『日露戦役中の日記』	『加茂町史』本編、1975
72	大石 三雄 (10師・軍医・一等)	『大石三雄軍医征露記』	武上千代之丞『奥熊野百年誌』1978
73	森 俊藏 (11師・砲11大・砲兵・少佐)	『日露戦役従軍日記』	『森俊藏日露戦役従軍日記』上・下巻、森俊藏日露戦役従軍日記刊行会編、高志書院、2006

74	舟橋 茂 (11師・12聯・歩兵・■)	『従軍記』	小野寺宏編『歩兵第十二聯隊歴史』3、1999
75	溝上 定男 (12師・軍医・二等)	『陣中日記』	溝上国義編『日露戦争従軍日記』思文閣出版、2004
76	野戰砲兵第十三聯隊第五中隊 (13師・13聯・砲兵)	『日露戦役従軍日誌』	『同』森田活版所、1906
77	多児 利太郎 (■・後備58聯・歩兵・■)	『日露戦争従軍記』	『旭町誌』通史編、1999
78	浅野 薫一 (■・■・■・■)	『日露戦争従軍日記』	『同』宇和島・吉田旧記刊行会、2008
79	大澤 喜三郎 (■・衛生・看護手)	『日露戦争陣中日誌』	『同』邑心文庫、2005
80	■ (■・■・■・■)	『日露戦争従軍記』	池上登編『同』座間市立図書館市史編さん係、1990
81	岩井 七五郎 (■・■・■・■)	『日露戦争従軍日記』	『同』山形市史編集委員会編、1974
82	高濱 촰作 (■・■・■・■)	『日露戦争従軍記』	高濱正明『同』私家本、1981
83	谷口 甚吉 (■・■・■・■)	『日露戦争従軍記』	谷口三郎『同』朝日新聞名古屋本社編集制作センター、1981
84	吉野 有武 (■・■・■・■)	『日露戦争乃木軍絵日記』	『同』安田書店、1980
85	向田 初市原 (■・■・■・■)	■	向田悌介編『一下士官の日露従軍日記』にっかん書房、1979
86	北田 喜代志 (■・■・■・■)	『一兵卒の日露戦争従軍追憶記』	なし
87	原田 種量 (■・■・■・■)	『戦袍夜話　日露戦争従軍の集』	なし
88	中込 重吉 (■・■・■・■)	『日露戦役従軍記』	神田恭一編『同』私家本
89	古賀 徹治 (■・■・■・■)	『日露戦争従軍日誌』	なし
90	中澤 一太郎 (■・■・■・■)	『日露戦役従軍略記』/『日露戦役従軍日記』	中澤敬止編『同』協和印刷
91	丹保 三郎 (■・■・■・■)	■	『父の日露従軍日記』私家本
92	高塚 徳次郎 (■・軍医・二等軍医)	■	高塚醇他『嚢 陸軍二等軍医日露戦役従軍記録』私家本、2001
93	河合　■ (■・■・■・大尉)	『征露日誌』	河合日楽編『河合大尉征露日誌』私家本
94	有賀 太郎 (■・■・■・■)	『露討征戦日誌』上下	なし
95	成田 伊太郎 (■・■・■・■)	『日露戦役従軍日誌』	『日高町史』下巻、1983
96	田村 謙造 (■・■・■・■)	『陣中日誌』	『美方町史』1980
97	石田 為助 (■・■・■・■)	『出征日誌』	『出石町史』第四巻、1993
98	田中 周次郎 (■・■・■・■)	『従軍日記』	『八日市市史』第四巻、1987
99	■ (■・■・■・■)	『日露戦争従軍日記』	『福崎町史』第四巻、1991

100	伊藤 辨次郎 (■・■・■・■)	『戰闘詳報』	『竹野町史』通史編、1990
101	新田 竹次 (4師・■・歩兵・■)	『日露戦争従軍日記』	『和気郡史』通史編下巻、1984
102	河口 楠次郎 (■・■・■・■)	『楠次郎戦陣日記』	『南勢町誌』下巻、2004
103	衣川 喜太郎 (■・■・■・■)	『日露戦争従軍日誌』	『福知山市史』第四巻、1992
104	児玉 吉郎 (海軍三笠艦・通信兵・二等)	『従軍日誌』	『同』文芸社、2000
105	高橋 庄吉 (海軍八島艦・■・■)	『八島に乗り組んで日露戦役従軍記』	鹿野町『鹿野町誌』下巻、1995
106	■ (海軍千歳艦・■・■)	『日露戦争實記』	『大府市誌』1986
107	浅野 菊太郎 (海軍松島艦・■・三等兵曹)	『陣中日記』	『東海市史』通史編、1990
108	鈴木 文太郎 (海軍初瀬艦・■・■)	■	『新編岩津町誌』1985
109	■ (海軍■艦・■・機関兵・三等兵曹)	『日露戦争従軍記』	『ある海軍三等機関兵曹の手紙 日露戦争従軍記』伊深親子文庫、1989
110	黒澤 禮吉 (■・■・看護手・■)	『日露戦争思出乃記』	『同』尚友倶楽部、2001
111	Schetzrendorf Bronsaldt (■・■・■・■)	■	ブロンサルト・フォン・シェツレンドフ著/西垣新七訳

本書で紹介された上記以外の従軍日記

1	田村 正 (1師・1聯・騎兵・伍長)	『征露日記』	大濱徹也　郡司淳「田村正「征露日記」の世界」『北海学園大学人文論集』33、2006　ウェブ公開
2	加藤 米太郎 (3師・■・輜重・輸卒)	『日記』	喜多川昭彦編『日露戦争秘帖 病院船弘済丸見聞録』博文館新社、1993
3	西川 甚次郎 (4師・衛生・看護手)	『日露従軍日記』	西川甚次郎著・真田山陸軍墓地研究会編『戦場と兵士』岩田書院（2013年刊行予定）
4	森崎 富寿 (4師・37聯・歩兵聯隊旗手・■)	『征露日誌』	歩三七会『大阪歩兵第三七聯隊史』1976
5	鈴木 文吉 (8師・後備17聯・歩兵・一卒？)	『日露戦役従軍記』	なし
6	工藤 清作 (8師・17聯・歩兵・一卒？)	『征露雑記』	なし
7	坂本 勇次郎 (9師・7聯・歩兵・伍長)	『征露記記念誌』	坂本敏英編『歩兵第七聯隊兵の征露記』私家本、1982
8	伊佐治 春作 (9師・9聯・砲兵・中尉)	『従軍日記』/『従軍日録』	『日露戦争従軍日記』私家本、2004
9	田中 小一郎 (10師・後備20聯・歩兵・一卒)	『日露戦争従軍日誌』	今西聡子「田中小一郎「日露戦争従軍日誌」」『文化論輯』神戸女学院大学大学院、2009
10	林 ■ (10師・20聯・歩兵・■)	『戦闘日誌』	『新修茨木市史』六巻、2011
11	濱部 永太郎 (海軍千代田艦・通信兵・一等)	『明治卅七八年征露従軍私記』	『同』私家本、1980

第二章　従軍日記がかたる南山の戦い

横山 篤夫
Atsuo Yokoyama

第一節　兵士・下士官・将校

圧倒的多数だった兵士　もともと、わたしは軍事史から近代史の研究をしていたわけではありませんでした。ところが、地域の近代の歴史を調べるとかならず軍隊、戦争に関連する史料がたくさん出てくるのです。現代のくらしにくらべ、近代の人たちにとって軍隊、戦争がずいぶん身近で、大きな爪あとを残しているのだと気付きました。そこで、地域と軍隊、戦争のことを調べるようになりました。

今回はおもに陸軍の兵士の話をします。演題にある兵士ですが、明治政府が軍隊を創設した当時は「兵卒《へいそつ》」と呼びました。日露戦争の時代も「兵卒」でした。戦争漫画として、かつて有名だった田河水泡《たがわすいほう》の『のらくろ』があります。ご覧になった方、手を挙げてくださいますか。会場の六・七割の方々が挙手されていますね。

『のらくろ』が最初に登場しましたのは、満州事変の直前の一九三一（昭和六）年です。講談社の雑誌『少年倶楽部』に、その年の一月号から連載されはじめました。猛犬聯隊という犬の軍隊へ入隊して活躍するというお話で、当初は「のらくろ二等卒」でした。「卒」だったわけです。その年の一一月に陸軍の規則がかわって、「兵卒」を「兵士」にかえたのです。「卒」はかつての日本の戦争のなかで足軽の階層を示しました。武器をもった農民でもありました。「士」は文字通り武士です。ただし「兵卒」から「兵士」へと、名前は格上になったのですが実態は変わりませんでした。

「のらくろ」も当初は二等卒からはじまり、二等兵になったわけです。余談ですが、「のらくろ」は一等兵、上等兵と昇進していきましたが、もともと黒い野良犬でしたから、性格的にも行動もはみだしたところがあ

	階級	階級	戦地勤務	内地勤務	合計（人）
軍人	将校	大将・中将・少将 大佐・中佐・少佐 大尉・中尉・少尉	21,905	4,192	26,097
軍人	准士官	特務曹長	4,992	632	5,624
軍人	下士官	曹長 軍曹 伍長	75,794	11,771	87,565
軍人	兵士	上等兵 一等兵 二等兵	842,703	127,007	969,710
計（人）			945,394	143,602	1,088,996
軍属	高等官		3,150	1,012	4,162
軍属	判任官・雇員		10,395	5,768	16,163
軍属	傭人		40,750	93,101	133,851
計（人）			54,295	99,881	154,176
合計（人）			999,689	243,483	1,243,172

図1　兵の階級と日露戦争の動員兵力

ったわけです。そうすると、陸軍省がこのようないいかげんな兵士を昇進させては困る、とクレームをつけるわけです。日本の軍隊にこのような兵士がいること自体おかしいと批判されたわけです。結局、大人気の作品だったにもかかわらず、アジア太平洋戦争のはじまる前（一九四一年一〇月）には打ち切りとなりました。

今回は「兵卒」・「下士」を一九三一年以後の呼称である「兵士」・「下士官」で統一します。陸軍の階級制度は将校・准士官・下士官・兵士と四種類に分けられます。兵士は徴兵制《ちょうへいせい》で国民から召集《しょうしゅう》された軍隊内部の階級を示す用語です（図1上）。

国民皆兵制度《こくみんかいへいせいど》としていたのですが、実際に徴兵された人数は、平和な時代であれば、国民の同年齢男子中、二〜三割でした。その兵士の内、軍隊内で「優等生」と認められて軍隊に残る志願者、下士官養成学校などで教育されて職業軍人になって軍隊で働く者、などが下士官になったわけです。

将校は別でした。陸軍では陸軍士官学校、海軍では海軍兵学校などを卒業しなければなりません。非常に難関でした。軍隊では職務を単純化すれば、将校は作戦をたてて部隊を率い、下士官に指示を出します。下士官は命令に従って兵士を率い、兵士が戦争を遂行するという構図です。軍隊ははっきりした縦割り組織でした。

日露戦争に参加した日本の軍人・軍属はあわせて約一一四万人でした（図1）。そのうち、約九七万人が兵士、八七〇〇〇人が下士官、将校は二六〇〇〇人でした。おおよそ二パーセントの将校が七八パーセントの兵士を動かしていたということです。圧倒的に兵士の数が多いことがわかります。

ちなみに、当時の日本の人口は四六〇〇万人でした。アジア太平洋戦争のときは人口がほぼ倍になっていました。そして、アジア太平洋戦争では動員された軍人・軍属は五〇〇万を超え、終戦時には七〇〇万人を超えたといわれています。日露戦争で動員した約六倍の兵力になるわけです。

戦争動員の実態　徴兵制度のもとで国民を軍隊に動員するために、市町村役場には戸籍係とならんで兵事係が設けられました。兵事係は毎年徴兵対象の住民に対する厖大な書類を作成して軍に提出し、ここから軍は対象とする若者を選んで動員しました。

ところが、一九四五年八月に日本が敗戦を迎えたとき、軍はこれらの書類を焼却処分しました。また、市町村役場に保管されている書類にも徹底した焼却を命じ、その命令書とともにほとんどの書類は処分されたのです。そのため、徴兵制度下の動員実態は解明することが非常に困難です。

たまたま、わたしは『新修泉佐野市史』近現代編の編纂《へんさん》事業《じぎょう》をお手伝いしました折、兵事書類の簿冊《ぼさつ》が数

年	月	日	第一次補充兵	第二次補充兵	予備兵	後備兵	帰休兵・休職	合計（人）	主な出来事
一九〇四（明治三七）年	2	17	3					3	2/10 宣戦布告
	3	16			21	2	3	26	3/6 第四師団動員下令
	4	13				3		3	
	4	28	3					3	
	5	1			3			3	
	5	1	4					4	5/26 南山攻略
	6	5			4			4	
	6	20	3					3	
	7	24	1					1	
	7	30						2 ※	
	8	2						1 ※	8/19 ～旅順要塞第一次攻撃
	8	4			1			1	8/24 ～ 9/4 遼陽会戦
	9	2	2		3			5	
	9	8			1			1	
	9	20			3			3	
	9	25			1			1	
	11	9				3		3	10/9 ～ 10/20 沙河会戦
	11	23			3			3	10/26 ～旅順要塞第二次攻撃
	12	5			7			7	11/26 ～旅順要塞第三次攻撃
一九〇五（明治三八）年	1	5	2					2	1/1 旅順占領
	1	15	2					2	
	1	15	2					2	
	2	11	5					5	3/1 ～ 3/10 奉天会戦
	3	8	1					1	
	3	14	1					1	
	4	1	1					1	
	4	5	3					3	
	4	18	1					1	
	5	7	1					1	5/27・28 日本海海戦
	6	20	6					6	
	7	17	2					2	
	8	3	10					10	9/5 講和条約締結
計（人）			53		47	8	3	114	

※は兵役種不明。この村は合計 153 人の出征がわかっており、39 人は現役兵であった。

図 2　日露戦争における北中通村（現大阪府泉佐野市）**の召集人員**

十冊残されていることを知りました。どうして残されたのか、経緯はわかりません。この中に、一つの地域の日露戦争の開戦から講和までの動員記録があったわけです。

開戦から講和まで、どのように動員が推移したのか実態がわかる貴重な例です。現在の大阪府泉佐野市北部は日露戦争当時、北中通村と呼ばれていました。この村の出征兵士の動態を表にまとめました（図2）。表を理解していただくために、日露戦争時の徴兵制度を説明する必要があります。

当時は「大日本帝国臣民」と規定された国民のうち、男子は二〇歳になると全員徴兵検査を受けることが義務とされ、逃れることはほとんど出来ませんでした。検査の結果、①現役《げんえき》・②第一補充兵役・③第二補充兵役・④第二国民兵役、の四種の兵役に振り分けられました。実際は、現役のみが三年間の兵役生活に服したわけです。さらに、現役による三年間を終了して満期除隊になった者も、戦争が始まると再召集される場合がありました。これが予備役《よびえき》です。戦争が激化すると現役・予備役でも兵員が足らなくなりました。そこ

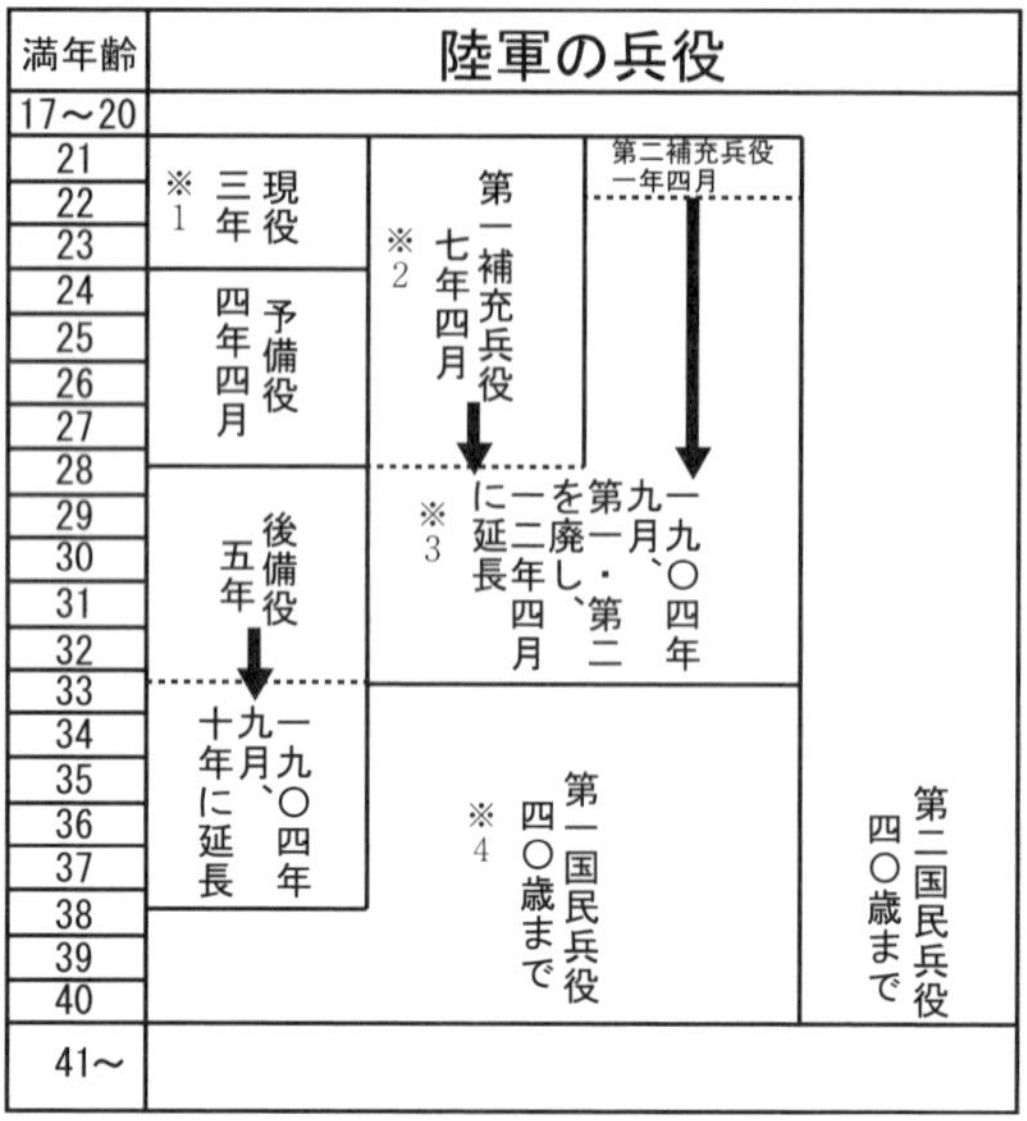

※1 現役は3年間兵営生活に服する。
※2 第一補充兵役は現役に適するが、実際には召集されず、3ヵ月以内の教育召集を受ける。
※3 第二補充兵役は現役・第一に服さない者。または海軍補充兵役終了者。
※4 以上の兵役を終了した者でも、40歳に満たない場合は第一国民兵役として臨時召集される場合があった。

図3　日露戦争時の陸軍兵役

で、現役は免除され一定の訓練を受けていた第一補充兵役、第二補充兵役から召集し、更に予備役の年限を過ぎた者でも後備役《こうびえき》として再召集しました。それでも不足すると四〇歳までの兵役義務のある男子全員を召集対象としました。これは第一国民兵役と呼ばれました（図3）。

日露戦争がはじまった一九〇四（明治三七）年二月、陸軍は戦時動員を命じます。平時は師団定員約一万人（現役）ですが、臨時召集令状（いわゆる赤紙）で予備役を召集しました。これで一・五万〜二万人に増員されます。そして、戦闘で死傷者が出て師団の兵力が減少すると、欠員補充の赤紙が出されました。この赤紙で集められた兵は予備役・後備役・第一、第二補充兵役でした。

残念ながら、北中通村の兵事書類には現役兵の徴集記録は残されていませんでした。しかし、赤紙で召集された全記録は残っています。これによると、日露戦争期に三二回にわたって、一一四人に赤紙が届けられました。これとは別に、村内の神社には、日露戦争後に北中通村出征兵士全員の氏名を刻んだ記念碑が建立されており、一五三人の出征が確認できました。そうすると、一五三人から一一四人を引いた三九人がもともと現役兵として出征していたことになります。

開戦当初は、現役を除隊して間もない予備役から召集がはじまりました。現役兵三九人と二月・三月・四月に召集された予備役を中心とした三五人が、奥第二軍として、南山《なんざん》の戦いから遼陽《りょうよう》・奉天《ほうてん》会戦まで従軍したようです。後にお話しする南山の戦い（五月二六日）以後、激戦が続きました。兵員補充に赤紙の発行が何度も続けられました。

さらに、乃木第三軍は旅順要塞攻略戦《りょじゅんようさいこうりゃくせん》で多数の死傷者を出し、大阪では後備兵だけで旅団を編成し、援軍を派遣します。北中通村出身の兵士も後備歩兵第四旅団に編入された場合は、乃木第三軍の中に組み入れられました。

ところが、一九〇五年になると、動員できる予備役や後備役は払底《ふってい》し、赤紙が届いた三七人は全員補充兵役です。この傾向は北中通村に限らず全国的な傾向だったと思われます。当時の北中通村の戸数は約八〇〇戸でしたから、日露戦争の戦時動員者一五三人は、五軒に一人程度の割合だったと推測されます。その内、死者は一〇人出ています。

第二節　兵士の衣・食・住

兵士の被服　今回は陸軍兵士の立場に立って日露戦争をみようと思います。なかでも、大阪の第四師団衛生隊の西川甚次郎《にしかわじんじろう》の『日露従軍日記』(以後『西川日記』)を取り上げます。西川は奈良県天理市《てんりし》の人で、この『西川日記』について、ご本人は何も語らず亡くなったというのです。お孫さんがちょうど日露戦争から一〇〇年経った二〇〇四年に仏壇《ぶつだん》から見つけ出し、私たちのところに持ち込まれました。それで、有志をつのって二年がかりで読み下しをしているわけです。したがって、その内容はまだ公表されていないものです。難解な部分も多く、解読できない箇所もあります。しかし、兵士の体験談としては出征から凱旋《がいせん》までのほぼ全日が克明に記録されており、生死の境をくぐり抜けた証言として大変貴重なものです。ご遺族の承諾を得て、二〇一三年には全文活字にして出版の予定です(西川甚次郎著・真田山陸軍墓地研究会編『戦場と兵士』岩田書院)。
それでは兵士の生活について衣・食・住にわけて見ていきます。まず、衣にあたる被服《ひふく》・装備《そうび》です。日露戦争では当初、黒色の軍服でした。日露講和になる直前に大陸の景色に同化するカーキー色に変更されます。日露戦争以後、アジア太平洋戦争の終戦までカーキー色です。日露戦争でも一部の部隊はカーキー色の軍服を試用したといいますが、それでも奉天会戦が終わって、日露両軍の激突が終息したあとです。黒色の軍服は目立って、敵に見つかりやすかったといいます。また、冬季は雪で一面が銀世界ですから格好の標的でした。そして、日露戦争の時代には鉄兜《てつかぶと》（ヘルメット）はありませんでした。帽子を被っていたのです。頭に被弾すると致命傷でした。

「三月九日、晴天。午後一時、大坂城東練兵場に集合し、午後三時に第八聯隊の本部前にて、軍医の身体検査を受け、同五時に終り。西岡曹長殿の引卒（率）にて、北区天満地下町樋屋橋東に入る所にて、被服の支給を受（け）て、同七時に同区樋之上町佐伯半平方にて、森軍曹殿の宿舎長にて、兵卒十一名宿舎す。この日は沢の兄上（奈良県で農業をしていた兄）見送り来る。宿舎賄（い）無（し）。食物は炊事より受く。」

『西川日記』は第四師団に召集された日からはじまります。まず身体検査を受けて合格し、被服の支給を受けた、とあります。衛生隊ですから、一般の兵士とは少し違った装備です。その日から兵舎に留まるのではなく、しばらく民家に下宿します。兵舎は現役兵でいっぱいだからです。そして、召集翌日の朝、集合して中隊長の服装検査を受けます。このときはじめて自分の所属する大隊・中隊・小隊・分隊を知り、各隊長の顔ぶれをみるわけですが、同時に服装検査がありました。

兵士の食糧　平時、師団の兵員数は約一万人ですが、戦時体制になると、約二万に膨れ上がります。一斉に集まるのですから大変な混雑だったと思われます。そして、軍医の身体検査があったというのですが、それは伝染病の蔓延《まんえん》に備えるためでもありました。

宿舎にはまかないがなく、食物は炊事係りより受ける、とあります。民宿するわけですが、食事は食中毒など万が一のことにならないよう、軍の炊事を受けたのです。大阪の第四師団は一〇年前の日清戦争の出征

糧食項目	グラム
精米（のちに麦混合）	1,080
缶詰肉または塩乾魚肉	150
乾燥野菜	113
梅干または福神漬	38
砂糖	11
しょうゆエキス	19
塩または粉味噌	11

図4　野戦糧食規定による一日あたりの兵士の食糧

時、輸送船の中でコレラが流行したのです。それで、戦地に上陸できず、海上で待機している間に戦争が終結してしまいました。日清戦争では日本軍全体から約一万人の戦死者がでました。ところが戦闘死者はその一割、九割近くが戦病死なのです。現在と衛生状況が比べものにならないほど悪かったのです。

次に戦争中の兵食です。日露戦争の直前に陸軍が野戦糧食規定《やせんりょうしょくきてい》を定めて、兵士の食事を規定します（図4）。それによると兵士は戦時には一日米を六合食べるようになっています。昔の人はお米をたくさん食べました。むしろ、兵士にとっては白米をしっかり食べられることが魅力でもあったわけです。ところが、白米ばかり食べますと、ビタミン不足に陥り、脚気《かっけ》という病気にかかりやすくなるわけです。現代の日本人には忘れ去られた病気ですが、当時は脚気の原因が究明されておらず、多くの病死者がでています。海軍は脚気とビタミンの関係に当初から気付き被害が少なかったのですが、陸軍では病原菌説が根強くありました。あとになって精米四合に挽割麦《ひきわりむぎ》二合の混合ごはんとするわけです。ビタミンの配合です（コラム2参照）。

しかし、『西川日記』を読みますと、どうも規定通りの食事ではないことがうかがえます。戦線が延びるに従い補給がうまくいきません。また、戦闘が激化すると、装備を後方に置いて身軽にして行動した様子が記録されています。

「五月二十四日、晴天。敵と我兵（と）砲声（を）交へしゆえ、我が隊は身を軽装に前進する命（令）あり。朝五

(時)起き出発し。用意(は)携帯口糧四日分・飯一日分・牛鑵(牛肉の缶詰)四つ・背嚢《はいのう》・靴・襦袢《じゅばん》(はだ着)・私物品を残し置き、作業の準備(を)して出発し、命(令)を待つ。……」

炊飯には飯盒《はんごう》が使われました。現在、私たちがキャンプなどで使うものとほぼ同じ形です。これは大阪砲兵工廠《こうしょう》で急造されました。同様に水筒も各人がもっていました。大陸では水事情が悪く、その確保に悩まされたようです。悪水は伝染病の原因でもありました。

ちなみに、現在もよく知られる「正露丸」は「下痢・消化不良による下痢・食あたり・水あたり・くだり腹・軟便・むし歯痛」を効能として謳《うた》っています。日露戦争のときに「征露丸」として兵士に使われたものが広がりました。アジア太平洋戦争の後に、「征露」は好ましくないということで、これまで三〇社以上が「征」を「正」に改めたそうですが、現在でも一社だけは「征露丸」を使って販売しているそうです。

開戦直後のアメリカ「タイムス」紙の従軍記者は黒木第一軍の仁川上陸作戦の様子を以下のように伝えたとされます。外国人記者の眼にもとまっていた征露丸は兵士の常備薬として日露戦争が終わるまでに七〇〇〇万缶も製造されました。

「上陸軍の兵士たちは羊の毛皮のついた褐色の長い上衣を着て、雪の降る中を上陸していったが、青い外套《がいとう》・赤毛布、背嚢、水筒、破籠《わりご》、飯盒、弾薬盒、錠剤および腹薬のクレオソートを含有する征露丸を携行していた。」

兵士はどこで寝た？　住についてです。陸軍は当時、満州と呼ばれた中国東北地方と朝鮮半島・遼東半島を戦場として、敵であったロシア軍の陣地を常に攻める状態が続きました。従軍日記には宿営《しゅくえい》・露営《ろえい》という文字が頻繁《ひんぱん》に出てきます。宿営は家屋に泊まることを意味しますが、戦場では旅館には泊まれません。中国人・朝鮮人の家を勝手に借用する場合が多かったようです。借用といっても、戦火を逃れて家屋が無人になるから勝手に使うのです。家を勝手に使われた中国人・朝鮮人は大迷惑だったと思います。それも、数千人単位の部隊で移動するわけですから全員が家屋に分散できないことも多くありました。

その場合は露営、つまり野宿です。毛布を被る場合もあったのでしょうが、砲撃や銃声の音を聞きながら、疲れてそのまま寝込んでしまう場合も多々ありました。大陸は乾燥した気候です。夜間は非常に冷え込むので、兵士は極限状態で戦ったわけです。西川は前線で戦うことがなかったのですが『西川日記』には現地で耕作されていたトウキビ（高粱《こうりやん》の茎か）を布団代わりにして寝たことも記しています。

「五月二五日、晴天。……当夜大雷大雨。この夜は携帯口糧二袋（を）煮て、ただし、夕朝（の）食（と）す。この夜はときび（トウキビ＝高粱の茎か）を身にまとい、雨をしのぎおりしか、もはや身体ぬれざる処なし。」

第三節　武器と訓練

行　軍　兵士、なかでも歩兵は各個、背嚢《はいのう》と呼ばれるリュックサックを背負って行軍しました。一日に二〇キロメートル以上を闘いながら移動することもありました。銃・弾薬以外に、背嚢には食器や毛布などを含めて約三〇キログラムの装備を持っていたといいます。

騎兵《きへい》は馬に乗って行軍しましたが、現在の競馬場で見るようなスマートな馬ではありません。砲兵や輜重《しちょう》兵《へい》は大砲や弾薬などの物資を荷車に積んで馬に挽かせて運んだり、担いで運ぶので、さらに大変でした。

『西川日記』によると召集後すぐに内地で訓練を受けます。行軍の記事が頻繁に出ます。

「三月十二日、曇天。午前七時の整列にて天下茶屋へ行軍。太平橋（?）を通り、第五回内国勧業博覧会場（現在の天王寺公園付近）を通過し、官幣阿部《かんぺいあべ》（野《の》）神社参詣し、九時半より東に廻り天王寺に参詣し、天神橋を経

錦絵は緒戦の鴨緑江渡河作戦を描く。兵士は30年式小銃（ライフル銃）で戦った。黒の軍服・朱色のズボンに黄色のライン・長靴は近衛騎兵の制服。帯刀は下士以上。この他、歩兵は背中に背嚢を背負い、水筒と弾丸をいれたポーチをつけていた。また、銃の先端には接近戦用に銃剣がつけられた。当初の兵装は派手で重厚だったため、簡素で地味なものへと変更がはかられた。満州の極寒と酷暑に備えた防寒具なども必要とされた。

図5　兵士の装備と銃

て、十二時中隊本部前に着、解散す。」

この日の行程を地図でたどるとおおよそ一二キロです。ちなみに、現在の阿倍野神社は小さな社殿を残すのみですが、戦前は多くの人々が参拝しました。祭神は北畠《きたばたけ》顕家《あきいえ》で、二一歳で戦死した陸奥守《むつのかみ》のち鎮守《ちんじゅ》府《ふ》将軍の若き武将です。南北朝時代、後醍《ごだい》醐《ご》天皇の忠臣として楠木正成《くすのきまさしげ》とともにたいへんもてはやされました。

「三月二十九日、晴天。大隊行軍。午前八時の整列にて、天神橋節（筋）を経て北に向ふ。東へ行き、長柄を経（て）吹田に着（く）。高浜神社にて十時四十分。それより衛生隊の演習を行ふ。昼食十二時半。高浜神社に繃帯場《ほうたいじょう》を開始す。帰途、桂（?）を右にして、大坂梅田に向ふて、中隊午後五時帰す。」

西川に限らず、大阪の町中で軍服を着た

数十人から数百人の大集団が背嚢・武器をもってあちこちで歩調をそろえて行軍訓練していたということです。また、広島駅に到着し、宇品港《うじなこう》からの出船を待つ期間も、行軍訓練の記事が散見されます。

歩兵銃と観戦武官

歩兵の武器は小銃と呼ばれる五連発のライフル銃でした。三〇年式と呼ばれ、日清戦争後の一八九七（明治三〇）年に制式採用された銃です（図5）。日露戦争の末期には三八年製が出現します。ほとんど同じ型式の銃です。アジア太平洋戦争まで、歩兵はこれを標準装備しました。

射程距離《しゃていきょり》は一二〇〇メートルです。実際は六〇〇メートルくらいまで近づくと敵がばたばた倒れだすという有効射程距離でした。だから、前線で敵と向かい合ったとき、一キロ以上離れて陣地を構築するわけです。弾がとどくかとどかないかという距離です。それより近づくと死傷者がでる。ところが、敵の陣地の一部を占領して、すぐ横に敵の陣地があり、その間が五〇〇メートル以下の場合もあるわけです。生死にかかわる緊張した距離の中、不眠不休でにらみ合うこともあったといいます。

当時の戦争は、ヨーロッパ諸国の武官が軍隊に同行して観戦することを許しました。日本・ロシア両軍に主な国の将校がつき従っていたわけです。日露戦争が終わって一〇年後に第一次世界大戦がおこります。それで、日露両軍の闘い方や兵器の運用は、その後の戦争に大きな影響を与えました。例えば、大規模な塹壕《ざんごう》を掘って身を隠しながら闘うこと、大砲陣地はコンクリートで固めて破壊を防ぐこと、機関銃陣地などです。海軍では旧式戦艦は敬遠され、より大きな大砲を積んだ快速の戦艦が求められました。

武器が手工業生産から近代的大工場で大量生産されるようになりました。新式銃砲と弾薬の大量使用は、戦争の大消耗戦化をもたらしました。戦争の長期化、動員兵力の増大に耐え得る総力戦体制をつくることが出来るか、出来ないかが戦争の勝敗を左右するようになりました。日露戦争は二〇世紀初頭に二〇世紀の戦争の性格を世界に示しました。その歴史的意味で、日露戦争は第ゼロ次世界大戦とも呼ばれています。

第四節　従軍日記がかたる南山の戦い

初めての要塞攻撃　奥保鞏《おくやすかた》大将を司令官とする第二軍は五月五日に遼東半島に上陸後、金州城《きんしゅうじょう》・南山《なんざん》方面に進軍します。旅順《りょじゅん》を孤立させようという作戦です。南山は金州湾と大連湾《だいれんわん》に挟まれ、対岸まで幅が四キロです（図6）。奉天会戦では一〇〇キロの幅をもって日露の軍が激突したのですが、南山の戦いは四キロの幅で大軍が戦ったわけです。日本軍は三万数千、ロシア軍は南山要塞に一万数千が立て籠もるという状況です。上陸した奥第二軍にとって、大事な緒戦でした。そして、近代的な要塞攻略戦《ようさいこうりゃく》をはじめて経験することになります。この前に、日露戦争の陸軍緒戦は黒木第一軍が朝鮮と中国の国境になる鴨緑江《おうりょくこう》を渡河してロシア軍陣地を攻め、九連城《きゅうれんじょう》を占領する闘いをしています。いずれも、ロシア軍があまり抵抗せずに退却したので両軍の被害は少なくてすみました。

ところが、南山の戦いは両軍が譲らず、激突になりました。南山要塞にはロシア軍が重砲を多数備え、さらに機関銃陣地も構築していた二重・三重の防御陣地だったので日本軍を苦しめました。

重砲とは大口径で初速の速い大砲です。大きく重い大砲なので、運搬には不便ですが絶大な威力を発揮しました。南山要塞の重砲は日本軍の持ち込んだ野砲より大口径で飛距離の長い大砲でした。『西川日記』にも、師団司令部近くまで敵弾が飛んでくる様子が描かれています。口径一五センチの重砲は六～七キロの飛距離がありました。日本軍の野砲は口径が七センチでした。

「五月二十五日、晴天。朝五時、砲銃声、沢山西南に聞く。第九聯隊の第二大隊と同山に居（る）。ただし、この

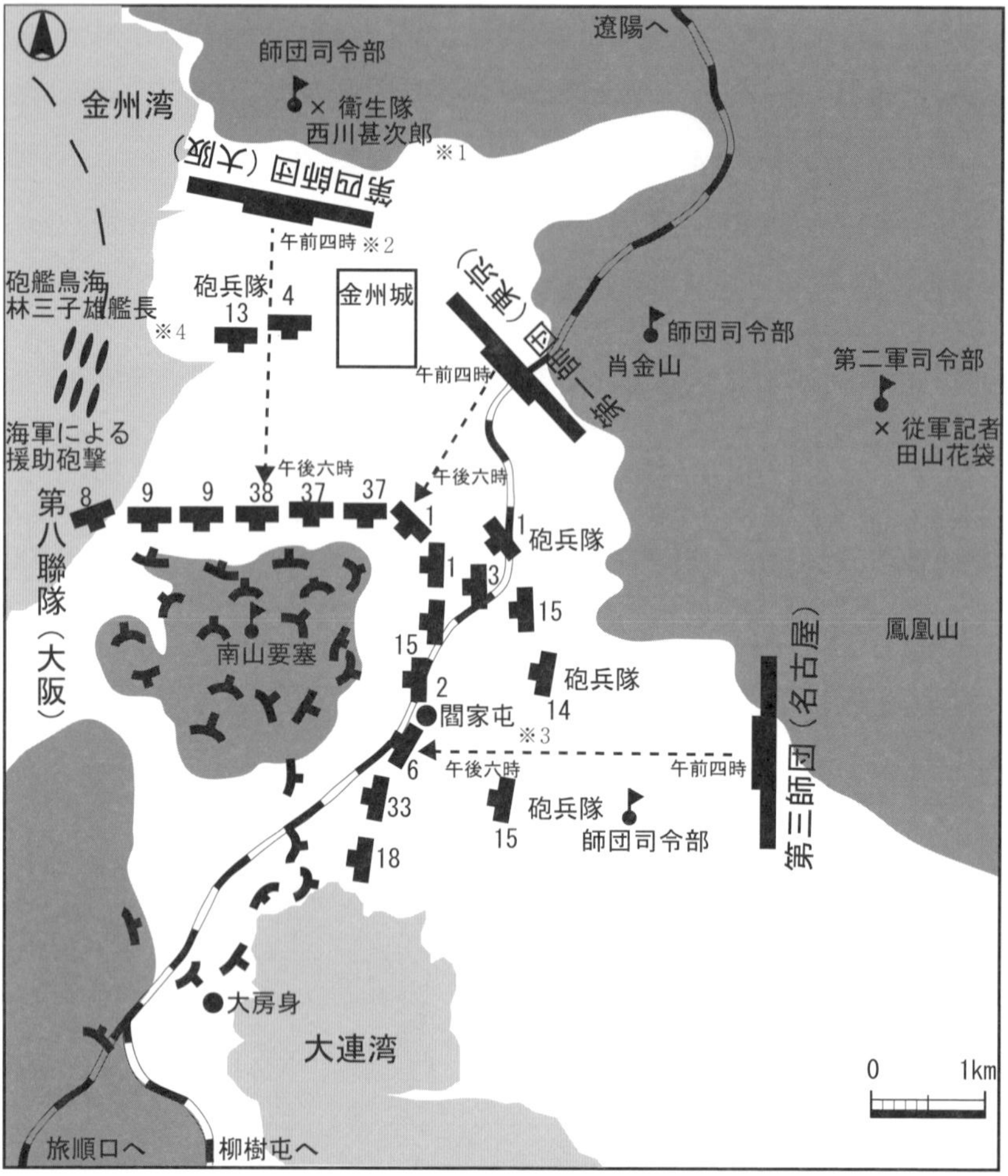

※1 5月26日早朝、第四師団（大阪）は西門から金州城を攻めるも失敗、東門から攻めた第一師団（東京）が城門を突破、占領。午前七時頃、西川甚次郎は金州城に日章旗をみる。

※2 午前四時、南山要塞に各軍進軍開始。午後、金州湾から海軍による援護砲撃をうけ、第８聯隊（大阪）が猛進。午後七時前、露軍の退却に伴い第８聯隊が山頂を占領。

※3 翌日、第三軍の第22聯隊（松山）、桜井忠温は南山を守備。閻家屯で多数の負傷者を発見し、収容した。

※4 金州湾から南山要塞を砲撃した砲艦鳥海・赤城などはその後、露軍退路の南関嶺要塞を砲撃、砲艦鳥海は直撃弾を受けて林艦長が戦死。

図６ 南山の戦い進軍図（5/26）

山は陣笠山という。また、第四師団本部あり。午前九時、砲声はじまり、我が二百メートルの所に落下す。銃声は豆を炒るに（音が）似たり。……」

この時、日本軍には一九八門もの大砲があったのです。ロシア軍は一三一門でした。両軍が一斉に何時間も大砲を撃ち合うわけです。鼓膜《こまく》がしびれるような音が続きました。もちろん、落ちた大砲の炸裂音も加わりました。大半の兵士にとって、このすさまじい音響ははじめての経験でした。『西川日記』は「銃砲声、殷《いん》たり。」と表現しています。衛生隊は戦闘中から前線で活動していたようです。

「五月二十六日。午前三時、金州に向ふて前進す。四時、雨止む。同五時、金州城北方約一千メートルの所に着（く）。銃砲声、殷たり。これより南山に向ふて傷者収容に任ず。南山は四方（が）開闊地にして、右（西）は海なり。午前七時頃、金州城に日章旗を立つ。これより引続き南山に向ふて、この南山は用意堅くして、砲台・鉄條（条）網・落し穴・「エンホ」などを以（っ）てせしも、我兵これに進撃して止まず。これに向ふに、我の砲兵大いに勢（い）あり。午前五時半より午後七時半により、南山を落し入れ。金州開戦より南山陥落までの実見は書かず、すべて覚へおく。本日徹夜。……」

機関銃の運用　南山の戦いで必ず取り上げられることはロシア軍の機関銃です。奥第二軍はそれを持っておらず、その威力をはじめて知らされたと司馬遼太郎《しばりょうたろう》の『坂の上の雲』は記述します。

ところが、陸軍の刊行した『戦役統計』によると、南山の戦闘で日本軍は四八基の機関銃を装備していました。日本軍では歩兵の小銃射撃の間に入って、機関銃も使われました。狙ったロシア兵は塹壕に入って身を隠していたのでほとんど効果はありませんでした。これに対して、ロシア軍は一〇基の機関銃でした。その差は『西川日記』に「エンホ」（掩堡《えんほ》）とあるコンクリートで囲まれた陣地に、ロシア軍のものが備えてあったことです。日本軍の砲撃でほとんど破壊できず、身の隠し場所がない日本兵の進撃路をさえぎって、効果的に射撃できたのです。南山要塞は一一〇メートル程の標高です。ただし、山頂の砲台まで鉄条網《てつじょうもう》・落し穴が取り巻いて防御されていました。その要所、要所に機関銃や歩兵の陣地が配備されていました。また、日本軍の砲撃はすさまじかったようですが、空中で炸裂する榴散弾《りゅうさんだん》だったためにコンクリートの陣地の破壊には効果がなかったようです（第一章参照）。これを救ったのは、金州湾に海軍の艦艇が繰り出して艦砲射撃で南山砲台を狙い撃ちしたことです。これが効きました。ちょうど、第四師団（大阪）は艦艇からの砲撃を背後に海岸方面から要塞を攻め登りました。そして、第四師団内の第八聯隊が一番乗りして南山を落とし入れたのです。

戦史によると、早朝から海岸沿いに進軍した第四師団は河口を直進したため、足元が定まらず他の部隊より遅れました。そうするうち、満潮と重なって、胸まで浸かって進軍したといいます。ところが、他の部隊は南山のふもとでロシア軍の猛攻に遭い、第一師団（東京）・第三師団（名古屋）の進攻が止まったために第四師団は追いつき、午後になって海軍の砲撃がはじまり、猛進できたというのです。

記録されなかった惨劇　ところで、『西川日記』の最後の一文はすごいと思います。「金州開戦より南山陥落までの実見は書かず、すべて覚へおく。本日徹夜。」西川自身、最初の激戦であり、そこで負傷兵の修羅場《しゅらば》を目撃するわけです。まさに筆舌《ひつぜつ》に尽くしがたし、という状況だったのでしょう。

どういう状況だったのか、つぶさに記録した従軍日記があります。当時、戦記雑誌社から従軍記者として派遣されていた田山花袋《たやまかたい》は、第二軍司令部とともに行動をともにしていました。執筆は軍の制限を受け、部隊名などは秘匿《ひとく》されたまま、戦況が国民に伝えられています。記事の日本軍に不利なことや醜い面は省いたといわれますが、日常生活の記録は精細に書けていると評されています。田山は南山の戦いのあと、敗走中に戦死したロシア軍兵士の姿を記しています。

「一間、二間と隔てず数多《あまた》の死屍は、あるいは伏し、あるいは仰向けになりつつ横たわっているのを見ては、戦争そのものの罪悪を認識せずにはどうしてもいられぬ。殊に、砲弾に斃《たお》れたるものの惨状は一層みるに忍びんので、あるいは頭蓋骨を粉砕させられ、あるいは寛骨（腰の骨）を奪い去られ、あるいは腸を潰裂せしめ、あるいは胸部を貫通するなど、一つとして悲惨の極を呈していらぬは無い。……」

砲弾が飛び交った日本兵の中にも同様の状況が見られたことは間違いありません。この戦闘に参加した日本兵三六四〇〇人のうち、死傷者は四三七八人だったといいます。砲兵や輜重兵など後方支援の部隊を含め、おしなべて一割以上の死傷があったということです。日清戦争の戦闘による全戦死者が一〇〇〇名程度ですから、この一昼夜の戦死者数の電報を受けた大本営は、その人数がひと桁間違っているのでは、と初めは信じなかったといいます。

辛酸な戦場に戦死者・戦傷者があちらこちらに見られたのです。衛生隊の西川は徹夜で走り回ったことでしょう。ところが、第二軍は戦闘の一週間前に上陸を終えたばかりの部隊です。西川も五月一九日に上陸し、南山まで休みなく進軍しました。ですから、野戦病院や負傷者を看護する施設は僅かだったのです。

実は、第一師団・第三師団・第四師団は、南山の戦いの前日に金州城の攻略戦を闘っています。第二軍司令部は金州城の占領を西方から攻めた第四師団に任せたのですが城門を突破することができずに退却、第一師団に手柄をもっていかれたわけです。第四師団はなんとしてでも南山の戦いで名誉を挽回したかったのです。

金州城の西側城門に取り付いたのは、第四師団内の第三八聯隊（京都）でした。深夜の激しい雷雨の中で工正面「海軍大佐従五位林三子雄之碑」
左面「明治卅七年五月二十六日於金州湾戦没」

正面「陸軍歩兵中佐従六位勲四等功四級藤岡鉄次郎之墓」
右面「陸軍中将男爵茨木惟昭書」
左面「明治三十七年五月二十六日於清国盛京南山戦死」

a 藤岡大隊長の墓碑は大阪市玉造の真田山陸軍墓地にある。
b 林艦長の墓碑は旧狭山藩菩提寺の報恩寺（大阪狭山市）にある。

図７　藤岡鉄次郎と林三子雄の墓碑

兵隊が予定通りに爆薬で城門を突破できずにいるうち、城門の銃眼から激しい攻撃を受け、第一九旅団の安東《あんどう》貞美《さだよし》旅団長《りょだんちょう》は、北西の林の中に一時退却を命令しました。ところが、牽制隊《けんせいたい》として戦場に駆けつけた同じ第四師団の第八聯隊と遭遇、同士討ちをおこしてしまいます。満州上陸後最初の戦闘で緊張したのか、深夜の濃霧で混乱したのか、第八聯隊第一大隊長の藤岡《ふじおか》銕次郎《てつじろう》は戦死してしまうのです。

この悲劇は参謀本部による『公刊戦史』には「多少部隊の混雑を来せし」とのみ記録され、真実は記録されていません。金州城・南山の戦いで大隊長の戦死は藤岡の一名のみで、動揺は大きかったはずです。後に、大阪の真田山陸軍墓地には藤岡の立派な墓碑が建てられました（図7a）。

さて、日露戦争後、旅順要塞攻略戦を克明に描いた戦記、桜井忠温《さくらいただよし》の『肉弾《にくだん》』がベストセラーとなりました。桜井は乃木第三軍の第二二聯隊（松山）で日露戦争に出征しています。第一次旅順攻略戦で八発の銃弾や刀傷を受け、右手首を吹き飛ばされました。あまりの重傷に死体と間違われ、救出は断念されていました。他部隊の兵らによって奇跡的に救出後、入院しながら左手で『肉弾』を執筆し刊行したのです。戦記文学の先駆けとして「肉弾」という言葉とともに話題をさらい、のちに英・米・独・仏・露など一五カ国で紹介されています。

『肉弾』によると、桜井は南山の戦いの直後に南山要塞に入って陣地警備をしています。そして、収容されずにいる負傷兵の実態を記しています。

「……閻家屯《えんかとん》（南山要塞西方一・五キロ）にまず仮の宿営設備が出来た夕方、予は予らにあてられた民家にくると、その隣戸でしきりに人のうめき苦しむ声がした。予は急ぎ駆け込んで見ると、これがまさに地獄の呵責《かしゃく》とでもいうべきものだろう。我軍の重傷者十五、六名と、敵の負傷者一名とが、庭に打ち倒れたまま重なり合って、もがいているのであった。真先に予を見つけた一兵卒は、手を合わせ予に救助を哀願した。……問えばすでに二日の間、一粒の飯、一滴の水も口にするを得なかったとのことであった。いずれも重傷ならぬはなく、足の折れた者、手の砕けた者、または頭部や胸部に弾創をこうむった者、中にはもはや半時の命のおぼつかなき者も交じっていたが、互いにいたわり慰め、手を取り合い、胸をさすりあっていた。……」

衛生隊の西川は緒戦の南山の戦いで見たことを「書かず、すべて覚へおく」としました。しかし、その後の戦闘については坦々と記録しています。これについても、『肉弾』は南山の光景から兵士の興味深い心理状況を分析しています。

「……要するに当時の予らは、まだ一戦もせず、殺気満々たる戦場の光景にも馴れていなかったために、自ずからその悲劇とその罪悪とに戦慄したのである。しかるに今となって考えると、実に不思議のようであるが、これは誰も同様で、一回二回と弾丸《たま》の下を潜る数がふえるにしたがって、先には悲惨と感じたものも、後にはさほどに思わなくなるし、先には見るに堪えなかったことも、後には冷々と見流しにするようになった。……」

ちなみに、海軍は旅順艦隊を旅順港で待ち伏せていたので、南山要塞の激戦に対し、主力艦を金州湾に派遣できませんでした。それで、六隻の小型の砲艦のみ派遣しました。南山要塞のロシア軍重砲はこの砲艦を狙い撃ちして、海軍にも被害が出ています。その模様は旅順警備の連合艦隊にも即座に伝えられました。当時、巡洋艦千代田の無線通信員だった濱部永太郎《はまべえいたろう》の従軍私記、『濱部日記』にも記録されています。

「五月二七日。旅順沖警戒航海中。鳥海（被弾した砲艦）・赤城等に会す。『昨日金州砲撃に従事し、終日砲撃を続け、午後八時全く陥落せしめたり。而《しか》して、わが隊においては鳥海艦長以下数名戦死せり』と。

同二八日。金州湾砲撃に戦死されし鳥海艦長林（三子雄）中佐の遺骸、竹の浦丸にて本邦に送る。総員登舷、弔意を表す。本日午前六時、大連湾占領せりと。」

海軍の水兵も惨劇を正確に書き留めていました。実は、鳥海艦長林三子雄とは、大阪狭山市にあった旧狭山藩上級藩士の子息でした。第四師団の南山要塞突撃を海上から捨て身で援護した功績は地元に語り継がれています（図7b）。

戦闘の分析　南山要塞はたった一日で陥落しました。しかし、南山の戦いで消費した日本軍の弾丸が約二二九万発以上、これは日清戦争全期間を通じて使われた弾丸を上回ったということです。そのために、用意していた弾丸は途中でなくなりました。結果的に、大阪の第八聯隊が勇猛果敢に南山要塞の頂上にある砲台の一角を占領して旗を立てました。この時砲台に到達する二〇〇メートル手前で銃弾が底をつき、動けなくなったのです。突撃も出来なければ、後退もできません。約三〇分後に銃弾が奇跡的に補給されたのです。日露戦争は日本軍が全戦全勝で完勝したように国民へ報道されたのですが、どの戦いも実はかなりきわどいものでした。しかも、当時のロシア軍は本国から続々と鉄道で増援部隊や軍需物資を搬入しました。それで、総司令官クロパトキンは南山の戦いで決戦をせずともよい、という方針を旅順の司令官ステッセルに伝令します。南山要塞を守るよりも、その火砲と兵力を撤収して、旅順口を背水の陣で守れと。

ところが、ロシア軍の南山の現場のみががんばって要塞を死守し続けたのです。このとき、要塞の守備隊に「もう撤退したのか」という催促の指令が来たといいます。この催促と第八聯隊の突入が時間的に重なったわけです。もし、催促がなければ、ロシア軍は撤退せずに、どちらかが全滅するまで闘っていたのかもしれません。そういう日本軍のきわどい勝ち方が続きました。このような真実は、日本側だけでなく、ロシア側の史料も突合せて、戦争を総合的に分析することによって見えてくるのです。

また、多くの戦史で述べられるように、南山の戦いでは陸軍の砲撃が、ロシア軍陣地にあまり効果を発揮せず、逆に、機関銃の威力を前に白兵突撃を繰り返す日本軍は大きな犠牲を払いました。しかし、この反省はその後の旅順要塞攻略戦で活かされることはなく、同様の失敗をもっと大規模に繰り返してしまうのです。

第五節　日露戦争をどう捉えるか

ロシアの南下政策はなかった　司馬遼太郎は一九九六年に『文芸春秋』の特集で『坂の上の雲』の執筆動機を語っています。明治の日本は若輩で小国だったけれど元気だったとして、その時代の雰囲気を「国民国家をもって三十余年」、「新品の国民」、「国民的元気」などと記します。ところが、昭和になって日本はなぜあのようなおろかな戦争をしたのか、と考えたわけです。そして「日本人は一九世紀後半に自力で身につけたはずの現実主義的な美質を喪失していった」というのです。

「坂の上の雲」が『産経新聞』に連載され始めたのは一九六八年からで、連載後まもなく文庫本八巻が刊行されました。この当時は司馬が述べるように日露戦争の原因は朝鮮半島をめぐる国際紛争だと多くの研究者が考えていました。ロシアの南下政策に日本が恐怖したということから日本の「自衛の戦争」と位置づけるかどうかが議論になり、また大陸への侵略的な意図の有無がどうだったのか、いうことも論点でした。

ところが、最近になってロシアの南下政策は真実だったのかという疑問符が投げかけられているのです。ロシアの公文書からの研究です。その結果、ロシアが東アジアに南下して日本と戦争になっても仕方がないと思っていたのは、モスクワにあった一部の勢力と極東総督のアレクセーエフらで、大半の勢力はヨーロッパ政策、なかでもドイツへの備えを優先すべきだという意見でした。

日本史の教科書には日清戦争後の三国干渉で臥薪嘗胆し、ロシアとの戦争は必至だったと説明しています。当時の多くの新聞もそういう雰囲気を煽りました。ただし、伊藤博文ら日本政府の一部はロシアと協調して「日露協約」を結んで戦争を回避すべきだと外交努力をしました。また、キリスト教徒の内村鑑三《うちむらかんぞう》や社会主義者の幸徳秋水《こうとくしゅうすい》・堺利彦《さかいとしひこ》らの戦争回避の活動がいろいろあったことが知られています。

同様に多角的研究がすすめられていることがあります。司馬の『坂の上の雲』の執筆時期には中国や韓国で、近代史を分析する動きが少なく、日本に開示される史料も限られていました。現在では国際的な研究も進められつつあります。中国人・朝鮮人の視点から見た日露戦争です。視点をかえるとずいぶん戦争の実態が違って見えることもあるのです。まず欧米人が日露戦争をどう見ていたかの例を、飯倉章『日露戦争風刺画大全』から挙げてみます。

諸外国の見る日露戦争　例えば、日露開戦直後のアメリカの新聞（『ミネアポリスジャーナル　一九〇四年二月』）に掲載された風刺画《ふうしが》にはロシアと日本が一セントを投げて、勝ち負けを争うものがあります（図８ａ）。つまり、朝鮮半島をどちらが取るのか勝負するのですが、戦争で勝敗を決めても、コインゲームで平和裏に勝敗を決めても、朝鮮人からみるとどちらでも同じという意味です。これは帝国主義国家の日本とロシアが朝鮮の支配権をめぐって争奪した戦争という見方です。

同じ、アメリカの新聞（『ミネアポリスジャーナル　一九〇五年二月』）は、戦争の真っ最中に、日本とロシアを生存と晩餐《ばんさん》の戦いと皮肉ります（図８ｂ）。ヤマアラシに見立てられた日本はシロクマのえさです。シロクマに見立てられたロシアは「敗北」と書かれた包帯を巻いています。ロシアは晩餐の食材を得るために戦っているけれど、日本は生存のために戦っている、というのです。間に立って見守るのは列強諸国です。これは、日露戦争が日本の自衛のための戦争だったという見方です。

また、スイスの新聞の風刺絵（『ネーベルシュパルター　一九〇四年五月』）にはシロクマと人形の叩き合う姿があります（図８ｃ）。人形の後ろにいるのはイギリス人で、開戦当初から日本はイギリスのいいなりになって、ロシアと闘う代理戦争だというのです。日露戦争とは、ロシアとの帝国主義戦争にイギリスの代理として日本が戦ったという見方です。

韓国で語り継がれる日露戦争　最後に、現在の韓国の歴史教育で日露戦争がどう取り上げられているのか紹介したいと思います。日本は日露戦争を経て、欧米列強と並ぶ一等国として扱われるようになりました。そ

a「戦争か平和か」(War or Peace ?)
ロシアと日本が1セントコインを投げて朝鮮半島をめぐる勝ち負けを競う風刺絵。手前の女性の髪には朝鮮と記される。
アメリカ『ミネアポリスジャーナル』1904.3

b「彼が決定的に打ち負かされた理由」
(Why He Was Whipped?)
ロシアを白熊、日本をヤマアラシにみたてた風刺絵。ロシアは包帯に敗北と記すものの、ご馳走を逃しただけという。一方の日本は生存ができた。両者を見守るのは列強諸国。
アメリカ『ミネアポリスジャーナル』1905.2

c「極東において問題は本当にどんな具合か」
(How the Matter Really Is The For East?)
白熊はロシア、人形は日本、後であやつる男はイギリスを示す。日本がイギリスのいいなりになって、ロシアと戦う代理戦争を描く風刺絵。
スイス『ネーベルシュパルター』1904.5

図8　諸外国の見る日露戦争

して、隣国の朝鮮（当時は大韓帝国《だいかんていこく》）を植民地とした「日韓併合条約」を締結しました。この間の経過を現在の韓国の小学校の歴史教科書はどう教えているか、三橋広雄訳『韓国の小学校歴史教科書』から引用します。

第六章　国を取りもどす努力

銃とペンをとって戦った祖先たち

▼わが民族が日帝の侵略から国を守るために行ったことについて調べてみよう。

もし、上に住んでいる人と下に住んでいる人がわが家にきて、わが家のものを自分のものにしようと争うとすれば、あなた自身はどうするだろうか。このような出来事が約一〇〇年前にわが国でおきた。一八九四年には清と日本が、一九〇四年にはロシアと日本がわが国を支配するために戦争を引きおこし、この二度の戦争とも日本が勝利した。

まず、清日戦争で勝利した日本はわが国から清の影響力を排除し、露日戦争中にはわが国に軍隊を駐屯させた。以後、露日戦争で勝利した日本は、高宗《コジョン》皇帝と一部の大臣の反対の動きを力で抑え、わが国の外交権を奪った、いわゆる「乙巳《ウルサ》条約」を結んだ。その条約の内容を知った全国民は日帝の侵略を非難し、日帝に抵抗して戦おうと立ち上がった。

▼乙巳条約以後、義兵運動がどのように展開されたか調べてみよう。

一八九〇年以後、日帝の侵略に対して立ち上がった義兵運動は、乙巳条約をきっかけにさらに激しくなった。立ち上がったばかりの義兵は、武器や戦闘能力の面では日本軍より劣っていたが、自分の郷土の地理に詳しいことを活用して日本軍に大きな被害をあたえた。

乙未《ウルミ》事変・断髪令 ※1 ※2	1895	明成皇后の死に怒って義兵がおこる。
	1900	
乙巳《ウルサ》条約 ※3	1905	乙巳条約以後、義兵運動が活発になる。
軍隊解散	1907	解散させられた軍人たちが義兵に合流する。
	1909	安重根《アンジュングン》義士が伊藤博文を狙撃する。
日帝の強制併合	1910	※4
	1915	日本の大規模な攻撃で国内の義兵は次第に弱まり、国外に亡命した義兵たちが独立軍に編成される。
三・一運動 ※5	1919	大韓民国臨時政府樹立。
	1920	青山里《チョンサルリ》大捷

※1「**乙未事変**」は李氏朝鮮の第二六代国王・高宗の王妃であった閔妃が暗殺された事件。韓国では「明成皇后弑害事件」とも呼ばれる。

※2「**断髪令**」は男性のまげを切らせる詔勅。金弘集らが進めた近代化政策。髪は父母から譲り受けたもので、傷つけないのが孝、という儒教の考えから反発が広まる。また日本の真似だとして反日感情に結びつき、「**乙未事件**」の原因にもなった。その後、「**断髪令**」は撤回された。

※3 第二次日韓協約は日露戦争終結後に日本と韓国が締結した協約。これにより韓国の外交権はほぼ日本に接収され、事実上保護国となった。乙巳年に締結したという意味で「**乙巳条約**」という。

※4 1910年、「**韓国併合条約**」が寺内正毅統監と李完用首相により調印された。大日本帝国は大韓帝国を併合し、朝鮮半島を領有する。1945年、日本がポツダム宣言を受諾、降伏文書の調印によって、日本の朝鮮半島領有は終った。

※5「**三・一運動**」とは日本統治時代の朝鮮で起こった独立運動。現在、韓国には三一節と呼ばれる祝日がある。

図9　韓国の教科書にある義兵運動の歴史

一九〇七年の軍隊解散以後は、その軍人たちの一部が参加し、義兵の戦闘力も強くなり、日本軍との大規模な戦いもできた。

ソヨンのクラスの先生は、安圭洪《アンギュホン》という義兵将の話をしてくれた。ソヨンは、他人の家で働きながら貧しい生活をしていた人々まで国のために立ち上がった話を聞きながら、国を愛することについてもう一度考えるようになった。

「安タムサリ義兵将」の話を聞いたソヨンのクラスでは、義兵運動についてもっと詳しく勉強することにした。まず、義兵運動と関連する重要事件を集めて年表にまとめてみた（図9）。義兵運動の勉強をまとめながら、ソヨンは気がかりなことを先生に聞いてみた。

「一九一〇年に国を奪われた後、義兵たちはどうなりましたか」「日帝の弾圧が激しくなると、義兵たちは国外に亡命し、独立軍として活動したんだ」

▼民族の力を養う努力は、どのように展開されたのか調べてみよう。

わが民族は、愛国啓蒙運動を通じて日帝の侵略に抵抗した。教育や産業をおこして豊かで強い国をつくるために、知識人たちが先頭にたって、教育・言論・学問などの分野で活動した。

日露戦争前後に朝鮮人がどのような活動をしていたのか、私たちはほとんど知りません。しかし、現在の韓国の若者は、義兵運動を中心とした歴史教育を受けているわけです。もう一度、国際情勢のなかに日露戦争を考え直す時期が来ているのかもしれません。以上でひとまず、私の講演をおわります（拍手）。

引用した従軍日記など

『西川日記』西川甚次郎の手記　西川甚次郎著・真田山陸軍墓地研究会編『戦場と兵士』岩田書院（二〇一三年刊行予定）

奥第二軍・第四師団衛生隊（大阪）・第一中隊・第二小隊・第四分隊

『第二軍従征日記』博文館から派遣された従軍記者の日記。田山花袋『第二軍従征日記』一九〇五　博文館（『第二軍従征日記』は二〇一一年に雄山閣出版が解説を加えた復刻版を刊行。また、南山攻撃に関する『第二軍従征日記』未記載の記事が博文館発行雑誌『日露戦争実記』一九〜三三号（一九〇四）に収録されている。これも『日露観戦記』上・下として一九八〇年に緑の笛豆本の会から復刻されている。）

第二軍司令部付　従軍記者私設写真班

『肉弾』櫻井忠温の戦記『肉弾』一九〇八　丁未出版

乃木第三軍・第一一師団・歩兵第二二聯隊（松山）・聯隊旗手

『濱部日記』濱部永太郎の手記『明治三十七八年征露従軍私記』一九八〇　私家本

海軍連合艦隊・第三戦隊・第六艦隊　巡洋艦千代田・無線通信員

参考文献

飯倉　章（二〇一〇）『日露戦争諷刺画大全』上　芙蓉書房

大江志乃夫（一九七六）『日露戦争の軍事史的研究』岩波書店

大江志乃夫（二〇〇四）「必要のなかった日露戦争」『日露戦争スタディーズ』紀伊國屋書店

司馬遼太郎（一九九六）「日本人の二十世紀」『文芸春秋』平成八年五月号　文芸春秋社

田山花袋（二〇一一）『第二軍従征日記』雄山閣

原田勝正監修（一九八六）『日露戦争の事典』三省堂

三橋広夫訳（二〇〇七）『韓国の小学校歴史教科書』明石書店

山田　朗（二〇〇九）『世界史の中の日露戦争』吉川弘文館

渡辺義之編（二〇〇二）『帝国陸軍　戦場の衣食住』学習研究社

和田春樹（二〇一〇）『日露戦争　起源と開戦』（上・下）岩波書店

コラム２

戦争で兵士は何を食べたのか

西川 寿勝
Toshikatsu Nishikawa

日露戦争の兵食

日清戦争がはじまる頃、陸軍は組織的な兵站《へいたん》を準備していなかった。一体、どこまで戦線が拡大するのか見当もつかなかったのかもしれない。基本的に武器・弾薬とは別に、食糧・被服《ひふく》・寝具などは民間から調達され、臨時に雇われた軍属《ぐんぞく》・軍役夫《ぐんえきふ》などによって運搬された。

日清戦争時の一八九四（明治二七）年、「陸軍臨時給與細則《りくぐんりんじきゅうこうさいそく》」が定められ、軍は兵食《へいしょく》を規定する。これによると戦闘で兵士が一人一日携帯する主食は干飯《ほしいい》（糒）三合（五四〇グラム）、副食は缶詰肉か塩肉・乾燥肉、調味料は塩三匁（約一一グラム）とされた。兵営では一食二合（一日六合）とされ、運用との差も大きい。翌年に主食の代用品として乾パン（ビスケット・重焼麺麭《じゅうしょうめんぼう》）が規定されたが生産は間に合わなかった。ちなみに、ビスケットはビス＝二度・ケット＝焼という意味で、重焼麺麭も二度焼きのパンという意味である。のちに重焼が重傷に通じることを嫌い、日露戦争後に乾パンと呼ばれた。乾パンに対し、日本人に馴染み深かったせんべいも試されている。しかし、試食されたせんべいが硬すぎたため却下された、という。

一九〇四（明治三七）年に改訂された「陸軍臨時給與細則」は、主食が干飯（糒）三合か乾パン、副食は缶詰肉、調味料は塩三匁で、基本的には変わっていない。ただし、乾パンや缶詰は改良型で大量生産が可能となっていた。缶詰は主に広島県の宇品陸軍糧秣廠《うじなりくぐんりょうまつしょう》で生産された。

日露戦争後の一九〇七（明治四〇）年には干飯が廃され、精米となる。干飯は下痢を頻発したようだ。第八師団（弘前）後備第一七聯隊の鈴木文吉《すずきぶんきち》は、従軍日記で下痢に苦しめられたことを記す（1）。

「弧家子《こけし》（奉天北東約一二〇キロ）に於て、下痢に罹《あた》りたる時（明治三八年六月一四日）、戦友に頼みて病院に薬を貰ふ（い）にやった。戦地では容器はないのでビール壜《びん》を持たした。病院では消毒液と思ふて昇汞水《しょうこうすい》を呉《く》れた。呑《の》むと味は違ふ。直に腹痛した。暫《しばら》くすると嘔吐《おうと》した。後で聞くと昇汞水だったので大狼狽《だいろうばい》した。吐《は》いたので命は助った。他の中隊でも同様の間違いはあった。」（※昇汞水は水銀に食塩を加えて水溶液にしたもの。消毒用。毒性が高い。）

同様に近衛師団《このえしだん》（東京）衛生隊の多田海造《ただかいぞう》も多くの下痢患者、腸カタル患者を看、自身も経験している（2）。

「（明治三七年）六月三十日、曇天、木、山上露営。……八四三米高地前面の谷地は即ち我中隊の去る二十七日敵中隊を全滅せし所。其《その》死体は点々として横たわり。夏日のこととて已《すで》に異臭プンプンとして鼻をつき気持ち悪く感せり。終日散兵壕《さんぺいごう》内に横たわり道明寺《どうみょうじ》（干飯）に飢えを凌《しの》ぐ。そして連日の猛雨に湿《うるお》ひし兵士中多数の下痢患者を発せしは是非《ぜひ》もなし。」

大陸では炊飯のための水事情が悪く、燃料を必要としたことから乾パンが重宝された。ところが、日露戦争では乾パンが衝撃で簡単に割れてしまい、食べるときには粉々という不評も伝わる。当時の小麦粉は大半をアメリカに頼っており、粘性（グルテン）が低かったからだ。日露戦争後は欧州産に変えて、この問題は解決した。

日本の外征では内地からの白米を飯盒《はんごう》で炊くことが一般的だった。飯盒は一八八三（明治一六）年頃にドイツから伝わり、日本型に改良され、現在の飯盒炊爨《はんごうすいさん》の形が出来上がる。第二師団（仙台）第一六聯隊の茂沢祐作《しげさわゆうさく》は奉天会戦で負傷後、野戦病院で飯盒の蓋《ふた》にかゆを分けてもらったことを記す(3)。

「（明治三八年）三月十一日晴。午前中は飯盒の中子に粥《かゆ》一ぱいを与えられしのみで、午後野戦病院に引き渡されたが、別に何をする気もなく空しく眠り暮らして夕刻になったが、空腹で空腹でたまらなかった。負傷したら、忘れても糧食を手離してはならぬ。」

また、司馬遼太郎《しばりょうたろう》の『坂の上の雲』では第五師団（広島）工兵第五大隊の飛田定四郎《とびたさだしろう》の従軍日記を引用する。飛田は奉天会戦直前に飯盒で飯を炊いていたものの、昼食時には凍り付いて食べにくかったと記している(4)。

「（明治三八年）二月二十七日、晴天。……昼食は飯盒の飯を食せんとし、出して見れば、最早朝の厳寒に凍りて小石の如くにして食し難く、……」

しかし、奉天会戦では飯盒炊爨がほとんどできなかったことが知られている。例えば、『第九師団凱旋記念帖』にある従軍余話は、二週間の奉天会戦でわずか四～五回しか米の飯を食うことが出来なかった者もあった、という(5)。

「……加えるに、軍は全速力で毎日進行するので、倉庫との距離が日ごとに甚だしく遠く離れていき、糧食《りょうしょく》縦列《じゅうれつ》は夜を日についで運搬に務めましたけれど、なにぶん軍が一里行く間に往復二里以上の道を辿《たど》らねばならぬのであるから、到底間に合わず、実に当時は糧食のために非常なる困難に陥ったのであります。そのため、兵士は約二週間にわたる奉天激戦中、わずかに四、五度しか米の飯を食うことが出来なかった者もある。その他は口の切れるような堅パンを以ってわずかに凌いでおったので、実にその間の辛苦のほどが察せられます……。」

旅順要塞戦のとき、第九師団（金沢）の兵士は二日分の干飯と乾パンを携行《けいこう》した。また、後方の輜重大行李《しちょうおおごうり》は毎日戦列隊一日分の食糧を運び、その後方の食糧隊は戦列隊三日分の米と一日分の乾パンを運び、食糧縦列が七日分の兵糧を野戦倉庫に保管し、運搬の部隊も確保されていた。このときは野戦倉庫から最前線までさほど距離もなく、船便が届く大連《だいれん》も近かったので、補給は果たされていたのだろう。

ところが、大連から三五〇キロも戦線が延びた奉天会戦では大部隊が急速な行軍を行い、各部隊は常に前線で弾幕にさらされた。第九師団（金沢）は出発地から五〇里以上（二〇〇キロ以上）移動したという。こうなると大行李は食糧を持って離れてゆく前線と兵站を往復することが不可能で、供給は途絶したのである。さらに、平原の前線では炊飯のために火を起こすと狙い撃ちされ、米が届いても炊くことが出来なかった。なるほど、第二師団（仙台）第一六聯隊の茂沢祐作も奉天会戦時に、大・小便も出来ぬくらい銃砲撃がすさまじく、飯炊きは炭のほかは使えなかった、と記す。[6]

「（明治三八年）三月六日、快晴。二、三日崖《がけ》（塹壕《ざんごう》）の中で頭も楽々出せなかったが、今日は家の陰で大丈夫と思ったのは間違いで、かえって頭の上から砲弾を浴びせられ、飯炊きさえも炭よりほかは用いることが出来ぬ始末、隣にいた第二中隊の兵は大便の時にでん部をやらるるという騒ぎ。どうも早く前面の高地より露助《ろすけ》（ロシア人に対する蔑称）を追い払わぬうちは楽々と水も飲めないのである。……」

それで前線ではあらかじめ大量にかゆを炊いておくこともあった。第四師団（大阪）衛生隊の西川甚次郎《にしかわじんじろう》は沙河《さか》会戦時、二斗（約三六リットル）入りのかゆのバケツを大隊長がけりまくり、食べられなくなる事件を記している。[7]詳細は不明だが、戦闘中に作り置いた食糧の腐敗が原因かもしれない。

「（明治三七年）十月十四日、晴天。……繃帯場《ほうたいじょう》にて、炊事の二斗入り（約三六リットル）の「バケツ」に「おかい」を入れて担架卒《たんかそつ》にひする（?）に付て、大隊長が兵卒はやかましいと云うて、蹴《け》りまくりてしまい、其時は兵卒一般に涙をこぼして居（た）。此夜《このよ》は午後一時に昼食をなしてより食せず。甚《はなは》だ困難なり。」

また、第八師団（弘前）第一七聯隊の工藤清作《くどうせいさく》は、厳冬期の黒溝台《こっこうだい》会戦の三日目に弾薬や食糧の補充が滞り、水もなく乾パンのみを食べ、降雪続きを暴露したままで睡眠もとれず、飢餓《きが》に陥りつつあったことを記述している。(8)

「……又、飯も容易に喰《く》う事は出来ず。只々《ただただ》、携帯の重焼麺《じゅうしょうぱん》を喰ひ、水の交（変）りに雪を喰ふ外《ほか》なく。平坦なる雪地に暴露をなし、其《そ》の困苦艱難《こんくかんなん》、実に甚だしきに至れり。……」

ちなみに、米飯の腐敗防止剤の開発は、一八八二（明治一五）年に陸軍が研究所を開設して取り組まれていたが日露戦争には間に合っていない。アジア太平洋戦争になって、性病の薬として使われていた「ウロトロピン」が転用された。これは加熱時に分解して微量のホルマリンを出すもので、余剰《よじょう》のホルマリンはグルタミン酸ナトリウム（味の素）に化合させた。防腐錠の「グル曹《そう》」は一週間日持ちのする米を作るため、南方作戦や海軍などでもおおいに活用された。

次に、副食の缶詰はカロリーや栄養価で好評だったが重くて、コストが高かった。中身の半分以上が水分だったこと、容器の素材を節約することや軽量化が議論された。ところで、満州の冬季は缶詰も凍り、そのままでは食せなかった、という。

そこで、乾燥肉や鰹節《かつおぶし》などの副食代用品が頻繁に登場する。鈴木文吉は奉天会戦中、食事をとらず鰹節をかじって昼食の代わりとしている。(9)

「（明治三八年）三月四日、昼近き頃、中隊は休憩せり。我々に第六中隊付菅沼法寛氏、郷里の人、突如《とつじょ》、予を訪ふて来る。奇遇、邂逅《ああ》何とも言へない懐《なつかし》みを感じた。菅沼氏曰《いわ》く、「何か食せりや」と。前夜より食をとったといへば持てる鰹魚節（※）、一片を食ふ。予は之れをはぶりて中（昼）食に代ふ。中隊は尚、進軍を続けた。皆、露営《ろえい》せり。」（※二本の鰹魚節＝日本勝。自宅から持って行ったらしい。）

このとき、第二師団（仙台）司令部付の根来藤吾《ねごろとうご》も水が凍結し、飲むことも煮ることも出来ず、食事できなかった[10]。

「（明治三八年）三月十一日　晴。……三道溝《さんどうこう》（奉天西方約二〇キロ・渾河《こんが》北岸）に至り、弾薬縦列の露営するに会し、乞《こ》うてその焚火《たきび》より暖をとり、湿衣《しつい》を乾かせり。夜食せんとしたれど、飯半ば凍りあり。水なくして煮ることも出来ず。ために空腹を忍びぬ。……」

これに対して、ロシア軍は東清鉄道を使って開戦前から大量の食糧などを輸送して、各拠点に兵站基地を持っていた。さらに、第一線の倉庫にも山のようにシャンパン・ワイン・ウォッカなどを蓄えていた。奉天城陥落の三月一〇日には、酒に酔った兵士が多数徘徊《はいかい》していたことが伝わる。

総司令部の渡邊寿《わたなべしゅう》中将によると、三月八日に林盛堡《りんせいほ》附近の戦闘（奉天南西約二〇キロ）でロシア軍の倉庫群を占領した部隊があった、という。倉庫には大量の食料品があり、大きなビンもあった。ビンの中身を確認したところ、すっぱくて、ラムネが腐ったものだろうと投げ捨てた者もあったが、喉《のど》のかわきにガブガブ呑んだ者もあり、あとで腰がふらふらして歩けなくなっていた、という[11]。

満州軍倉庫長の手記より

日露戦争がはじまると、都合六〇万の兵士が出征し、その兵站《へいたん》は重要な問題となった。当初、大本営は荒野の満州で食糧や露営資材などは調達できないと考え、基本的にすべての物資を日本から輸送する計画を立てた。ところが、満州軍に兵站組織があったわけではなく、奥保鞏《おくやすかた》第二軍の一部が兵站を担い、各軍へも調達される、という場当たり的な対応だった。すぐに食糧調達の不公平や遅滞が問題になったのである。

そこで、満州軍は八月に大連港《だいれんこう》に程近い柳樹屯《りゅうじゅとん》に満州軍倉庫を開設、遼陽《りょうよう》を占領すると、そこに支庫を置いた。旅順要塞攻撃に釘付けされていた乃木希典《のぎまれすけ》第三軍を除き、満州軍倉庫が遠征軍の補給を担うようになった。この満州軍倉庫の倉庫長として日疋信亮《ひびきのぶあき》主計が着任、その手記が残されている。

日本軍は東清鉄道に沿って、遼東半島の先端から奉天方面に北上していたので、補給の要は東清鉄道だった。ところが、鉄道線路があっても車両がない。当時の線路はロシアの五フィート（一・五メートル）規格、日本の貨車は三・六フィート（一・〇八メートル）規格だったので、前線が北上するたびに線路を敷設しなおす必要があった。当初、アメリカから広軌貨車の車軸などをとりよせて急場を凌ごうとしたが、資材運搬の常陸丸《ひたちまる》がウラジオ艦隊に撃沈《げきちん》され、多くの将兵と共に海没してしまう悲劇にも見舞われた。

結局、線路を狭め、日本から持ってきた機関車や貨車で兵士・兵器・弾薬、その他のすべての輸送に利用した。食糧補給は後手に回された。しかし、当初は一日二個師団分（約二万兵）の補給しかまかなえなかったのが、鉄道が整備されると総量的には一日三〇師団分の補給が可能となった。

輸送した食糧総量は二五四万トンに達する。対して、兵器弾薬は四二万トンに過ぎず、その他の軍需品をあわせて総運搬量は三九五万トンだった。結局、三分の二が食糧だった。

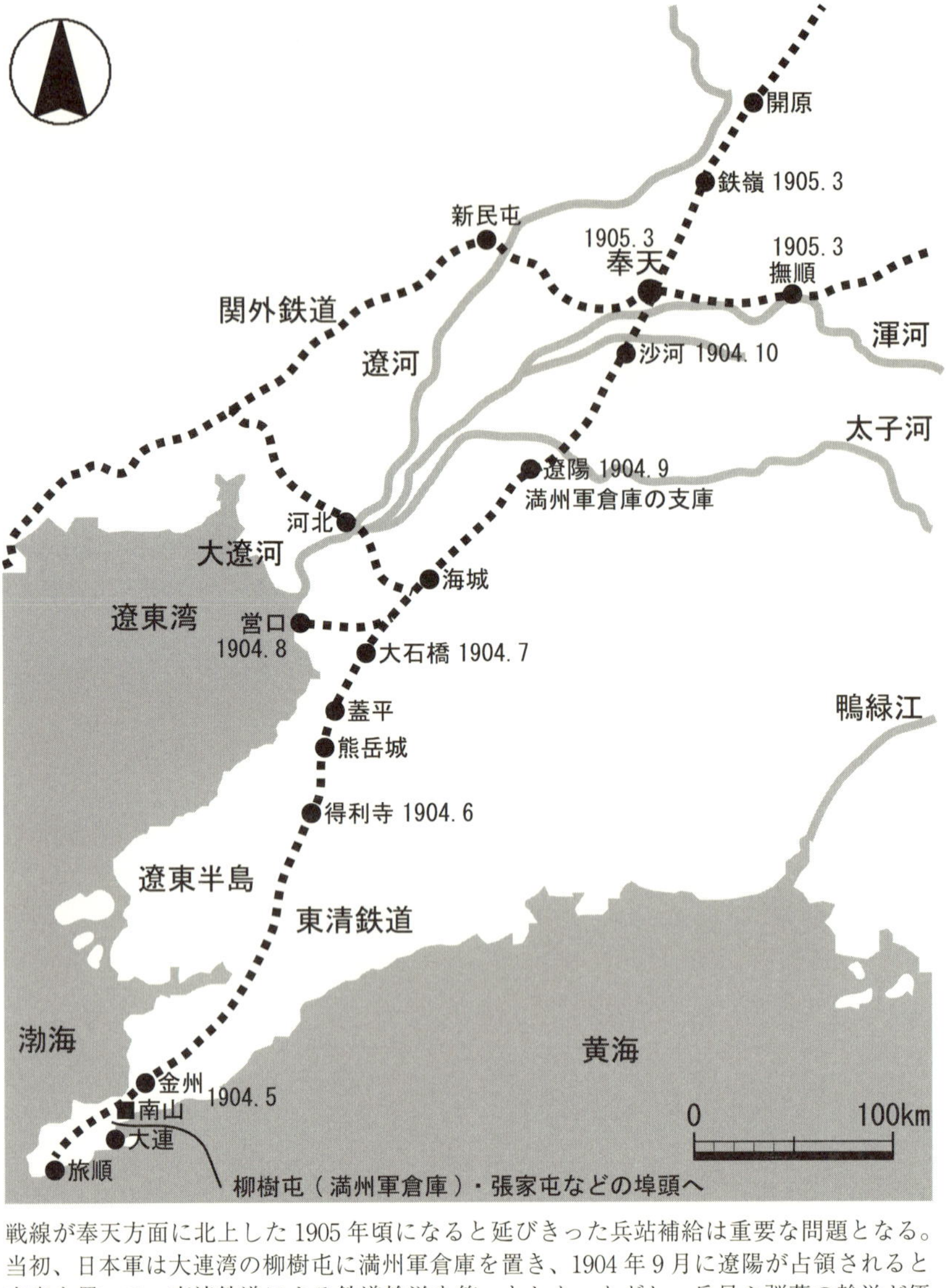

戦線が奉天方面に北上した1905年頃になると延びきった兵站補給は重要な問題となる。当初、日本軍は大連湾の柳樹屯に満州軍倉庫を置き、1904年9月に遼陽が占領されると支庫を置いて、東清鉄道による鉄道輸送を第一とした。ただし、兵員や弾薬の輸送が優先されたので、第二の方法として営口から大遼河を川船でさかのぼり、新民屯から前線に補給することもあった。さらに第三の方法として、営口陸揚げ後、河北から関外鉄道で新民屯に運び、そこから前線に補給することもあった。

図1　日本軍の兵站

武器・弾薬輸送が優先される鉄道に対し、第二の方法として、船のまま営口《えいこう》から大遼河《だいりょうが》を北上させ、奉天《ほうてん》西方の新民屯《しんみんとん》に運ぶ輸送路が検討された。さらに、第三の方法として営口に陸揚げ後、中国の河北駅から関外鉄道を利用して、西側を大きく迂回して新民屯に運ぶ方法も検討された（図1）。第二・第三の方法は中国の民間輸送に便乗するものであり、中立地帯を利用する禁じ手だった。

そこで、中国官憲に秘密裏に協力を要請し、清朝が東蒙古《ひがしもうこ》地方にいる中国人の食糧と偽装《ぎそう》して輸送路が活用された。ところが、新民屯の東方で大遼河に架橋したため、民間船の往来が妨げられ、中立地帯を利用しての兵站輸送が暴露、ニューヨークタイムズ紙は非難した。

また、第二の輸送路ではジャンクと呼ばれる帆船やハシケの舟まで最大で五〇〇〇余隻も徴用、大遼河に一日大小一〇〇隻を浮かべ、最大八個師団分の補給をしたこともあったという（通常は三個師団程度）。ただし、営口の港を占領したのは一九〇四（明治三七）年七月末である。それから、翌三月の奉天会戦までの大半は冬季であり、大遼河は凍結して使えない。対して、鉄道を使った第三の方法では一日四個師団分の補給がまかなえた、という。

それにしても、当初は一日おおよそ二個師団分の補給しかまかなえなかったので、兵士は食糧に苦慮したことだろう。そもそも、旅順要塞を陥落させて、ロシア北方艦隊を壊滅させせなければ、本土から黄海を通過して大連港までの船舶輸送は大きな危険を伴うものだった。実際、当時の外洋航路に耐えうる船舶は二〇〇隻に満たず、高速船は海軍が優先的に徴用したので、陸軍の徴用は約一三〇隻だった。機雷の漂う海で、きめ細かな補給は期待できなかったのである。

そうするうちに、大きな問題が発生する。大連港に陸揚げ・備蓄されていた白米八〇〇～九〇〇石（約

中国人から現地調達された食料。いずれも黒木第一軍で奉天会戦直後。1905年になると軍票をつかって大規模に調達されるようになった。現地の鶏卵はまずくて不評だったという。

図2　現地調達された鶏卵・肉牛

一四四～一六二トン）が腐敗し、いよいよ食糧が欠乏してしまったのである。大本営は内地から籾殻《もみがら》をつけた玄米の形で輸送せず、精米して輸送したため、当時の保存設備では腐敗を防げなかったからだ。窮余《きゅうよ》の策として、天津《てんしん》から北支那駐屯軍《きたしなちゅうとんぐん》（北《ほく》清《しん》事変《じへん》による駐屯軍）によって中国米を買い入れ、さらに台湾からも台湾米を買い入れ、不足は補われた。天津や北京で中国米調達を手引きしたのは袁世凱《えんせいがい》という説もあり、天津では防寒靴《ぼうかんぐつ》をどんどん製造して戦線に送り、中国官憲はこれを黙認していたという事実もある。

それでも、前線の兵士に食糧は充足されず、ついには満州軍倉庫の判断で現地調達をはじめるようになった。これによって、玉子・牛肉・野菜などが兵士に届くようになり、馬のための干草や、冬季には薪炭や防寒具なども届くようになった（図2）。また、遼陽では味噌・しょうゆ・甘酒などが現地生産された。現地調達には軍票《ぐんぴょう》が利用されるに至る。

このようにして、満州軍倉庫の輜重輸卒《しちょうゆそう》は当初一〇隊であったものが、三二隊まで膨《ふく》れ上がり、軍属なども含めると毎日千数百名が活動していた、という。日清戦争では人足《にんそく》（軍役夫）を雇って輸送や後方支援にあてた。日露戦争では第二補充兵役として補助輸卒隊を編成して後方支援を組織化した。補助輸卒は戦史にほとんど登場することはないが、最終的に二七三隊、一二万人以上に達し、陰の功労者だったのである（コラム3参照）。

註

（1）鈴木文吉（一九〇五）『日露戦役従軍記』（未刊）
（2）多田海造（一九七九）『日露役陣中日誌』巧玄出版
（3）茂沢祐作（二〇〇五）『ある歩兵の日露戦争従軍日記』草思社
（4）司馬遼太郎（一九七八）『坂の上の雲』七　文春文庫
（5）佐藤厳英（一九〇五）「従軍余話」『第九師団凱旋記念帖』北陸館
（6）前掲註3に同じ
（7）西川甚次郎著・真田山陸軍墓地研究会編『戦場と兵士』岩田書院（二〇一三年刊行予定）
（8）工藤清作（一九〇五）『征露雑記』（未刊）
（9）前掲註1に同じ

（10）根来藤吾（一九七六）『夕陽の墓標』毎日新聞社
（11）渡邊寿（一九三五）「奉天城を落とすまで」『日露大戦を語る』陸軍篇　東京日日新聞社・大阪毎日新聞社

参考文献

鈴木紀之（二〇一〇）『日本の兵食史』ストライクアンドタクティカルマガジン増刊号
拓殖久慶（二〇〇三）『あの頃日本は強かった』中央公論新社
日疋信亮（一九三五）「糧食輸送の思ひ出」『日露大戦を語る』陸軍篇　東京日日新聞社・大阪毎日新聞社

第三章　旅順要塞攻略戦——後備歩兵第九聯隊の壊滅——

冨井　恭二
Kyoji　Tomii

第一節　語り継がれなかった兵士たち

真田山の墓碑　JR大阪環状線の玉造《たまつくり》駅から西へ一〇分くらい歩くと、緑に囲まれた小高い丘にたどり着きます。真田山陸軍墓地です。本日はこの墓地内の集会所での研究報告です。一八七一（明治四）年に設置されたこの墓地は、大阪からはじまった日本陸軍創設当時の兵士の墓石、西南戦争に出征して大阪で亡くなった全国の将兵・巡査の墓石、徴兵で兵卒になって病死や不慮死した大阪鎮台《ちんだい》や第四師団兵卒の墓石、日清戦争・台湾征服戦争・日露戦争で戦死した将兵の墓石など、五千余基があります。また、日露戦争と満州事変の合葬碑、それに一九四三（昭和一八）年に建設された納骨堂があります。納骨堂には日中戦争・アジア太平洋戦争で亡くなった将兵約八千余人の遺骨等を収めた骨壺が納められています。日本陸軍と国民との関係を具体的に物語る貴重な戦争遺跡です。

今回、日露戦争で戦没した将兵の墓碑について取り上げます。最高位は大佐で、二基ありますが、そのひとつ高城義孝《たかぎよしたか》大佐の墓碑には、「明治三七年八月二二日」すなわち第三軍の旅順要塞に対する緒戦、第一次総攻撃のときに、激戦地だった「東鶏冠山《ひがしけいかんざん》北砲台」で戦死したことを刻みます（図1右）。

ところで、真田山陸軍墓地の日露戦争関係の個人墓石は四〇〇基以上あり大半が大阪出身兵士のものです。また、戦死者が多く出たために合葬碑も建立され、兵卒・下士官・准士官・将校別に四基が並んでいます。大阪に司令部がある第四師団は当初から第二軍の戦闘序列で戦い、南山の戦いを経て、得利寺《とくりじ》・大石橋《だいせききょう》・遼《りょう》陽《よう》・沙河《さか》・奉天《ほうてん》と、遼東半島を北に向けて進軍しました。したがって、旅順要塞攻略戦には参加していません。ところが、真田山陸軍墓地には旅順で死んだ将兵の墓石が高城大佐も含め六〇余基もあり、その多くが

正面「陸軍歩兵大佐正六位勲四等功四級高城義孝墓」
左面「明治三十七年八月二十二日
戦死於清国東鶏冠山北砲台」

和歌山県高野山奥の院参道　　真田山陸軍墓地

図１　後備歩兵第９聯隊長高城義孝大佐墓碑

右面「大正九年八月二十九日　覺城院清繁士　俗名高木聰介」
正面「陸軍歩兵大佐正六位勲三等功四級高城義孝墓　乃木大将之書」
左面「明治卅七年八月廿二日於旅順北鶏冠山戦死」

緒戦の八月二一・二二日の戦死日を刻むのです。このとき一体何があったのか、わたしは素朴な疑問をもちました。その糸口が高城大佐の墓碑に秘められていると思いました。高城大佐は五三歳のとき後備《こうび》役歩兵中佐として、第四師団管轄下の大津で編成された後備歩兵第九聯隊長として出征し、八月二二日の戦死によって大佐に昇進しています。真田山の旅順関係の墓碑は後備歩兵第九聯隊の高城大佐と徒《と》歩《ほ》砲兵《ほうへい》第二聯隊の二人を除きすべてが後備歩兵第八聯隊の所属です。

　これから見るように第八、第九の後備歩兵聯隊は前線に投入され多大な死傷者を出しました。しかし、その行動はほとんど語られることがありません。戦史などでも常設師団から編成された野戦師団、聯隊の影に隠れてわずかしか紹介されません。それは後備歩兵聯隊が日露戦争開始とともに編成され、凱旋後に解散したことにも関係すると思われます。私は聯隊史としては唯一、防衛研究所史料室で「後備歩兵第一聯隊歴史　稿本」（一九一〇年）を手にしましたが、印刷されずに終わった手書きの原稿です。

日本には日露戦争開戦時に一三の常設師団がありました（第一章図5、25頁参照）。各師団は平時に約一万人の現役部隊が二万数千人の野戦師団に編制されます。さらに戦時編制として後備部隊や臨時部隊を編成しました。日本周辺の海峡を守る要塞砲兵も徒歩砲兵部隊として外征しました。

多くの書物は常設師団を中心に日露戦争を語っています。しかし、このような臨時的な部隊も看過できる人員ではなく、その働きも重要だったのです。例えば、司馬遼太郎の『坂の上の雲』は後備歩兵聯隊について、「「後備」の名称が示すように、ことごとく応召の老兵部隊であった。……ほとんど戦闘運動に耐えられないほどの老兵部隊であった」と一蹴します。果たしてそうだったのでしょうか。確かに老兵かもしれませんが、彼ら後備役の将兵は日清戦争や台湾征討戦争に従軍した者もおり、他の部隊では「いくさ上手」な梅沢《うめさわ》道治《みちはる》少将の指揮下に奮戦し、沙河の会戦で日本軍右翼崩壊の危機を救って「花の梅沢旅団」と讃えられた近衛《このえ》後備《こうび》混成旅団《こんせいりょだん》の例もあります。

第二節　後備歩兵聯隊とは

日露戦争開始時の動員　実は、徴兵制の下で陸軍は平時においても常に戦時編制計画を定めていました。漠然としたものではなく、年度ごとに召集する人名、徴発する馬匹を決めておくしくみがあったのです。参謀本部はその年の「陸軍動員計画令」を作成し、天皇の裁可を得て、師団の管轄地域（師管区）にそれぞれの動員数を配分しました。師団長は、管轄下にある四個の歩兵聯隊の徴兵地域である聯隊区に各兵科の召集人数を配分しました。聯隊区司令部は管轄の市町村から毎年提出される「在郷軍人名簿」を使って召集令状をつくり、市長・郡長（一九二六年の郡役所廃止後は警察署長）に保管を命じました。動員下命が出されれば、聯隊区司令部から市長・郡長に連絡し保管していた召集令状を発行させ、受け取った市町村長が兵事係を使って該当者に手渡し、受取状に署名押印させました。これが充員召集で、歩兵だといわゆる郷土部隊に入営します。「一銭五厘のはがきでいくらでも召集できる」とよく言われますが、これは誤った俗説です。

日露戦争は世界史上初めての国民総動員の戦争です。通常の召集だけではまったく必要数に満たなかったのです。それで、補充召集・編成替えなどによる不足を埋めるための臨時召集が大規模に行われました。単に人員を満たすだけではすみません。召集された軍隊未経験の補充兵は留守部隊で軍隊教育・訓練を行い配属されますが、予想外の消耗を強いられたためそれを充分行わずに野戦部隊に行かされる例が増えていきます。

召集の前提は徴兵制度です。国民男子は満二〇歳になる年に徴兵検査を受けなければなりません。その結果、甲《こう》種・乙《おつ》種が現役に適する者とされ、丙《へい》種は身体的に劣り現役には適さないとされ、国民兵役になります。さらに、丁《てい》種は不合格で、戊《ぼ》種は徴兵延期で翌年再検査を受ける者です。

平時、現役合格者は入営必要数より多いため、身体的条件を考慮して主に甲種合格者から抽選によって決められました。入営者は三年間の現役を務め、除隊後四年四ヶ月を予備役、その後五年を後備役として、時々演習召集や簡閲点呼《かんえつてんこ》を受けました（第二章図3、46頁参照）。現役として入営しなかった者は、第一補充兵役と第二補充兵役に分けられ、第一補充兵は一年目に九〇日間の教育召集を受けました。兵役期間は七年四ヶ月であり、現役兵や予備役兵の欠員補充に充てることを目的としました。第二補充兵役は未教育のまま一年四ヶ月の兵役期間を過ごします。主に補助輸卒隊《ほじょゆそったい》に充てられました。両者とも期間後は後備役終了者とともに国民兵役に編入されます。国民兵役は四〇歳までです。

しかし、日露戦争開戦直前の二月六日に屯田兵を除く兵役の期間はそのまま延長されることになりました。そして、同年九月二八日の徴兵令改正で五年の後備兵役期間が一〇年に、第一第二の区分が廃止された補充兵役の期間は一二年四ヶ月になったのです。すなわち、国民兵役に編入されていた古参兵や第二補充兵役から国民兵役に編入されていた身体的に劣る者も召集の対象になっていったのです。彼らは主に野戦部隊付きや補助輸卒隊などの兵站《へいたん》部隊の欠員補充に充てられましたが、それだけにはとどまりませんでした。陸軍は戦時中に四個師団の増設を行います。それにともなって新しい後備歩兵旅団（二個聯隊編成）も編成され、一九〇五年二月末から三月上旬の奉天会戦にも投入されました。最初から聯隊区を無視した年齢延長の基準により召集された部隊です。これはまさに「老兵」の部隊でした。

誰が戦場に行くか　日露戦争による戦時編制では、一三の常備師団の現役将兵に加えて、数多くの予備役将兵が充員召集され、補填されていきました。例えば、第四師団の場合、四個歩兵聯隊の歩兵科の将校・下士・兵卒は次のように編成されました。一部の現役兵はその後の補充兵による部隊の編成のために留守部隊に残されます。『日露戦争統計集』の数字で見ると、第八聯隊（大阪）は現役兵が八〇四名に対し、予備役兵は一八七一名です。第三七聯隊（大阪、主に和歌山）は現役九五八名に対し、予備役兵は一八七一名です。ほかに後備役が九名です。第九聯隊（大津）は現役兵が一〇〇〇名で、予備役兵が一六七五名です。歩兵三八聯隊（京都）は現役兵が一〇一一名で、予備役兵は一六六一名です。その他、砲兵・工兵・輜重兵《しちょうへい》などの部隊も騎兵聯隊以外は現役より予備役の兵士が多数で、衛生隊の兵卒（担架卒《たんかそつ》）などは全員が予備役で編成されました。そうするといずれの聯隊も実際に戦場で戦う兵士は現役の二三歳までの若者よりも、突然の召集令状で動員された二七歳までの予備役が多かったのです。

日露戦争の特徴として、数多くの後備聯隊が編成されました。その主役は三二歳までの後備役の兵卒です。各聯隊区ごとに同じ番号の後備歩兵聯隊がつくられ、天皇から聯隊旗が授与されました。後備歩兵聯隊は常備師団が三個大隊編成であるのに対して二個大隊編成でした。第四師団の後備歩兵聯隊では、後備第八聯隊（大阪）は現役三七名で、予備役三九五名、後備役一三五三名です。後備第九聯隊（大津）は現役三七名、予備役六一三名、後備役一一〇五名です。後備第三七聯隊（大阪）は現役三七名、予備役五一九名、後備役一二〇一名です。後備三八聯隊（京都）は現役三〇名、予備役三四六名、後備役一四〇九名です。いずれも現役は将校と下士官だけで兵卒は三〇歳前後だったのです。

後備歩兵聯隊の任務は、その名が示すように韓国や遼東半島で占領支配した地域を守備する役割が想定されていたわけです。ところが、緒戦の南山の戦いで予想をはるかに超える将兵の消耗が明らかとなり、多くの後備部隊を最前線の戦闘に投入せざるを得なくなりました。第四師団でも後備歩兵第四旅団付の臨時衛生隊が編成され、旅順要塞攻略戦が始まる前の七月に、戦地に向かっています。衛生隊は担架兵の部隊で、前線の仮繃帯所《かりほうたいじょ》から繃帯所や野戦病院に負傷兵を後送する役目を負っています。だから衛生隊が配備されるということは、正真正銘の野戦部隊として戦場に投入されることを意味します。

近衛師団の多くの兵卒の徴兵・召集を受け持つ第一師団に合わせられた第一師団を例外として、一一の常設師団はその管区から四個の後備歩兵聯隊を編成しました。そのうちの三個聯隊で師団の数字を冠した後備歩兵旅団が組織されます。前述したように、第四師団では第八、第九、第三八の三つの後備歩兵聯隊で後備歩兵第四旅団が編成され、後備歩兵第三七聯隊（聯隊本部は大阪で聯隊区は主に和歌山県）は独立した部隊とされました。後備歩兵第四旅団長は現役の少将、後備第八聯隊長は現役大佐、第三七は現役中佐、第三八は予備役中佐でした。そして、後備歩兵第九聯隊の聯隊長が後備役中佐の高城義孝だったのです。

第三節　高城義孝聯隊長

高齢の野戦聯隊長　陸軍は毎年七月一日調で『陸軍将校並同相当官実役停年名簿』と『陸軍予備後備将校同相当官服役停年名簿』を作成しています。それによると高城義孝は一八八四（明治一七）年の年齢が「三三年八月」とあり、一八五〇（嘉永《かえい》三）年一一月頃の生まれとわかります。また、「和歌山県士族」とあるので、紀州藩家臣の子孫と考えられます。高城は明治新政府軍の成立とともに軍人になったようで、『陸軍省大日誌』などに残る断片的資料からその経歴がたどれました（図2）。

それによると、西南戦争のときは二六歳、陸軍大尉として広島鎮台第一二聯隊（丸亀）の留守部隊で予備兵取締や生兵《せいへい》取締という新兵等の訓練の責任者でした。また、一八八四（明治一七）年四月から一〇月まで、中隊一五〇名を率いて朝鮮国日本公使館警備のため漢城《かんじょう》（現ソウル）に駐屯しました。一八八二（明治一五）年に朝鮮兵士による日本の支配強化に抵抗する壬午事変《じんごじへん》があり、朝鮮に関与しようとした日本と宗主国の清国との間で軋轢も生じ、彼が帰国した後の一二月四日には、日本の軍事力を背景にした独立派のクーデター甲申事変《こうしんじへん》が起こっています。

高城は帰国すると東京鎮台歩兵第一聯隊副官の辞令を受け、少佐に昇進しました。当時の東京鎮台参謀長が

西暦（和暦）	年齢	階級	主な出来事
1850（嘉永3）	出生		紀州藩家臣として出生。
1874（明治7）	23	大尉	歩兵第9大隊（高崎→東京）副官。中尉から大尉に昇進し転属（部隊等未詳）。
1877（明治10）	26		**西南戦争**。第12聯隊（丸亀）勤務。生兵及び予備兵取締（教育係）。
1878（明治11）	27		東京鎮台歩兵第1聯隊（東京）勤務。
1880（明治13）	29		同聯隊第2大隊中隊長から第3大隊中隊長に転属。
1884（明治17）	33		同聯隊第3大隊中隊長から第1大隊中隊長に転属。
			中隊を率いて朝鮮出張。4月から10月に漢城の日本公使館警備の任に就く。
		少佐	帰国後同聯隊副官に。少佐昇進。
この間に			名古屋鎮台歩兵第7聯隊（金沢）第2大隊長に転属。
1888（明治21）	37		第三師団歩兵第19聯隊（敦賀）第2大隊長に転属。
1892（明治25）	41		退役し、第四師団（大阪）所管の予備役少佐に編入。
1894（明治27）	43		**日清戦争**。第四師団へ召集される。
1895（明治28）	44	中佐	兵站司令官要員として出征。6月から占領地総督部柝木城兵站司令官に就くが9月に病気で解任。8月、中佐に昇進。
1901（明治34）	50		後備役編入。
1904（明治37）	53		**日露戦争**。召集を受け、後備歩兵第9聯隊（大津）の聯隊長に就く。後備歩兵第四旅団に編成され第3軍の一員として旅順攻囲戦に参加。9月22日第1次総攻撃の際、東鶏冠山北堡塁付近で戦死。死後大佐に昇進。
1906頃カ		大佐	大阪市の真田山陸軍墓地に墓碑建立。
1920（大正9）			和歌山県高野山奥の院参道に墓碑建立。

図2　公文書などからたどる高城義孝の年譜

日露戦争で旅順戦を指揮した乃木《のぎ》希典《まれすけ》だったのです。その後、歩兵第七聯隊（金沢）第二大隊長や、第一九聯隊（敦賀）第二大隊長を務めています。いずれも旅順戦で、ともに突撃する部隊です。

　陸軍創設時期からのベテラン将校として順風満帆の出世をしてきた高城は、一八九二（明治二五）年一一月に四一歳で予備役に編入されました。その所管は故郷の和歌山を含む第四師団です。退官の経緯や新たな仕事はわかっていません。

　一八九四（明治二七）年七月に始まった日清戦争には、予備役少佐として第四師団に召集されます。しかし、講和直前に出征した第四師団は主だった戦闘に参加していません。一八九五年の四月に第四師団兵站司令官要員として遼東半島に上陸し、六月から占領地総督部柝木《たくぼく》城《じょう》兵站司令官として赴任しますが、九月初めに病気で海城舎営病院に入院し一〇月二日に解任されています。その間八月に中佐に昇進しました。

そして五〇歳になった一九〇一（明治三四）年四月一日付で後備役に編入され、第四師団所管の後備役中佐となりました。五五歳まで軍籍があり、その間に日露戦争が起こったため、五三歳で後備歩兵第九聯隊長に補されたのです。『公刊戦史』の簡単な記述以外に日露戦争での高木聯隊長の姿や戦死の状況を見つけていませんが、人生五〇年の時代にはこの年齢は野戦歩兵の先頭に立って戦うには酷だと思います。また、ベテランとは言え彼の軍歴からはこれがはじめての戦闘です。ロシア軍の近代要塞の強固さを軽視した歩兵による突撃戦を命じられ、蛮勇をふるって敵に向かっていくしかなかったのです。

もう一つの墓碑　高城義孝の墓は冒頭に述べた真田山陸軍墓地以外にもあります。歴代武将の墓碑群で知られる和歌山県高野山です（図1左）。その奥の院の参道には大小の墓石・祈念碑が林立し、圧巻です。現在も観光地として有名な参道のその墓石は、案内所で販売されている墓石地図にも掲載されています。

正面の墓碑銘は乃木大将の筆です。細長い四角の軍人型石塔の上に砲弾がのせられていることも観光客の目をひく光景です。建立された一九二〇（大正九）年八月は旅順第一次総攻撃の一七回忌にあたり、それを記念して建てられたと推測できます。残念ながら、墓石を管理する高野山の寺院には、高城の墓石が建てられた経緯は伝わっていないとのことでした。高城家が檀家でもなく無縁の祈念碑として扱われています。真田山と高野山の墓碑は祈念碑的なもので、親族がねんごろにお参りするさらなる個人墓碑があるだろうと推測します。さらに、大津陸軍墓地に現存する日露戦争将校合葬碑、真田山陸軍墓地の日露戦争将校合葬碑にも故人が祀られている可能性があります。

第四節　後備歩兵聯隊の旅順戦

旅順要塞　旅順は日清戦争後の三国干渉により、遼東半島の日本領有を阻止したロシアが清国から租借《そしゃく》し、ウラジオストックとともに太平洋艦隊の根拠地とした軍港があるところです。遼東半島の先端に位置する旅順港は天然の良港で、その周囲の丘陵には幾重にも砲台・堡塁《ほるい》が設置され、要塞化されたのです。

日本海軍は旅順港のロシア旅順艦隊を無力化し、陸軍の兵員や軍事物資を円滑に海上輸送するため、三次にわたる閉塞《へいそく》作戦を実行しましたが失敗に終わりました。ロシア艦隊は旅順港に閉じこもりました。四月にはロシア政府がバルチック艦隊の編成を発表し、八月には北欧から極東への派遣を決定しました。日本の連合艦隊は八月一〇日に旅順港からウラジオストックへの脱出をはかる旅順艦隊をとらえ、黄海海戦となりました。旅順艦隊は、旗艦に砲弾が命中、司令長官や幕僚を戦死させ、艦隊の動きがバラバラになります。これによって、旅順艦隊のウラジオ港への脱出を挫折させせましたが、戦艦五隻、巡洋艦一隻、駆逐艦四隻が旅順港に戻り、再び閉じこもってしまうわけです。

陸軍は海軍の要請で旅順を陥落させ、陸上から艦隊を砲撃して戦力をそぐ作戦に出ます。それは遼陽・奉天方面のロシア陸軍との決戦にむけても必要でした。旅順の早期陥落が第三軍に対する至上命令となったのです。

第二軍は五月二六日に南山の戦いで多大な犠牲を出して勝利したあと、遼東半島を北上しました。かわって、旅順攻略のための第三軍が編成され、上陸してきたのです。その編制は第二軍から移った第一師団（東京）、

旅順要塞攻撃軍の歩兵部隊

- 第三軍 乃木希典大将
  - 第１師団（東京） 主戦場 高崎山から椅子山砲台
    - 歩 1 旅団
      - 歩 1 聯隊（東京）
      - 歩 15 聯隊（高崎）
    - 歩 2 旅団
      - 歩 2 聯隊（佐倉）
      - 歩 3 聯隊（東京）
  - （10 月 26 日からの第 3 次総攻撃から）第７師団（旭川） 大頂子山から 203 高地
    - 歩 13 旅団
      - 歩 25 聯隊（札幌）
      - 歩 26 聯隊（旭川）
    - 歩 14 旅団
      - 歩 27 聯隊（旭川）
      - 歩 28 聯隊（旭川）
  - 第９師団（金沢） 望台・盤龍山砲台
    - 歩 6 旅団
      - 歩 7 聯隊（金沢）
      - 歩 35 聯隊（金沢）
    - 歩 18 旅団
      - 歩 19 聯隊（敦賀）
      - 歩 36 聯隊（鯖江）
  - 第 11 師団（善通寺） 大弧山から白銀山砲台
    - 歩 10 旅団
      - 歩 22 聯隊（松山）
      - 歩 44 聯隊（高知）
    - 歩 22 旅団
      - 歩 12 聯隊（丸亀）
      - 歩 43 聯隊（丸亀）（徳島聯隊区）
  - 後備歩兵第１旅団（東京） 松樹山砲台・二龍山砲台
    - 後歩 1 聯隊（東京）
    - 後歩 15 聯隊（高崎）
    - 後歩 16 聯隊（新発田）
  - （第１次総攻撃から）後備歩兵第４旅団（大阪） 東鶏冠山砲台・盤龍山砲台
    - 後歩 8 聯隊（大阪）
    - 後歩 9 聯隊（大津）
    - 後歩 38 聯隊（京都）

歩兵聯隊は 3 個大隊（約 2500 人）・後備歩兵聯隊は 2 個大隊（約 1900 人）

後備歩兵第 4 旅団の聯隊	編成時の兵員（1904. 4）					旅順要塞第一次攻撃での損耗（1904. 8. 19～8. 24）					
	現役	予備役	後備役	他	合計（人）	戦死 将校	戦死 下士卒	戦傷 将校	戦傷 下士卒	計	合計（人）
後備歩兵第 8 聯隊	38	409	1445	10	1902	13	161	25	742	941	
後備歩兵第 9 聯隊	78	675	1130	1	1884	21	462	23	734	1240	2311
後備歩兵第38聯隊	65	364	1473	0	1902	0	41	5	84	130	

後備歩兵第 4 旅団は第一次攻撃で壊滅的な被害を受け、聯隊長 1 名・大隊長 3 名が戦死。後歩 38 聯隊（京都）の被害が少ないのは半数が予備兵力として温存されていたため。

図３　旅順要塞攻撃軍と後備歩兵第４旅団の損耗

第一一師団（善通寺）に、第九師団（金沢）を加え、さらに後備歩兵第一旅団（東京）、後備歩兵第四旅団（大阪）、野戦砲兵第二旅団、後備工兵隊、攻城砲兵部隊（野戦重砲聯隊、徒歩砲兵第一聯隊、同第二聯隊、同第三聯隊、同第一独立大隊）を加えたものでした（図3）。

第一次総攻撃　第三軍は七月末までに旅順を取り囲む外郭を攻略し、八月一九日から旅順要塞への総攻撃を開始しました。南が海に面し、他の三方が丘陵でそれが要塞化されている旅順を、北から砲兵部隊が砲撃し、東から北へ、さらに西へ、第一一師団・第九師団・第一師団が反時計回りに堡塁《ほるい》群を取り囲むように展開し、それぞれ一点突破の攻撃態勢をとりました（図4）。

しかし、永久陣地として強化されていたロシア軍の堡塁は日本軍の重砲では破壊できず、歩兵部隊の正面突破はことごとく阻止されました。二一日の深夜、第一一師団・第九師団が総力をかけて東鶏冠山の堡塁群と盤龍山の堡塁群に夜襲で強行突撃しようとします。遮蔽物《しゃへいぶつ》のない丘陵斜面を駆け上って突撃する日本軍の歩兵部隊は、サーチライトで照らし出され、撃ち下ろされるロシア軍の機関銃、小銃の一斉射撃によって、死傷者の山を築いたのでした。

日露戦争後、桜井忠温《さくらいただよし》は旅順第一次総攻撃の体験を基にした『肉弾』を著し、美文調の戦争文学として大変な評判をとりました。彼は第一一師団、松山の歩兵第二二聯隊の小隊長として、二一日夜から東鶏冠山北堡塁に突撃し、ついで第一二中隊長が倒れる中、同中隊の生き残りを率いて盤龍山《ばんりゅうざん》東堡塁から盤龍山砲台・望台《ぼうだい》砲台に向かう途中、二三日夜に重傷をおって動けなくなります。桜井は一九日、二〇日の夜襲に対してロシア軍はサーチライトで照らすほか、刻々と打ち上げられる照明弾のマグネシウムの花火が、白昼のようだったと記します。また、一九日までロシア軍が堡塁下に地雷を埋める様子も双眼鏡で観察し、地図に付し

※第一次・第二次攻撃は鉄道線路にそって、北東よりもっとも堅固な要塞正面を攻めるものだった。第三次攻撃で203高地を主攻とし、これを奪取。直線距離で6kmの旧市街港湾に停泊する露軍艦艇を203高地に据えた大砲で破壊することができた。
※後備歩兵第四旅団（大阪）は第一次攻撃の被害が大きく、第二次・第三次攻撃には参加していない。第七師団（旭川）は第三次攻撃から参加の増援軍。

図4　旅順要塞攻略戦の進軍経緯

たというのですが、実際の戦闘ではほとんど考慮できませんでした。二一日の夜襲は工兵隊の鉄条網破壊から始まりました。鉄条網には電流が流れ、感電させる機能と、日本軍の攻撃を司令部に警報する機能があったようです。その工兵は機関銃の射撃にさらされたので一名も生還できなかったといいます。

当初、総予備隊として後方待機していた後備歩兵第八聯隊・後備歩兵第九聯隊に、二一日の早朝六時三〇分、出撃命令が出ます。後備歩兵第八聯隊は第九師団の攻撃する盤龍山東堡塁に向け、後備歩兵第九聯隊は第一一師団が攻撃する東鶏冠山北堡塁・望台砲台に向け両師団の間隙を埋め支援するかたちでの攻撃でした（図5）。実際には後備歩兵第九聯隊は東鶏冠山北堡塁に向かったのではなく、その北側の小堡塁（後「一戸《いちのへ》堡塁」と命名）をめざしました。しかし、すさまじい反撃で、二一日の日中はほとんど前進できませんでした。日が暮れた午後八時三〇分を待って、夜襲による突破をはかろうとします。工兵が鉄条網を切断し、堡塁まで五〇メートルに接近することに成功しますが、一戸堡塁とその南の東鶏冠山北堡塁、北の盤龍山東堡塁、西側の望台砲台と盤龍山砲台などから一斉射撃を受け、袋叩きに遭いました。その日の戦死者は九二名といいます。仕方なく、高城聯隊長は二二日の夜明けがせまった午前四時をもって退却し、部隊を整理する決意をしました。

しかし、竹内旅団長はそれを許さず、再度の攻撃を命じました。ここに日中の捨て身の攻撃に移るわけです。しかし、ロシア側の応戦は激しく、高城聯隊長を含む多くの将兵が倒れました。後備歩兵第九聯隊は高城聯隊長・加藤経高第一大隊長・上山正友第二大隊長が戦死、その他の指揮官も大半が傷つき、戦闘機能を失うのです。また、この日の戦死者は一六三名に上りました。それは将校が狙い撃ちされたというより、部隊ごとなぎ倒されたという状況でしょう。

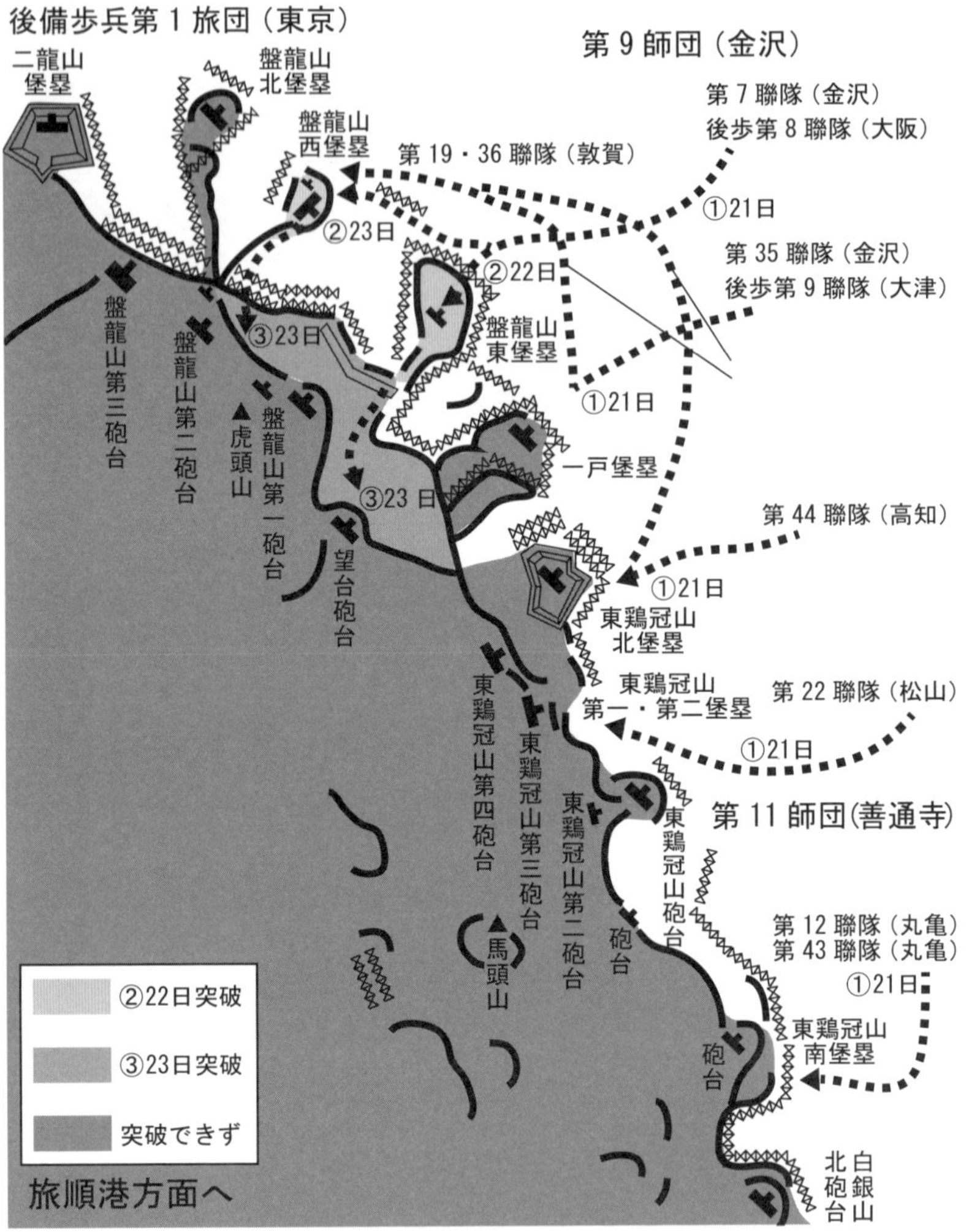

21日深夜突撃開始。敵の猛攻を受け、明け方から日中、ほとんど進撃できず。22日夜明けとともに後備歩兵第9聯隊は一時撤退して部隊の建て直しを進言するが、旅団長の裁可が降りず、日中に再び突撃。高城聯隊長以下多数が死傷。22日昼、第7聯隊（金沢）が盤龍山東堡塁の一角を突破、占領。後備歩兵第8聯隊はその救援に向かうもののほとんどたどり着けず死傷。夕方に工兵など本格的援軍が到着して占領。22日夜、盤龍山東堡塁を足がかりに盤龍山西堡塁を攻撃。第19聯隊（敦賀）が占領。後備歩兵第9聯隊は西堡塁に援軍。露軍の逆襲に耐えて死守。23～24日、第11師団（善通寺）の応援で、堡塁の西側、盤龍山砲台と望台砲台を攻撃。24日夕方に全軍撤退。

図5　旅順要塞第一次総攻撃

夜になって撤退したとき、約一七〇〇名の聯隊は七〇〇名まで減少していました。それで、将兵を三個中隊に再編します。そして二三日の正午に第九師団が突破した盤龍山西堡塁の応援と守備に移動します。ただし、すでに弾薬は不足、奪還をはかるロシア軍の攻撃を防ぐうちにさらなる損失を出し、二三日の戦死者は二二人、二四日は九五人に上りました。

結局、二四日午後九時に第九師団長からの撤退命令に接し、後備歩兵第九聯隊は傷者を運びながら、午前三時に盤龍山西堡塁を後にし、明け方近くに呉家房《ごかぼう》付近の出発地点に引き上げたのでした。このときの将兵はわずか四〇九名だったといいます。この後、将兵は後備歩兵第八聯隊にすべて吸収、不眠不休の戦闘が終結するわけです。

もっとも、後備歩兵第八聯隊も同様に悲惨な消耗戦を続けていました。二二日、午前一一時頃、第九師団の一部が盤龍山東堡塁の一部を占領することに成功すると、その支援に向かいます。しかし、その途中でロシア軍火力の猛攻を受け、聯隊長は負傷し、戦列を離れます。他の将校も死傷者が続出し、聯隊は救援の為の前進すらできなかったので、盤龍山東堡塁の占領部隊は危機的状況でした。旅団長や師団長の督促を受け、ようやく堡塁に強行到着したのは一部の分隊だけでした。

この時の様子が『靖国神社忠魂史』に記録されています。第二大隊副官の国富中尉が約一小隊を率いて救援に到着するや否や盤龍山西堡塁からの攻撃を受けてほとんどが死傷しました（図6右）。次に、朽木少尉以下の一五名が拾い集めた銃弾を携えてきたが、いよいよ敵の反撃で倒れ、来援は少しも兵力を増すものとならなかった、というものです。結局、危機を救ったのは機関銃の到着で、夕方にはさらに二門、それから防御陣地修築のための工兵中隊の応援だったといいます。

谷道太郎中尉墓碑

谷は大阪府富田林市出身。満期除隊ののちに再召集され台湾征討。凱旋後、谷家の養子となり娘と結婚。薬売の仕事に就いていた。

日露戦争では後備役で出征。8月21日に盤龍山東堡塁で敵の砲弾によって上半身を吹き飛ばされて戦死。帽子と腹巻きのみ回収された。享年34歳。

（真田山陸軍墓地G群2-5墓）

島川松之助上等兵墓碑

島川は兵庫県出身。大阪に出て、薬売から活版印刷の職人、1894（明治27）年から3年間兵役に就いていた。除隊後結婚し、日露戦争では後備役として再召集。

8月21日に盤龍山東堡塁の攻撃で臀部を撃たれ、負傷。動けなくなっていたところ、夜間に自力で敗走するものの生死不明に。享年31歳。

（真田山陸軍墓地F群29-4墓）

国富御楯麿大尉墓碑

国富は兵庫県在住。陸軍士官学校12期。1900（明治33）年卒業。日露戦争では後備第8聯隊第二大隊副官で戦った。

8月22日に盤龍山東堡塁を占領すると国富の部隊は援護に駆けつける。ところが、南北の別の堡塁や西側の砲台から猛烈な側射をうけて、援護部隊はなかなか東堡塁にたどりつけなかった。最後は一小隊規模に消耗してたどりついたものの、国富は戦死した。享年25歳。

（真田山陸軍墓地G群11-4墓）

図6　戦死者が語る戦闘の実態（旅順第一次総攻撃）

盤龍山東堡塁の占領に勢いづいた第九師団は、ここを足がかりに北斜面の盤龍山西堡塁を攻撃します。この攻撃主力は敦賀の歩兵第一九聯隊で、砲兵の援護を受けながら、午後三時に進撃を開始、三分の二の兵力を犠牲に午後八時に占領しました。そこへ二三日になって、後備歩兵第九聯隊の残存兵が応援・合流したのです。

第一師団や後備歩兵第一旅団が受け持った北西部からの攻撃も同じような状態でした。総攻撃開始から六日目、二四日一六時になって第三軍司令部は、人員の損失だけではなく、弾薬の消耗も激しく、新たな攻撃は不可能と判断しました。何よりも将兵は疲れ切っていました。攻撃中止と撤退の命令です。このようにして第一次総攻撃は失敗したのです。

壊滅した後備歩兵第九聯隊　『公刊戦史』付録の「第三軍死傷表」によると、八月一九日から二四日の旅順第一次総攻撃の将兵の損傷はすさまじく、戦闘に加わったどの部隊も多大な死傷者を出しています（図7上）。

戦闘総員は五七、〇〇〇人とされていますから、第三軍全体の死傷率は二七・八パーセントです。さらに詳しく東北方面の要塞争奪戦を戦った主な歩兵聯隊で見ると、予備隊を除く各部隊は、いずれも厖大な死傷者です（図7下）。

歩兵一個大隊は通常八五〇人程度で聯隊は三個大隊編成です。聯隊本部を入れた聯隊の定員は二六〇〇人台です。二個大隊編成の後備歩兵聯隊で一七五〇人程度です。そうすると、後備歩兵第九聯隊の戦闘員一七五五人に対する死傷率は七一％で、後備歩兵第八聯隊は戦闘員一七八五人であり、死傷率五三％です。

これまでも戦闘をしてきた部隊では、補充がないまま第一次総攻撃に参加しています。特に、金沢の歩兵第七聯隊の戦闘員は二〇三九人と少なく、死傷率七五％であり、一方、戦闘員二七八四人と定員超過の高知

第3軍歩兵師団・旅団	戦死者	戦傷者	合計（人）
第 1 師団 （東京）	623	1645	2268
第 9 師団 （金沢）	1679	3759	5438
第 11 師団（善通寺）	1699	2384	4083
後備歩兵第 1 旅団 （東京）	283	1182	1465
後備歩兵第 4 旅団 （大阪）	699	1615	2314
野戦砲兵第 2 旅団	26	50	76
攻城砲兵第 2 旅団	26	165	191
その他	2	23	25
合計	5037	10823	15860

師団・旅団	聯隊	戦死者	戦傷者	合計（人）
第9師団	歩兵第 7 聯隊（金沢）	590	934	1524
	歩兵第 35 聯隊（金沢）	388	1099	1487
	歩兵第 19 聯隊（敦賀）	191	639	830
	歩兵第 36 聯隊（鯖江）	420	710	1130
第11師団	歩兵第 22 聯隊（松山）	535	813	1348
	歩兵第 44 聯隊（高知）	988	1030	2018
	歩兵第 12 聯隊（丸亀）	90	320	410
	歩兵第 43 聯隊（丸亀）	4	25	29
後備歩兵第4旅団	後備歩兵第 8 聯隊（大阪）	174	767	941
	後備歩兵第 9 聯隊（大津）	483	757	1240
	後備歩兵第 38 聯隊（京都）	41	89	130

※常備師団の聯隊は三個大隊編成・後備旅団の聯隊は二個大隊編成。
※死傷者数は『公判戦史』五、付表から。本文の戦闘参加人数は『日露戦争統計集』五から推計。

図7　旅順要塞第一次総攻撃の戦死傷者数

の歩兵第四四聯隊で死傷率七二%です。これらの部隊は事実上壊滅していたのです。特に聯隊長と大隊長二名をはじめ将校のほとんどを失い、下士・兵卒も激減した後備歩兵第九聯隊は定員を補充した九月下旬以降も直接の戦闘に参加することはできませんでした。

『大津市志』・『日露戦役忠勇列伝』から

日露戦争後、地元からの出征軍人や戦死・戦病死した軍人を顕彰《けんしょう》する紀念碑が各地に建立されました。のちにつくられる忠魂《ちゅうこん》碑《ひ》につながるものです。書物では、市史や町史に日露戦争の戦没者名簿や郷土部隊の活躍を綴るものもあります。

また、県や郡などの出征者を記念した『忠勇録』などの書物も出版されました。その中で戦没者の経歴を掲載し顕彰する書物として『日露戦役忠勇列伝』があり、第四師団関係では大阪府三冊、京都府二冊、滋賀県二冊に大半が掲載されています。そこには各後備歩兵聯隊の戦没者の略伝も載せられています。滋賀県版の『忠勇列伝』では、大津市と滋賀郡の巻が国会図書館にもありません。ただ大津市出身の戦没者は『大津市志』に載せられており、後備歩兵第九聯隊所属の人たちについてもわかります。もちろん、日露戦争の勝利後まもなく刊行された書物には、『靖国神社忠魂史』などの記録や『肉弾』などの戦争文学も含め、戦争や戦死を美化し、将兵の忠誠や勇敢を誇張するものも多くあり、詳細は注意する部分もあります。

『大津市志』は一九一一（明治四四）年に大津市私立教育会が編纂したもので、上巻の「軍事」の章に歩兵第九聯隊と後備歩兵第九聯隊についての記述があります。また、下巻には「人物志」の一部として「戦病死者略伝」があり、西南戦争において滋賀県出身者で戦病死した将兵の記事と、日清戦争・日露戦争での大津市から出征した戦病死者の略伝が記述されています。日露戦争の戦没者は五二人が記載されています。後備歩兵第九聯隊所属の将兵は一一人です（図8）。現役の准士官を除くと、下士兵卒とも予備役・後備役で、戦死傷病で不足した兵員数を埋めるために加わった補充兵役が一人です。注目すべきことは、戦死者六人はすべて旅順の第一次総攻撃での死亡ということです。そのうち四人の死因は「死傷部不詳」とあり、一人は「生死不明」です。旅順要塞の開城後に遺体が発見されたとされます。

生死不明の記載は、『日露戦役忠勇列伝』に記載された第一次総攻撃の戦死者にも多く見られます。例えば、後備歩兵第九聯隊藤澤徳治郎上等兵の場合、「二十一日、東鶏頭山北砲台と盤龍山東砲台との中間堡塁攻撃に参加し、（中略）同夜を以て強行したる襲撃に際し弾丸雨飛の下を進んで大隊長と共に敵塁に肉薄し、

氏名	生年（明治）	徴兵年（明治）	兵役	階級（歩兵）	戦没年月日	死亡場所	死因
藤本 元吉	2	21	現役	少尉（特務曹長）	37.8.24	盤龍山西砲台西南方	生死不明（1月18日死体発見）
西村 幾太郎	13	33	予備役	軍曹	37.8.22	東鶏冠山北砲台付近	死傷部不詳戦死
中西 藤三郎	6	26	後備役	上等兵	37.8.22	東鶏冠山北台子付近	死傷部不詳戦死
山口 三治郎	9	29	予備役	上等兵	37.8.24	盤龍山西砲台付近	頭部貫通銃創戦死
酒井 儀三郎	10	30	予備役	上等兵	37.8.22	東鶏冠山北砲台付近	死傷部不詳戦死
里井 岩吉	7	27	後備役	一等卒	37.8.22	盤龍山東砲台付近	死傷部不詳戦死
芝田 清三郎	9	29	予備役	上等兵	37.9.5	青泥窪兵站病院	右足関節捻挫兼脚気
杉本 熊吉	5	25	後備役	一等卒	37.10.13	長嶺子定立病院	赤痢
市田 清兵衛	6	26	後備役	一等卒	37.10.31	大阪陸軍予備病院	肺壊疽兼肺気腫
勝野 伊三郎	12	32	補充兵	二等卒	37.10.19	周家屯第九師団第二野戦病院	急性大腸カタル兼脚気
吉田 徳次郎	6	26	後備役	上等兵	38.11.29	唐相公台患者療養所	腸チフス

図8　大津市出身の後備歩兵第九聯隊戦没者

将《まさ》に塁内に突入せんとする際生死不明となりしが、三十八年一月二日旅順開城の後、戦場掃除の結果死体発見せられ、胸部《きょうぶ》貫通創《かんつうそう》を被《こうむ》りて戦死せしこと判明せり」と記します。

また、後備歩兵第八聯隊島川松之助上等兵の場合、二一日より盤龍山東堡塁の攻撃に加わり、二三日午前に臀部に敵弾をうけて、日暮れまで堡塁の下の谷間で砲火を避けていたといいます。

そして、「他の負傷者は夜に乗じて野戦病院に赴かんとせしが、松之助は敵の銃砲弾を冒《おか》して疾駆すること約三丁（三三〇メートル）余り、再び敵の機関砲弾にあたり、鉄道線路の側に倒れ、生死不明となり。ついにその屍体を発見せざりしも、同日戦死せしものと認定せられたり」ということです。戦傷者の後送がままならず、自主的に撤退するものの負傷の身にさらに被弾して死体が発見されないケースもあったようです（図6中）。

八月の攻撃による生死不明後、翌年の一月に旅順開城で捕虜となっていないことがわかり、遺体の捜索がはじまったのでしょう。数多くの遺体が見つかったとしても、本人確認が困難だったと思われますし、本当は遺体が見つからない場合も多かったのではないでしょうか。

『大津市志』の他の戦場での死因に「死傷部不詳」や「生死不明」はありません。銃弾による戦死であれば、遺体は原形をとどめますし、敵が後退して前線が移動する場合、戦死者・戦傷者の後送は有利に行えます。旅順では戦死者や戦傷者を長期間放置した上に、両軍がこう着する前線に重砲弾を撃ちあう訳で、遺体が原形をとどめない場合も多かったのです。

なお旅順の戦場では、途中で戦場掃除が行われたという記録や写真もみられます。第三次総攻撃の終盤の一二月三日に実施されました。八月からの敵味方の死体が各所で積み重なり、戦うにも支障になったから行われたようです。その様子を第三軍に従軍した志賀重昂《しがしげたか》が『大役小志《たいえきしょうし》』で次のように描写しています。

「午前十時、『東鶏冠山殉難烈士弔魂碑』と柳の幹に太々と書せる前に一拝し、二名の衛兵に前後を護衛せられて東鶏冠山北砲台の敵前に至ると、露西亜兵は山頂にて頻《しき》りと我兵の死体を片付けて居る。我が兵卒は山の中腹に居ってこれを受取る。彼は担架に載せて運んで呉れる。割れ（我）は受取りて我が陣地の攻路まで持行く。かくて幅一尺しか無き我が攻路が死体を以て埋まり、攻路の幅広き所には、死体が米俵を累《かさ》ねたる様に幾重にも積みに積まれる。八月一九日、十月三十日、十一月二十三日、十一月二十六日の四攻撃の際の死体なれば、舊《ふる》きものは手一本とか足一本しか無きものもある。新しきものは、総じて爆薬に打たれ斃《たお》れたのであるより、頭部、腹部、足部などの嫌ひなく、一面に焦げ爛《ただ》れて肉と骨とがチギレチギレになつて居る。」

例えば、『日露戦役忠勇列伝』にある後備歩兵第八聯隊第一中隊谷道太郎少尉の場合、一九日より吉田中隊長とともに盤龍山東堡塁の下でこう着状態になります。二一日の明け方に司令部から突撃の催促を受け、砲射猛烈の中、進軍します。

そして、「午後二時頃敵弾飛び来りて道太郎の脚下に炸裂し、胸部より上は鍋蓋大《なべぶただい》の破片のために粉砕せられ僅《わず》かに胸部以下の残骸を留めたるのみ」という戦死を遂げたのです。ちょうど吉田中隊長も被弾し、担架でこの付近を通りかかったとき、将校の帽子を発見、道太郎の名前を見つけ、戦死を知って従卒《じゅうそつ》に遺品を回収させたというのです。このような戦闘が旅順戦の実態だったわけです（図6左）。

『日露戦役忠勇列伝』は後備聯隊の予備役・後備役の下士・兵卒が、社会人として各種の職業につき、妻子を養って生活していたところ、召集で突然戦場に借り出されたことを記す実態がうかがえます。先の藤澤徳治郎上等兵は一八七三（明治六）年生まれで一八九三年の徴兵で現役として歩兵第九聯隊に入隊し、日清戦争だけでなく一八九六年に台湾に派遣され負傷までしています。そして同年除隊して結婚し「一男二女を生めり」とあります。また、島川松之助上等兵は満期除隊後に活版印刷の家業に励精《れいせい》し、再召集の七年前に結婚していました。谷道太郎少尉は、日清戦争後の台湾征討から凱旋後退営し、再召集の六年前に谷新助の養子となって娘のまさと結婚、大阪市で薬売りをしながら一男を育てていたところでした。親だけでなく家族を気にかけて戦場に戦い、死んでいった兵士の無念の思いを読みとることができるのです。

確かに、乃木大将も南山の戦いで長男を、自ら指揮した旅順戦で次男を戦死させ、乃木家を断絶にすると見得を切りました。しかし、彼らは職業軍人であり、本来の任務を遂行した結果かもしれません。それにくらべ、わずかな名誉と弔慰金《ちょういきん》との引き換えに一家の大黒柱を失った家族の思いはいかばかりのものであったか、寒心に堪えません。

第五節　後備歩兵第九聯隊のその後

より悲惨だった後備部隊も　旅順要塞攻略戦は、九月末の二〇三高地などへの攻撃、一〇月末の第二次総攻撃、一一月末からの第三次総攻撃と続き、一二月五日の二〇三高地占領を経て一月二日のロシア軍の降伏で決着します。いずれも将兵を肉弾にした消耗戦で、死傷者は倍増していきました。さらに、第三次攻撃からは第七師団（旭川）を増援し、第三軍の旅順での戦死・負傷者の合計は五万九八〇四人とされています。

　旅順戦の惨状は兵の戦意低下を増幅させていきました。上手く負傷して戦列を離れることが「第一の幸福」とすら認識されたといいます。部隊ごとに「幸運度」の差もあります。第一次総攻撃で後備歩兵第四旅団は死者六九九人、負傷者一六一五人に達して壊滅しました。しかし、その後は激戦に参加しなかったので、最終的な死者は八六〇人、負傷者二〇六七人でした。その一方、第一次総攻撃で死者二八三人、負傷者一一八二人だった後備歩兵第一旅団は、最終的に旅順戦だけで死者一〇八八人、負傷者五五一四人に達して、後備歩兵第四旅団の倍以上の死傷者を出したのです。

　さらに、旅順戦終結後の第三軍は休む間もなく奉天会戦に参戦、勝敗のカギとなる西北方からの猛進を行いましたが旅順以上の壊滅部隊を出しました。野戦部隊のままこの会戦に臨まざるを得なかった後備歩兵第一旅団は、戦闘開始時満洲総軍予備隊でした。しかし、ロシア軍を包囲するために西方から北進を命じられていた第三軍本隊が三月七日、ほとんど前進できなくなるとその方面に投入されています。そして三月九日、田義屯《たぎとん》前方で猛烈な砂塵《さじん》が襲う悪天候の中、ロシア側の大軍に襲われ旅団全体が潰走《かいそう》するという日露戦争の中でも最悪の敗北の一つに数えられる状況に遭遇し、二〇〇〇人近い死傷者を出しました。旅順の悲劇に輪をかけたような悲劇が待っていたのです。

部隊の補充と立て直し　さて、第一次総攻撃で二三〇〇余人を損耗した後備歩兵第四旅団は、どのように部隊の建て直しをしたのでしょうか。内地には留守師団があり、各聯隊ごとに補充大隊などが補充召集した兵士の教育を行って、前線に送っていました。しかし、留守部隊をもたない臨時編成の後備部隊に大量の兵員補充は困難でした。それでも現地部隊に到着していたかどうかは別にして、九月二〇日までに編成上は定員の補充を終えているのです（図9）。

それは「奥の手」が使われたからです。陸軍省は八月二六日に、次のような方法を考えて二八日に参謀本部の同意を得ます。

「後備歩兵第四旅団へ補充すべき下士卒千九百名中八百名を後備第三七聯隊より派遣方、留守第四師団長の電請に対し同聯隊の各中隊より平均に八百名を取り、その召集を解除し、直に補充隊に補充召集を為したる後、補充員として派遣し、同聯隊の補充は過剰待命員たる在郷者を後備役、既教育第一補充兵・第二補充兵の順序に召集すべき旨電報指示す」というものです。

つまり、大阪にいた独立部隊の後備歩兵第三七聯隊の八個中隊（一個中隊の定員は二〇〇名余）から一〇〇人ずつ合計八〇〇人を引き抜くわけです。とりあえず半数弱の兵員をこの方法で補充し、残りを補助輸卒隊要員である「第二補充兵役」までを対象として補ったわけです。後備歩兵第一旅団でも同様の措置がとられ

年	月日	後備歩兵第４旅団 後備歩兵第 8 聯隊（大阪） 後備歩兵第 9 聯隊（大津） 後備歩兵第38聯隊（京都）	単独部隊 後備歩兵第37聯隊 （大阪・召集地域は主に和歌山県）
一九〇四（明治三七）	**2/8**	**日露戦争はじまる**	
	4/13	**各後備歩兵聯隊の動員（編成）下命**	
	4/27	後備第9・第37・第38聯隊に聯隊旗授与（後備第8聯隊は未詳）	
	6/7	後備歩兵第4旅団の動員（編成）下命	
	6/17	動員完結、第3軍に所属	
	7/4	大阪出航、7/10 ～ 12大連上陸	大阪に待機
	8/18 ～ 24	**第1次総攻撃、後備第8・第9聯隊は壊滅的損害**	
	8/26	**補充すべき下士卒数は1900名、9月下旬には補充完了**	**各中隊から下士卒100名、計800名を召集解除し補充兵として再召集し後備歩兵第四旅団各聯隊に補充**
	9/19 ～ 22	二〇三高地など前進堡塁攻撃	
	10/23	**後備歩兵第9聯隊、遼東守備軍に派遣され遼陽等守備**	
	10/25 ～ 31	第2次総攻撃、後備第38聯隊の一部参加	
	11/20～12/1		宇品出航、11/24 ～ 12/8大連上陸、韓国駐箚軍に配属
	11/26～	第3次総攻撃開始、12/5二〇三高地占領、後備第8聯隊・第38聯隊の一部参加	
〇五	1/1	ロシア軍降伏の使者を派遣	
	1月	**第3軍から遼東守備軍に配転**	**韓国駐箚軍鴨緑江軍兵站部兵站守備隊**
	2/27～3/10	**奉天の会戦。第3軍から離れた後備歩兵第4旅団と兵站部の後備第37聯隊は参加せず**	
	3月		遼東守備軍に配転
	4月	第2軍に配転	
	5月	砲兵大隊などを加え後備混成第4旅団に編成	
	8月		第4軍兵站守備隊に配転
	8/29	**ポーツマスで休戦条件妥結、10/16日露講和条約発効**	
	11/12～25	凱旋、解散完了	
〇六	3/1 ～ 5		凱旋・解散完了

図９　第四師団管区の後備歩兵部隊の動員

ました。もとより補充要員不足は陸軍全体の問題でもありました。旅順戦以外にも、五月下旬の南山の戦い、九月上旬の遼陽会戦と、死傷者が予想を絶する数になって、急遽老兵や未教育の補充兵役を召集対象とする九月二八日の徴兵令改正となるわけです。また、現役の合格基準の引き下げで徴兵人数を増やして対応しようともしました。

ただし、未教育の補充兵役を召集してもすぐに戦場で働けません。半数を戦場の後備聯隊に配置換えし、その後をより質の低い兵士で補充しなければならなかった後備歩兵第三七聯隊はあらたに兵士の訓練を必要としたことでしょう。それで、この部隊は外地出発が一一月末と遅かったのです。なお、この補充には本来の聯隊区の和歌山県だけでは足りなかったのでしょう。大阪府内からも多くの兵士が召集されているようです。

このようにして和歌山の部隊から定員の一部を都合した大津の後備歩兵第九聯隊は、後方にあって、対馬や紀淡《きたん》海峡などの要塞から取り外してきた二八センチ榴弾砲の運搬などに従事します。九月一九日〜二三日、前線では二〇三高地攻略戦がありましたが参加していません。そして、一〇月二三日、旅順を去って遼東守備軍の序列に入り、汽車輸送で遼陽に転出しました。遼東守備軍は戦闘部隊というよりも兵站を守る守備隊です。八月下旬の消耗があまりに激しく、聯隊長以下、将校がほぼ全滅した部隊について、司令部は本来の任務である占領地警戒に就かせざるをえないという見方をしたと思います。

第二次・第三次総攻撃　旅順では後備歩兵第九聯隊が北に去った後、第一次と同じ東北方面の主要堡塁攻略をめざして第二次総攻撃が繰り広げられます。一〇月二六日〜三一日の第二次総攻撃は死傷者三八三〇人を出して、やはり失敗しました。一一月、日本に残る最後の師団である第七師団（旭川）が第三軍に編入、その到着を待って一一月二六日から第三次総攻撃が行われます。この戦いで、第一次総攻撃を上まわる一六九三五人の死傷者を出しました。激戦にもかかわらず、ロシア軍の主要堡塁はなお陥落させられませんでした。しかし、一二月五日には二〇三高地を完全に占領し、山頂から旅順市街地と港湾の艦船に砲撃が行われました。旅順艦隊の殲滅《せんめつ》という目的はようやく達成されました。

そして、主要要塞もようやく坑道到達による爆破などによって一二月三一日までに破壊、占領されました。あけて一九〇五年一月一日、ロシア軍のステッセル要塞司令官は降伏の軍使を派遣、二日に開城規約が調印され開城が決定しました。有名な乃木大将とステッセル中将との水師営《すいしえい》の会見は五日のことです。ここに悪戦苦闘の旅順戦は完全終結しました。

その間、満州軍総司令部は、沙河でロシア軍と対陣して越冬した第一軍・第二軍・第四軍に第三軍と鴨緑江軍を加えた全戦力による奉天付近での決戦を計画していました。旅順を開城させた第三軍は、休む間もなく前線へ駆けつけ、三月初めの奉天会戦に参加します。

先に示したように、遼東守備軍に配属された後備歩兵第四旅団は奉天会戦に参加することなく、四月まで遼陽附近の警備を続けました。四月に第二軍へ転属し、後備旅団の編成替えにより、野戦砲兵大隊一個を加えた後備混成第四旅団として野戦部隊に戻りました。後備歩兵第九聯隊はその一員として、鉄嶺北西方面を守る第二軍の戦線に加わります。しかし、もはや戦いに参加することはありませんでした。

五月二七日の日本海海戦でロシア艦隊が壊滅し、アメリカのルーズベルト大統領による斡旋《あっせん》で日露の和平交渉が開始され、八月二九日にはポーツマス講和条約が締結されました。後備混成第四旅団に復員令が出されたのは一一月一三日です。後備歩兵第九聯隊は一一月一日に現地を出発し、一八日に大津に凱旋し、二一日に解散し、その歴史を閉じました。

「一銭五厘の召集令状」の思想　生き残った将兵たちは、ようやく家庭に戻ることが許されました。しかし、多くの戦死者や戦病死者がでたために、大黒柱を失った家庭もありました。また、重症の戦傷者も元のように家族を支えることはできなかったでしょう。ただし、このような日露戦争の傷跡は後備歩兵聯隊に限ったものではなく、常設師団やその他の部隊にも等しくおこりました。

日露戦争は猛烈な前線での将兵消耗に、国民総動員で補充を続けて勝利しました。その実態は弾薬や兵站物資に限らず、兵員補充もぎりぎりのところ、薄氷を踏む戦争だったわけです。戦後、ロシアの脅威はなくなったものの陸軍は師団数を増設する軍拡へと動きました。その後の昭和初期には軍縮期がありましたが、国民総動員の兵役体制は強化され、三〇年以上を経た日中戦争勃発時の動員では、多くの常設師団が温存され後備役・補充兵主体の特設師団がまず投入されました。そして「一銭五厘の召集令状」の誤った俗説が受け入れられるほど、いくらでも国民から兵士は補充できるという前提で日中戦争、アジア太平洋戦争が戦われていきます。兵隊を補充することが庶民にとってどういうことであるのか、考えさせられます。

また、後備歩兵第九聯隊が壊滅の目にあった戦闘の仕方である聯隊長・大隊長以下の部隊指揮官が先頭に立って圧倒的な敵の防壁や火力にむかって突撃する歩兵の強行突撃は、美化されても反省されることはありませんでした。

追記　脱稿後、後備歩兵第九聯隊長、高城義孝の最後について、生還した中西政太郎の手記がみつかりましたので、引用します。

「私は旅順の第一回総攻撃の際、所属高城聯隊長の下で伝令勤務を努める因縁となりました。それは八月二十二日のことでした。聯隊は東鶏冠山砲台（東鶏冠山北堡塁）と盤龍山東砲台（堡塁）の中間堡塁（一戸堡塁）に向かって突撃する時です。

私は左翼にある第二大隊長（上山正友・同日戦死）のもとへ前進命令の伝達を命ぜられました。この時までには幾回となく敵の銃砲弾下をくぐっておりますので、地物を利用しつつ前進したのでありますが、その途中で下顎に貫通銃創を受けたのです。「しまった」と、それでも所持のガーゼを取出し、腹巻で出血を押えました。くびから胸にかけて血が流れる、ともかく任務を、と思うと一時の仮包帯で再び前進をし、ようやく第二大隊のところへ到達しました。

しかしながら、下顎部の負傷ですから口を開くこと、言葉が出ないのです。私はこれはと思いながらこの時はまだ精神も緊張しておりましたので、自分のポケットから所持の手帳を取出し、これに鉛筆で、聯隊長からいわれたことを書いて伝達しました。

伝達はしましたが、いまだ任務は完全に果たしていないということを、また考え出して、再び聯隊本部の位置へたどることを決心しました。確かに第二大隊長に伝えたということを聯隊長に復命するまでは……。私はアヘギながら第二大隊本部の位置を離れ引き返した。ようやく聯隊本部の位置に戻った時も「言葉がない」「口を開くことができない」……。そこでポケットからまた手帳を出して聯隊長に筆記復命した、その瞬間です。

大爆発音とともに聯隊本部の前方に砲弾が炸裂した。私はシマッタと思う間もなく……。

暗黒の世界から自分が意識を再び回復した時は私も左顔面と胸に、先の砲弾の破片が命中していたのです。日中ですから仮包帯所へ行くこともできず、ここへそのまま放置されてあったのです……聞けば、聯隊長はその場で即死されたということです。その夜、私は衛生隊に収容せられました。」

参考文献

大江志乃夫（一九七六）『日露戦争の軍事史的研究』岩波書店

大江志乃夫（一九八七）『日露戦争と日本軍隊』立風書房

大津市私立教育会（一九一一）『大津市志』上・下巻

桜井忠温（一九〇六）『肉弾』丁未出版

志賀重昂（一九一一年）『大役小志』、『志賀重昂全集』第五巻　所収

司馬遼太郎（一九六九～七二）『坂の上の雲』一～六　文藝春秋社、原典は一九六八～一九七二年『産経新聞』に連載

忠勇顕彰会編纂（一九一〇～一四）『日露戦役忠勇列伝』大阪府一～三

中西政太郎（一九三一）「伝令の任に達し帰還の刹那」『下士卒従軍記　満州の血華』京都聯隊区司令部編

防衛研究所史料室所蔵『明治二十七八年戦役占領地総督部陣中日誌』その他の史料

靖国神社編纂（一九三五）『靖国神社忠魂史』二　靖国神社

陸軍参謀本部編（一九一二～一四）『明治卅七八年日露戦史』東京楷行社刊

陸軍省編『明治三十七八年戦役統計』（復刻版）、陸軍省編（一九九四）『日露戦争統計集』（全一六巻）東洋書林

コラム3

与謝野晶子の弟は旅順で戦ったのか

冨井 恭二
kyoji Tomii

与謝野晶子の詩「君死にたまふことなかれ」

与謝野晶子は明治時代を代表する歌人としてよく知られている。和歌だけでなく詩もよくした。なかでも日露戦争の旅順戦に出征した弟を想う詩を詠んだことが今日の高校日本史教科書などで紹介されている。「君死にたまふことなかれ　旅順の城はほろぶとも　ほろびずとても何事ぞ、……」（『明星《みょうじょう》』掲載では「ほろびずとも何事か」）である（図1）。この詩は、夫、与謝野鉄幹が主催する雑誌『明星』明治三十七年九月号に発表された。旅順攻囲戦最中のことである。社会の戦争機運が高揚する中での数少ない厭戦《えんせん》行動のひとつであるとされる。大町桂月《おおまちけいげつ》は雑誌『太陽』十月号で「家が大事也、妻が大事也、国は亡びてもよし、商人は戦ふべき義務なしといふは、余りに大胆すぐる言葉也」と批判した。「すめらみことは、戦ひに　おほみづからは出でまさね、……」に対しても桂月は「乱臣なり、賊子なり、国家の刑罰を加ふべき罪人なり」と絶叫した。これに対し晶子は、『明星』十一月号で「ひらきぶみ」を発表し、「少女と申す者誰でも戦争ぎらひに候《そうろう》」と反論するなど、明治の女性としては自由で正直な生き方が評価されている。

晶子は大阪府堺市の出身で、二歳下の弟は老舗の和菓子店「駿河屋」を営んでいた。通常、堺市のような

君死にたまふことなかれ

（旅順口包囲軍の中に在る弟を歎きて）

あゝをとうとよ、君を泣く、
君死にたまふことなかれ、
末に生れし君なれば
親のなさけはまさりしも、
親は刃《やいば》をにぎらせて
人を殺せとをしへしや、
人を殺して死ねよとて
二十四までをそだてしや。

堺《さかひ》の街のあきびとの
旧家《きうか》をほこるあるじにて
親の名を継ぐ君なれば、
君死にたまふことなかれ、
旅順の城はほろぶとも、
ほろびずとても何事ぞ、
君は知らじな、あきびとの
家のおきてに無かりけり。

君死にたまふことなかれ、
すめらみことは、戦ひに
おほみづからは出でまさね、
かたみに人の血を流し、
獣《けもの》の道に死ねよとは、
死ぬるを人のほまれとは、
大みこゝろの深ければ
もとよりいかで思《おぼ》されむ。

あゝをとうとよ、戦ひに
君死にたまふことなかれ、
すぎにし秋を父ぎみに
おくれたまへる母ぎみは、
なげきの中に、いたましく
わが子を召され、家を守《も》り、
安《やす》しと聞ける大御代も
母のしら髪はまさりぬる。

暖簾《のれん》のかげに伏して泣く
あえかにわかき新妻《にひづま》を、
君わするるや、思へるや、
十月《とつき》も添はでわかれたる
少女ごころを思ひみよ、
この世ひとりの君ならで
あゝまた誰をたのむべき、
君死にたまふことなかれ。

堺駅前の晶子銅像

図1　与謝野晶子の詩（初出、雑誌『明星』9　1904. 9. 26）

大阪府南部から徴兵・召集された兵士は、大阪城内に司令部がある第四師団の部隊に所属し従軍する。なお、陸軍の師団編制の仕組みやその下の聯隊区（徴兵や召集を担当する陸軍の部署）の担当地域は時期によって変更されたので、陸軍部隊と地域との関係は複雑である。日露戦争当時、大阪府でも北摂の西成・三島・豊能三郡は神戸市などと同じ聯隊区に属し、歩兵は第三九聯隊（姫路）へというように、姫路に司令部がある第一〇師団の部隊に徴兵・召集されていた。第四師団は奥保鞏《おくやすかた》大将率いる第二軍の戦闘序列に入り、五月五日に遼東半島に上陸したあと、五月二六日の南山の戦いをへて半島を北上し、得利寺《とくりじ》・大石橋《だいせききょう》・遼陽《りょうよう》・沙河《さか》・奉天《ほうてん》へと攻め上っていった。半島西南端にある旅順要塞の攻略戦には参加していない。そのことから、晶子は弟がどこで戦っていたのか知らずに詩を書いたという批評が出たり、弟が第四師団以外の部隊に所属して旅順戦を戦ったのではないかという疑問が出たりしてきた。

井口和己説への疑問

「君死にたまふことなかれ」の君は、弟の鳳籌三郎《ほうちゅうざぶろう》（父の名前「宗七《そうしち》」を継ぐ）である。その後の「郷土部隊」確立の過程で、鳳家の本籍がある堺市は第四師管区の堺聯隊区になったので歩兵であれば第三七聯隊に入営したと説明される。また、日露戦争当時はまだ第八聯隊に入営するしくみであったことを知っていても第二軍の第四師団は旅順で戦っていないのだから、晶子の弟は旅順にはいなかったと断定する本も出ている（中村文雄『君死にたまふこと勿れ』など）。

その疑問に対して「籌三郎は旅順にいた」と断定したのが井口和己『日露戦争の時代』である。井口は、当時の聯隊区の制度から、大阪市に聯隊本部や兵営があった歩兵第三七聯隊は主に和歌山県の兵士で編成された部隊であり、同聯隊が堺市などの大阪府南部の「郷土部隊」になるのは、和歌山市に歩兵第六一聯隊が置かれた日露戦争後であるという事実をあげ、歩兵の召集先は第八聯隊であることを証明する。また、戦時には後備部隊の編制があり、堺市などから召集された歩兵が後備歩兵第八聯隊を編成したとする。

後備歩兵第八聯隊（大阪）は、同第九聯隊（大津）・同第三八聯隊（京都）とともに後備歩兵第四旅団を構成し、乃木希典《のぎまれすけ》大将率いる第三軍に所属して旅順攻囲戦を戦った（第三章参照）。もし、籌三郎が後備歩兵第八聯隊に召集されていたら「旅順口包囲軍」にいたことが導けるのである。しかし、実際はそう簡単に解決できるものではない。

井口は、堺兵事会編『明治三十七八年戦役堺市奉公録』収録の、凱旋後の一九〇六（明治三九）年一一月二九日に行われた第三回勲章授与式叙勲者名簿に「輜重輸卒《しちょうゆそつ》鳳宗七」の名があることを根拠に、籌三郎が歩兵ではなく、後備歩兵第八聯隊所属の輜重輸卒として旅順攻囲軍にいたと結論づけた。

戦闘部隊付の輜重輸卒とは、主に糧秣《りょうまつ》運搬に従事する大行李《だいこうり》の隊員である。これを裏付けるものとして、井口は『大阪の百年』第三巻に載せられている籌三郎の四男鳳祥孝の回顧談を元にした記事を紹介している。「籌三郎は後備歩兵第八聯隊の一員として、淡路島で訓練をうけたあと、宇品《うじな》をへて旅順にむかった。現地では〝学士さま〟のレッテルと、字が書ける〝特技〟で戦闘には加わらず、将官の書記役をつとめた。」というのである。しかし、この記事をすべて事実とすることはできない。早稲田中退の籌三郎が「学士さま」というのはご愛嬌としても、この後備歩兵旅団に「将官」は旅団長一人しかいない。輜重輸卒である籌三郎が事務的な仕事を与えられることはあっても将官の書記役にまわるはずがない。また、補助輸卒隊等の兵站部に所属する輜重輸卒はもちろんのこと、野戦部隊の輜重輸卒も本来戦闘に参加することはないという意味での非戦闘員であるので、戦闘に参加していなくて当然なのである。「輜重輸卒が兵隊ならば蝶々蜻蛉《ちょうちょとんぼ》も鳥のうち」と揶揄《やゆ》された輜重輸卒という兵種に対する劣等感が籌三郎にあっての子どもへの思い出話と考えられる。

六月中旬に宇品から出航

陸軍省が秘密資料として編纂《へんさん》した『明治三十七八年戦役統計』（復刻版は『日露戦争統計集』）には、外征部隊の船舶輸送が克明に記録されている。それによると後備歩兵第八聯隊は一九〇四（明治三七）年七月四日と一二日に大阪から船に乗っており、輜重部隊だけが宇品から出航したという記録はない。籌三郎が後備歩兵第八聯隊付の輜重輸卒であるならば、井口が晶子の「産屋日記《うぶやにっき》」六月二四日の記事「宇品たちし弟、今日も浪の上にや。一週ばかり前広島より、死と云う事の美しく嬉しき由あまた書きこさせ……」を引用して証明する六月中旬宇品出航ということはあり得ない。

では六月中旬に宇品を出航した第四師団関係の部隊はどこであったのだろうか。『日露戦争統計集』の記載からは、一三日の第一・第二・第三輜重監視隊《しちょうかんしたい》、一五日の第一四補助輸卒隊、一六日の兵站弾薬半縦列《へいたんだんやくはんじゅうれつ》、一九日の予備馬廠《よびばしょう》、第一五補助輸卒隊、二〇日の兵站弾薬半縦列、兵站糧秣縦列《へいたんりょうまつじゅうれつ》を拾い上げることが出来る（図2）。その中で第一四と第一五の補助輸卒隊は五月一四日に淡路島の由良《ゆら》で由良要塞補助輸卒隊から編成された。攻城砲兵部隊として由良要塞砲兵聯隊から編成され、七月二日と四日に兵庫から出航している徒歩砲兵第二聯隊との関係があると見なければならないだろう。『日露戦争統計集』では、軍や師団等の兵站部に編入された補助輸卒隊は固有部隊名が消えて何個の補助輸卒隊としてしか示されないので、かれらがどこに

乗船日 1904 年 6 月	部隊名 （大阪第四師団関係のみ）	乗船地	上陸地	船名
1 日	輜重兵第 4 大隊本部 輜重兵第 4 糧食縦隊	宇品	張家屯	鎌倉丸
	輜重兵第 3 糧食縦隊 1 小隊	宇品	張家屯	畿内丸
	師団架橋縦列（工兵） 師団馬廠	宇品	張家屯	満洲丸
6 日	歩兵第 37 聯隊補充員	詫間	張家屯	八幡丸
13 日	師団第 1・第 2・第 3 輜重監視隊	宇品	張家屯	薩摩丸
15 日	師団第 14 補助輸卒隊	宇品	張家屯	丹波丸
16 日	師団兵站弾薬半縦列	宇品	張家屯	第二永田丸
19 日	師団予備馬廠	宇品	張家屯	阿波丸
	師団第 15 補助輸卒隊	宇品	張家屯	北辰丸
20 日	師団兵站弾薬半縦列	宇品	張家屯	土佐丸
	師団兵站糧秣縦列	宇品	張家屯	安芸丸
28 日	師団第 2・第 3・第 6・第 17 補助輸卒隊	大阪	大連	錫蘭丸

与謝野晶子の弟は「6 月中頃に宇品から出征」と『産屋日記』にある。また、「淡路島で訓練をうけたあと出征」という伝聞もある。
これらの記憶が正しいとすれば、1904 年 6 月に大阪第四師団から出征した 12 の部隊のうち、第 14・第 15 補助輸卒隊が新たな候補にできる。

図 2　第四師団（大阪）で六月に出征した部隊

所属させられたかは明らかにならない。ただし、第一五補助輸卒隊だけは第三軍の戦闘序列に一九〇五年一月の旅順陥落直後まで記載されている。他に淡路島で編成された補助輸卒隊に第一六と第一七があるが、第一六については内地勤務だったのか船舶輸送の記録がなく、第一七については一九〇四年六月二八日に第二・第三・第六の補助輸卒隊とともに大阪から大連に渡っている。

ところで、日露戦争戦没者の経歴を顕彰《けんしょう》した『日露戦役忠勇列伝』の大阪府号には第一五補助輸卒隊にかかわる記事がいくつか記されている。

五月五日に充員召集された輜重輸卒油谷《あぶらたに》辰三《たつぞう》や辻仙太郎《つじせんたろう》の場合、由良要塞砲聯隊に入隊し、五月二二日に第一五補助輸卒隊に転入、六月二日由良を発して、二五日に張家屯に上陸、三〇日に大連に到着する。八月一七日まで大連で勤務し、その後長嶺屯《ちょうれいとん》（長嶺子《ちょうれいし》。大連西三〇キロ、旅順まで二五キロの鉄道の要地。攻城砲部隊がここをベースに展開した）に移動し、旅順第一次総攻撃に関与した。油谷の場合は一〇月六日に干家屯《かんかとん》（長嶺子の南八キロ。攻城砲部隊の弾丸廠《だんがんしょう》が置かれた）まで前進し、そこで赤痢にかかり内地に後送され一一月に広島で病没した。辻も干家屯で脚気《かっけ》にかかり病没する。

佐々木楠次郎《ささきくすじろう》の記事では、三〇日に大連に駐屯し、七月より第三軍兵站監部《へいたんかんぶ》あるいは攻城砲兵司令部に属し、大連で食糧・攻城材料・弾薬の陸揚げと運搬に従事したとある。また、八月一七日に長嶺屯に移動、八月一九日より一〇月四日まで旅順近郊の弾薬運搬と軽便鉄道の敷設に従事し、一〇月六日から干家屯に前進して二八センチ榴弾砲《りゅうだんほう》の運搬・設置に携わったとある。吉村喜作《よしむらきさく》の場合も、同じ経路をたどり、旅順開城後の三月五日に干家屯を発して遼陽に着き、奉天会戦後の一二日に第一師団患者輸送部に配属された。

第一四補助輸卒隊では、輜重輸卒島田善治郎《しまだぜんじろう》の場合、六月三日に由良を出発し、一五日に宇品を出航、二二日に三官廟《さんかんびょう》に上陸、二五日に大連に着き、翌年一月二三日まで旅順攻囲軍に配属されていた。その後遼陽に移り第三軍兵站部に分移されたとある。

このように、公式な記録が残る第一五補助輸卒隊はもとより第一四補助輸卒隊も、その戦没者の遺族や周辺の人々は第三軍の旅順攻囲戦に参加したと認識していたのである。

一方、『日露戦役忠勇列伝』の記事からは、六月中旬に宇品から出航した他の第四師団関係の部隊は、淡路島とは無関係であり、上陸後は第二軍の戦闘部隊や兵站部に従軍したことが読み取れる。籌三郎が第一四または第一五の補助輸卒隊にいたことはほぼ間違いないであろう。

淡路島で訓練された輜重輸卒隊

では、補助輸卒隊とはどのような部隊だったのだろうか。

補助輸卒隊は第四師団では二六隊が編成された。特殊な任務を行う部隊もあったが、主に陸上の輸送に携わる補助輸卒隊は輜重兵科以外の士官一人（予備役の中尉または少尉）、下士二～三人・兵卒一〇人（ほとんど予備または後備役）、未教育補充兵役の輜重輸卒が四五〇～五〇〇人、それに経理部の下士一～二人、軍医一人と下士一人の衛生部で構成されていた。彼らの任務は荷車や人力による糧秣や軍事用品の輸送であり、兵士と言うより補助輸卒とも呼ばれ、まさに軍役夫《ぐんえきふ》であった。部隊の中に事務的役割を任務とする兵卒がほとんどいないので、輸卒の中から事務的な仕事をする者を任命したとは考えられる。

非戦闘員であるにもかかわらず、体力や経験が劣る身で過酷な輸送業務に携わらなければならない輜重輸卒の消耗は激しく、『日露戦争統計集』に見える第四師団第一五補助輸卒隊の欠員は、七月下旬には四一人、一〇月下旬には八一名、旅順開城を前にした一二月下旬には一五八人となっている。いかに多くの病人が出たかをうかがわせる数字だ。

その後、補充を受けて、一九〇五年一月上旬には欠員が六一名に減少している。これは前年九月二八日の「徴兵令」改正で、それまで陸軍の第一補充兵役七年四月、第二補充兵役一年四月の兵役期間であったものを、両者の区分を廃止するとともに、兵役期間を一二年四月とし、多くの補充兵を召集できることになった結果であり、補助輸卒隊には三〇歳前後の体格が劣った輸卒があふれることになった。

しかし、彼ら輜重輸卒がいなければ戦争はできなかった。旅順攻囲戦では由良など本土の海岸に備え付けられていた要塞砲である二八センチ榴弾砲を運んで攻撃に使った。この巨大な大砲の砲身だけで一〇トンに

旅順要塞攻撃の為の厖大な武器・弾薬は人海戦術で運搬された。対馬や由良などからもたらされた28センチ榴弾砲は旅順要塞破壊の切り札だった。それは砲身だけで10トンにおよび、400人がかりで牽引された。運搬には補助輪卒隊も大きく貢献した。
aは長嶺子駅付近、b・cは干大山東麓、手前に戦死者の墓標がみえる。

図3　旅順要塞攻撃のための大砲運搬

及び、四〇〇人がかりで運搬されたという。また、砲弾も相当な重量だった。補助輸卒隊が人海戦術で活躍したことがこれまでの資料からもわかる。この大砲が旅順要塞の破壊や二〇三高地占領後のロシア軍艦砲撃に威力を発揮したことが知られている（図3）。籌三郎自身が大砲や砲弾を運んだのかどうかは確かめられないが、この例だけでなく、一般兵士から「蝶々蜻蛉」とさげすまれながら悪条件で兵站を担う補助輸卒隊が日本軍の勝利に大きく貢献したのは明らかである。

旅順攻囲軍から見た与謝野晶子

最初に書いたように、与謝野晶子が「君死にたまふことなかれ」を作詩し、『明星』誌上に発表したのは一九〇四（明治三七）年九月二六日である。遡ること、旅順要塞攻略戦の第一次総攻撃は八月一九日～二四日である（第三章参照）。晶子は第一次総攻撃の甚大な死傷者のことを知って「君死にたまふことなかれ」を書いたのであろうか。

「産屋日記」の弟からの手紙のことを紹介したが、日露戦争においては出征将兵は比較的自由に手紙やハガキを出している。籌三郎は大連・旅順方面にいることを晶子や堺の実家には知らせていたであろう。一方、第一次総攻撃の失敗は日本軍が戦争を継続するためには国民に隠さなければならない事実であった。旅順攻囲戦に関する新聞・雑誌の報道も検閲が強化された。九月の新聞は遼陽会戦大勝利の報道ばかりである。事実、新聞・雑誌の記事が解禁されるのは、一〇月になってからであり、それも第三軍の八月上旬までの行動についてであった。また、兵士が出す手紙やハガキでも、旅順を陥落させるまで戦況を伝えることを禁止するという命令が出た。しかし、続々と内地に後送されてくる負傷兵到着の記事は戦場や部隊名を伏せた形ではあるが報道されている。日清戦争の経験から第一次総攻撃で簡単に陥落すると考えられていた旅順での勝利の報道がなかなか出てこない状況が、弟が旅順方面にいることを知っている晶子にこの詩を書かせたのではないだろうか。

晶子の「君死にたまふことなかれ」の詩は、旅順戦を戦う兵士にどう映ったのだろうか。興味深い記事がある。第一師団（東京）の第一聯隊第三大隊付軍医土肥原三千太の従軍日誌に晶子の記事がみられるのである。土肥原は旅順攻囲軍のなかにあり、直接戦闘することはないが軍医として数多くの死傷者をみている。そして、一二月二〇日の記事に、同聯隊の鈴木軍医の読んでいる書物に与謝野晶子をみつけだし、「柔肌の温くき血汐に触れも見で淋しからずや道を説く君」の歌を写している。そして、その返歌として「柔肌の温くき血汐に触るればぞ　道を説かずば　人はとろけん」と揶揄する。さらに内地の新妻に仕送りを頼んだらしく、一二月二五日に新しい帽子や靴下とともに歌集『みだれ髪』が送られてきたことを記す。直接、晶子の旅順戦の詩についてのコメントは記されていないが、戦場で与謝野晶子が噂になっていたことがうかがえる。

そして、日露戦争後の一九〇七年三月、晶子は双子を出産している。その名付け親は第二軍軍医部長で前年に凱旋した森鷗外だった。彼は与謝野鉄幹を自宅に招いて歌会を開き、晶子に双子の名前をおりまぜた歌も贈っている。

参考文献

井口和起（一九九八）『日露戦争の時代』吉川弘文館
大江志乃夫（一九八八）『兵士たちの日露戦争　五〇〇通の軍事郵便から』朝日選書

堺兵事会編（一九〇七）『明治三十七八年戦役堺市奉公録』
竹山恭二（二〇〇四）『報道電報検閲秘史　丸亀郵便局の日露戦争』朝日選書
忠勇顕彰会編纂（一九一〇〜一四）『日露戦役忠勇列伝』大阪府一〜三
土肥原三千太（一九七四）『日露戦役日記』私家本
中村文雄（一九九四）『君死にたまふこと勿れ』和泉書院
与謝野晶子（一九八一）「産屋日記」『定本　与謝野晶子全集』第一二巻　講談社
読売新聞社編（一九六七）『百年の大阪』第三巻　浪速社
陸軍参謀本部編（一九一二〜一四）『明治卅七八年日露戦史』第五巻・第六巻
陸軍省編『明治三十七八年戦役統計』、復刻版は陸軍省編（一九九四）『日露戦争統計集』（全一六巻）東洋書林（第一巻・第六巻）
陸軍省編（一九一一？）『明治卅七八年陸軍政史』（全一〇巻）、復刻版は陸軍省編（一九八三）『明治卅七八年陸軍政史』湘南堂書店（第二巻）

第四章　奉天城に旗を立てた兵士たち

西川 寿勝
Toshikatsu Nishikawa

第一節　奉天会戦とは

陸軍記念日のなぞ　日露戦争のクライマックスは陸軍の奉天会戦、海軍の日本海海戦です。奉天会戦は一九〇五（明治三八）年三月一日から一〇日にかけて行われた陸軍の決戦です。満州軍総司令官の大山巌《おおやまいわお》総大将は「本作戦は今戦役の関ヶ原とならん」と全軍に訓示、国運を賭けた大決戦に打って出ます。

約六〇万の将兵が東西一〇〇キロ、南北四〇キロに渡る満州の平原で激闘を繰り広げた、世界史上空前の会戦となりました。奉天会戦に参加した日本軍兵力は約二五万人、死傷者は約七万人です。一方、ロシア軍は総数約三二万人、死傷者約六万人、行方不明七千人、捕虜二万人といわれます。奉天は現在の中国遼寧《りょうねい》省の省都瀋陽《しんよう》で、清国発祥の地です。

陸軍は死力を尽くした会戦の勝利を記念し、戦没者の慰霊《いれい》と鎮魂《ちんこん》を含めて三月一〇日を陸軍記念日としました。三月一〇日とは日本軍が敗走するロシア軍を追撃して奉天城に突入、四周の門を押さえて国旗を立て、占拠を宣言した決勝点の日にあたります。

ところが、奉天城占領のいきさつはほとんど知られていません。それを導いた英雄もいません。司馬遼太郎の『坂の上の雲』は、会戦後半に野津第四軍の隷下《れいか》にあった第六師団（熊本）が奉天に一番乗りしたと記し、『公刊戦史』もこの師団が占領したとします。ところが、沼田多稼蔵《ぬまたたかぞう》の『日露陸戦新史』や児島襄《こじまのぼる》の『日露戦争』は第二軍の第四師団（大阪）の約六〇〇人が最初に城内に突入し、占領したことを記していますし、『大阪歩兵三十七聯隊史』も自らの部隊による成果と記します。いずれにせよ、会戦の勝利に区切りをつけた奉天城占領の戦果について、どちらの部隊も表彰されていません。つまり、ヒーローなき大戦果なのです。

陸軍紀念日の制定は日露戦争直後の一九〇五（明治三八）年一二月です。なぜ、三月一〇日であるかの理由は起案書によると「奉天の会戦は今回の戦役中、我軍隊の大部分がこれに参与し、各軍に関係する戦闘にして、其三月十日は戦況最も良好なりし日とす。」とし、具体的な理由無しに「良好なりし日」とぼやかします。

私は出征兵士によるいくつかの従軍日記に触れ、奉天城進攻の実態を多角的に検討する機会を得ました。そして、奉天会戦の結末が陸軍総司令部の思惑に反したもので、非常に興味深いものだったことを知りました。

奉天会戦概観　奉天会戦を概観します。遼陽《りょうよう》・沙河《さか》・黒溝台《こっこうだい》と退却を重ねたロシア軍は、奉天の南にある渾河《こんが》南岸に展開し、強固な陣地を形成して日本軍の北上を阻止します。対する日本軍は中央に奥保鞏《おくやすかた》大将の第二軍・野津道貫《のづみちつら》大将の第四軍・黒木為楨《くろきためもと》大将の第一軍、右翼には朝鮮半島から駆けつけた川村景明大将の鴨緑江《おうりょくこう》軍、左翼には旅順《りょじゅん》から駆けつけた乃木希典《のぎまれすけ》大将の第三軍を配置して包囲作戦を展開します。包囲といっても東西一〇〇キロ、南北四〇キロに展開する日露五六万の兵が死闘しながらの包囲作戦です。両軍総司令部も、前線の兵士も、刻々と変わる陣容や局地的勝敗から大勢を把握できていたのかと、疑ってしまいます。

まず、ロシア軍よりもわずかに早く、日本軍は右翼の川村鴨緑江軍が先陣を切ります。奉天南東八〇キロに位置する清河城《せいかじょう》、ここに籠《こ》もるロシア軍を先制攻撃し、清河城は占領されました。クロパトキン総司令官は、この部隊が旅順を攻撃した精鋭の乃木第三軍と勘違いします。その結果、ロシア軍は背後に温存していた予備兵力を右翼に急派したのです。

主導権を握った日本軍は、三月一日から全軍総攻撃を開始します（図1上）。当初、左翼の乃木第三軍と秋山騎兵旅団は手薄だったロシア軍右翼の西側を北進しました。対して、右翼の鴨緑江軍はロシア軍予備兵力にはばまれ、ほとんど東側を北進できませんでした。

また、中央の奥第二軍、野津第四軍、黒木第一軍も頑強なロシア軍陣地を前にして、損害を増やす一方で、北に進撃することはできません。そうする間に、ロシア軍は東側から包囲活動を急速に進めている部隊こそ、旅順を落とした精鋭の乃木第三軍だ、という正しい情報を手に入れます。そして、日本軍の右翼に移動していた予備兵力を再び大急ぎで左翼へ転進させたのでした。しばらくすると、長駆に進軍した乃木第三軍も転進したロシア軍の猛攻にさらされはじめ、前進が止まるどころか崩壊寸前の危機を迎えます。

ロシア軍は中央の奥第二軍、野津第四軍、黒木第一軍に対しても反撃をはじめましたが、一進一退で両軍の戦局はほとんど進展しません。日本軍は深夜も波状攻撃を繰り返し、両軍とも損耗を重ねました。しかし、日本軍総司令部はあくまで全線突撃を指令、攻撃の手を弱めませんでした。

乃木第三軍の左翼迂回は阻止され、三月七日以降は一部の部隊が崩壊する場面も見られました。ところが、さらに迂回する形で秋山騎兵旅団がロシア軍の北方に進出し、クロパトキン総司令官は退路に大勢の日本軍が進出したと見誤り、奉天の陣地をあきらめる決心をします（図1下）。

三月九日午後、奉天一帯は強い砂塵が吹き荒れました。これは春先に日本に飛来する黄砂《こうさ》に由来するもので、左翼から攻める第三軍にとって追い風となりましたが、まったく視界はさえぎられたといいます。この機に乗じ、ロシア軍は北方への退却をはじめ、戦線が一気に崩れだしました。日本軍は総力で追撃、三月

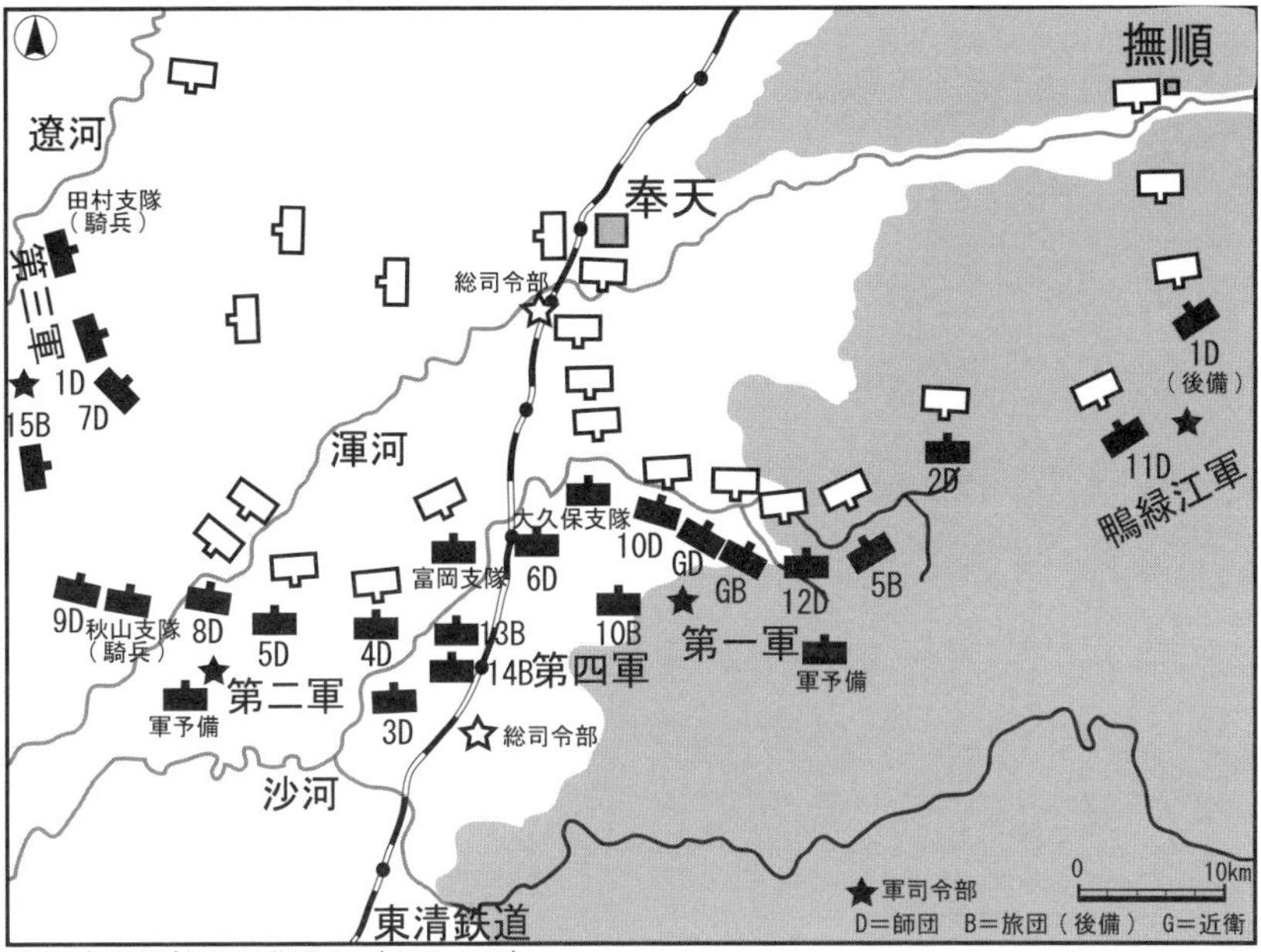

奉天会戦開始時の進軍図（3月1日）

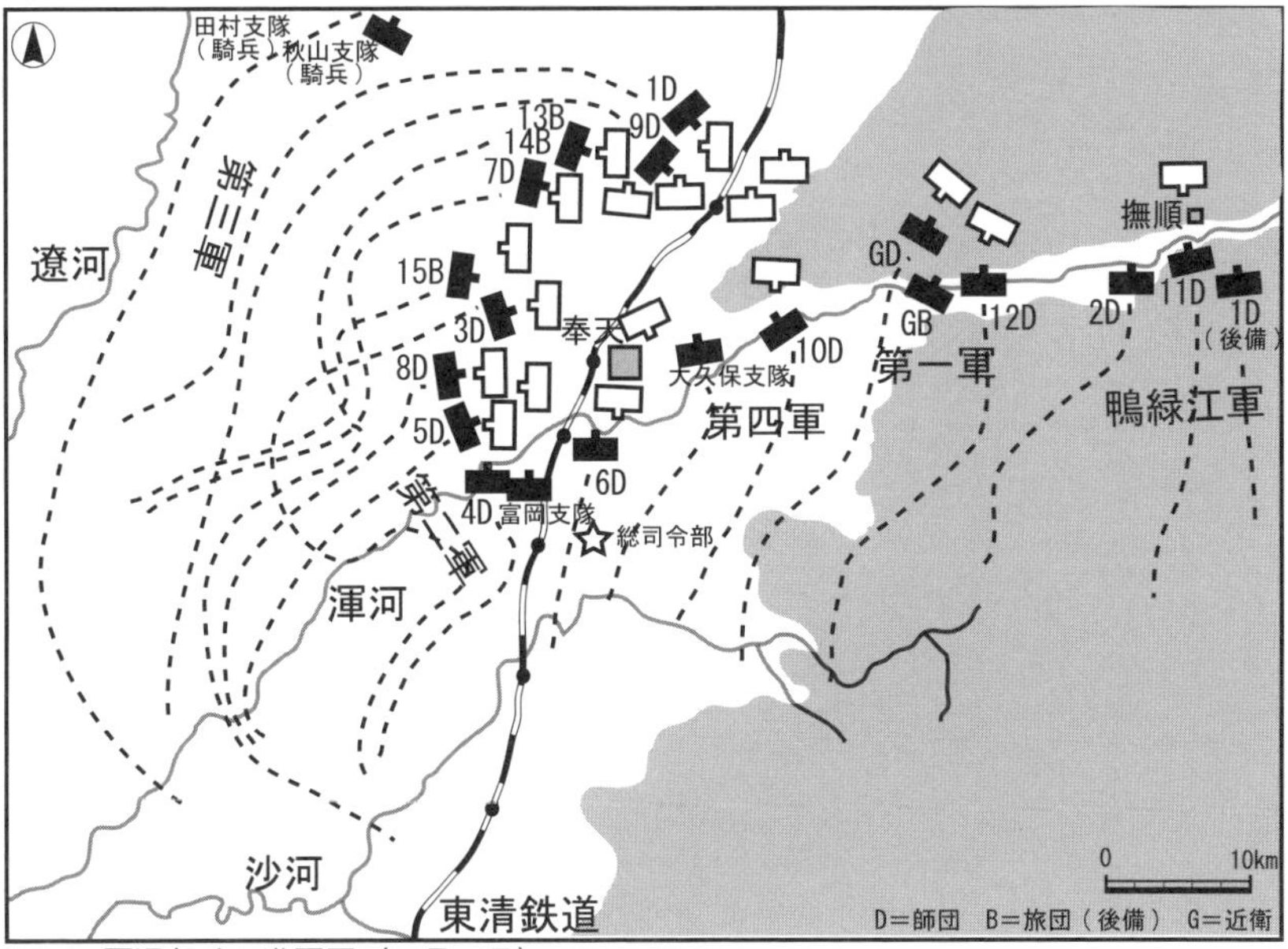

ロシア軍退却時の進軍図（3月9日）

図1　奉天会戦

一〇日に奉天城と西方三〇キロの撫順《ぶじゅん》城を占領。奉天北方に戦場が移動するに至り、奉天北方一〇〇キロの鉄嶺《てつれい》城まで占領しました。一五日、大山総指令官以下の幹部が各部隊の軍旗に迎えられて奉天城に入城、奉天会戦は日本軍の勝利で終結したのです。

第二節　第四師団（大阪）の奉天会戦

第四師団の前半戦　児島襄は『日露戦争』で、第四師団（大阪）が午後四時に奉天城に一番乗りしたことを時系列で詳述しています。午前一〇時に第六師団（熊本）が占領したのは「誤解」かもしれないとも記します。そこで、第四師団の動向を従軍日記などに導かれながら検討し、奉天会戦の実像にせまります。

先に示したように、奉天会戦とは左翼に乃木第三軍、中央に奥第二軍・野津第四軍・黒木第一軍、右翼に川村鴨緑江軍がそれぞれ歩調をあわせて北に向かって進軍し、ロシア軍を包囲しようという作戦です。

当初、第四師団は奥第二軍の右端、戦線のほぼ中央にあり、東清鉄道の西に布陣していました。三月一日の全軍攻撃から激戦となり、緒戦で第四師団の戦死・戦傷者は頂点に達します。三月一日・二日の両日で、一四一九人の戦死・戦傷者が発生しました。ところが、ロシア軍陣地の最前線を突破できませんでした。

これに対し、左翼の乃木第三軍は急速に北進しました。そうすると奥第二軍も前線の左側がどんどん延びていったのです。第二軍最左翼の第五師団（広島）での悲劇が伝わっています。第二一聯隊（浜田）は中央・左・右の三大隊で進軍したのですが、左の大隊のみが急速に前進して、敵の前線を越えたのです。聯隊長の稲葉《いなば》瀧三郎《たきさぶろう》中佐はなかなか進まない中央大隊と右の大隊を鼓舞しますが死傷者が増すばかりです。そこで木越《きごし》安綱《やすつな》師団長に砲撃援護を電話すると、逆に遅滞を叱責される始末です。それで、聯隊長自ら予備隊を率いて

（左側面）明治三八年三月一日於盛京省
李家窩棚附近戦死

（正面）陸軍歩兵大佐従五位勲三等功四級稲葉瀧三郎之墓

（銅像）故歩兵二十一聯隊長陸軍歩兵大佐
従五位勲三等功四級
稲葉瀧三郎
明治三十八年三月一日於奉天会戦戦死
行年四十七歳

奉天会戦初日の朝、西側を猛進する第三軍につられ、第二軍西端の第21聯隊（浜田）も西側の左隊のみ前進した。停滞する東側の右隊を聯隊長自ら鼓舞するが、ロシア軍の反撃に阻止され聯隊長は戦死。聯隊はこの日、233名が戦死、801名が負傷、壊滅した。

図2　第21聯隊（浜田）聯隊長稲葉瀧三郎の墓碑と銅像

中央から突撃しようとしました。ところが、進軍開始後まもなく戦死、部隊は壊滅の危機に陥りました。この聯隊は一日の戦闘で二三三人が戦死、八〇一人が負傷したのです。

ちなみに、戦死した稲葉聯隊長は大阪市玉造の真田山陸軍墓地にひときわ大きな墓碑があり、豊中市の名刹にも一族墓と銅像が残されています（図2）。

第四師団の苦戦は従軍日記にも記されていました。師団衛生隊だった西川甚次郎の従軍日記（以下『西川日記』）によると戦闘初日の一日から四日まで不眠不休で負傷兵を搬送しています（図3）。西川は奈良県桜井市の出身で、退役後に戦争が始まって再召集されて出征しました。『西川日記』の三月一日の様子を抜粋します。

「一日晴れ。午前三時四〇分に中隊より出発は五時四〇分との命令が下った。これより朝食を煮炊きして食べ、同時に出発した。西北に向かって前進した。約一里進んで一村落についた。村の名は前高大人屯《まえだかだいじんとん》という。前方一里半は砲声が激烈だった。原中尉の指揮で沈旦堡《ちんたんほ》

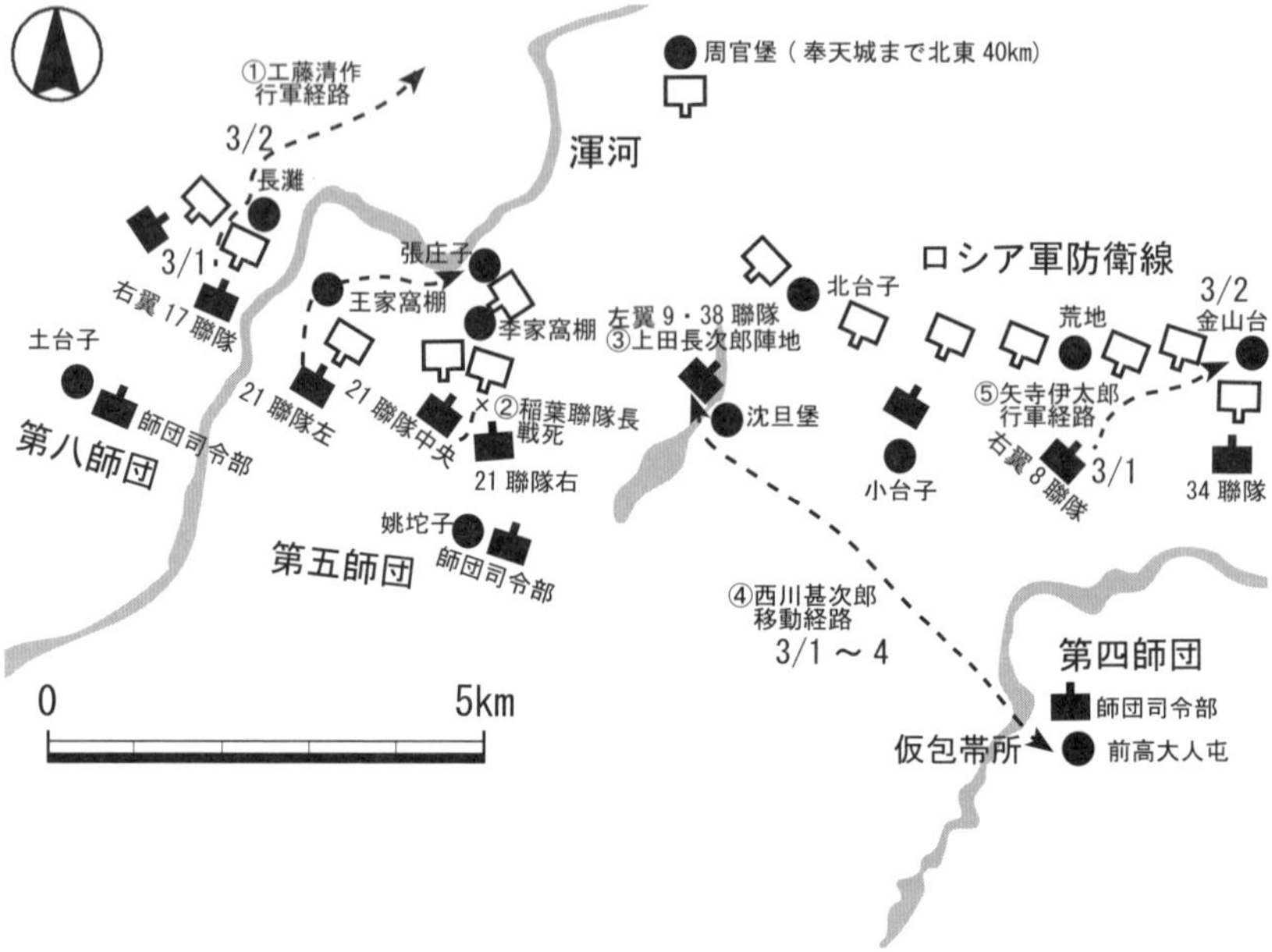

①第 17 聯隊（秋田）の工藤清作は渾河を渡河。長灘の敵に肉薄するもロシア軍は散兵壕にこもり畑地に散開する日本軍は苦戦に陥る。しかし、1 日夜の夜襲が大いに成功。敵は退却し、2 日午前六時に長灘を占領。

②第 21 聯隊（浜田）は左翼が王家窩棚の前線を突破して張庄子に迫ったものの、中央は多大な損害を出して進めなかった。稲葉聯隊長は師団司令部に砲撃を要請するものの前進の催促を受け、予備隊を率いて突撃、戦死した。

③第 9 聯隊（大津）の上田長次郎は沈旦堡付近で釘付け。戦線を突破して、4 日に来勝堡占領。

④第四師団（大阪）衛生隊の西川甚次郎は 1 ～ 4 日、師団司令部の野戦病院（仮包帯所）へ沈旦堡付近の負傷兵を運んで、不眠・不休。

⑤第 8 聯隊（大阪）の矢寺伊太郎は第四師団右翼で金山台を攻撃。2 日午後 7 時にようやく占領。

図 3　奉天会戦当初の中央戦線（3 月 1 日～）

へ負傷者を収容に行く途中、右側に砲弾が落下し、窮するなかをようやく近づいた。前後左右に砲弾が落下するようになり、身を隠す障害物がない。小隊は各個になって前進し、ようやく村（沈旦堡）に着いた。前進した距離は一五〇〇メートルほど。この間は村の南側（前線後方）の畑にも着弾や不発弾が足の踏み場もないほど落下していた。

午後五時より、第一線で負傷者の収容をした。前方を見れば、村の所々に敵弾で大火災が発生し、甚だしかった。前線の後方五〇〇メートルには沼があった。この沼は厚く凍り付いていたが、ところどころは溶けて渡ることができなかった。皆、膝まで浸かって二〇〇メートルほどを移動した。小銃が雨のごとく飛び交い、我先になってようやく抜け出した。第三八聯隊（京都）の仮包帯所についた。負傷者がたくさんいた。第六中隊の軍曹を前高大人屯の包帯所まで担送した。翌日の午前三時だった……」

第四師団（大阪）は苦戦しながらも進軍を続けます。戦闘の実態を第九聯隊（大津）の上田長次郎は克明に記しています（以下『上田日記』）。上田は歩兵伍長でした。四日に来勝堡《らいしょうほ》まで進軍した後にロシア軍の反撃を受けます。上田は戦闘状況のメモ書きも残しており、この日、敵がいよいよ肉迫するにいたって、弾を撃ちつくさず「最後の五発を残せ」とやかましく厳命された様子、敵指揮官の刀が西日に照らされキラキラしているのがよく見えたこと、などを体験したようです。

「三月四日、午前十時、敵の猛火をおかして散開し、（後焼鍋《こうしょうこう》から）来伸堡（来勝堡）を攻撃せり。猛進して第十一・第十二・第九の三中隊は右翼の集団家屋に入れり。当中隊（第十中隊）は来伸堡（来勝堡）を占領す。時に敵兵、約一個師団（約一万人）、逆襲し来る。ただちにこれに備えたり。当中隊（約二〇〇人）の前面のみにて約一個旅団（約五〇〇〇人）の敵兵密集。横隊をもって（横一列に並んで）逆襲し来る。そして、敵は猛烈なる砲撃をなす。まず、十分敵を引きつけて猛撃せんと敵の接近するを待てり。敵はますます前進し来る。

約千二百米突（一二〇〇メートル）に接近せしとき、射撃開始す。敵はいよいよもって前進し来る。その有様、すごし。敵兵約六百米突（六〇〇メートル）に近接せし時、敵兵わが小銃弾のため倒るること将棋倒しのごとし。愉快極《ゆかいきわみ》なりき。

なお、敵は屈せず前進し来る。各自携帯せる弾薬約四百発、今は欠乏をきたし、死者・負傷者の弾薬も撃ちつくすに至れり。みるみる敵は近接し、五十米突（五〇メートル）の近きに来る。最後にと備えたる弾薬もここに撃ちつくすべく決心し、なお、敵兵迫らば白兵戦（銃剣・白刀による格闘）をもって決戦せんと心に決し、いよいよ猛烈なる射撃をなす。

敵の残兵、約一分（約五〇人）となる。敵もここにその功なきを知り、退却を始めたり。愉快愉快、愉快愉快。各自弾薬は今やようやく二、三発よりなきに至れり。退却せし敵は再び兵力を増加し、また約一個旅団（約五〇〇〇人）が第二回の逆襲に来る。今は弾薬なき故、白兵戦と決心せり。

まず、伝令を走らせ弾薬補充を幾回となく請求せり。このとき、機関砲二門着し。直ちに陣地をひけり。勇気百倍す。小銃弾の補充着す。ますます指揮奮いたり。敵は再び前進し来る。このとき、わが砲兵も着し、猛烈なる砲撃をなす。敵は前進の勇気くじけ、一時停止したり。そして三度、敵は前進し来る。今は広く散開せり。若干前進せしのみにて停止の間断なく射撃をなす。

そして、夜に入る。これ患者収容無し。敵の死者、わが中隊前面のみにて約千五百名位ありき。そして、戦闘隊列のまま露営（野宿）す。敵は夜間に多く、運搬せり。夜間、敵の負傷者、助けを求むうなり声やかましく、敵といえ個人にいたりては敵（で）なく、あわれなり。」

四日になって、第四師団（大阪）は第三師団（名古屋）の一部（第三四聯隊（豊橋）など）とともに中央軍の野津第四軍に配置転換となりました。ロシア軍陣地の正面を力押ししてきた中央軍でもほとんど前進することができず、多大な損害を出していたのです。

奥第二軍から野津第四軍への配置転換の理由はわかりません。部隊は野津第四軍の戦闘領域に移動することなく、徐々に東に進路を進めました。そうすると、東清鉄道をはさんでその西側を第四師団（大阪）が、東側をやはり野津第四軍に移動した第六師団（熊本）が歩調をあわせる形となったのです。ところで、不思議なことに、第四師団司令部は野津第四軍に移動しておらず、奥第二軍の出発地付近のままだったのです。

第八聯隊（大阪）第一大隊の矢寺伊太郎は歩兵軍曹で、最前線の状況を克明に従軍日記（以下『矢寺日記』）に記しています（図４）。

「三月四日、午前十時宝相屯《ほっそうとん》（師団司令部の小樹子《しょうじゅし》の北東六キロ）出発。途中の道路上に数万発とも思われる敵の弾薬が飛散放置してあった。

同十一時頃小部落（三家子《さんかし》）に進入したところ、この部落一帯に巨大な防禦陣地が張り巡らされ、敵は一斉にわが縦隊に向かい、榴散弾で猛撃してきた。大口安季、浜梶作次郎、その他若干名と馬二頭が戦死す。この部落を占領す。

午後四時、この部落出発。敵の砲兵陣地跡を通過して北方の村落（刑家林子《けいかりんし》か）に進み、さらに前進した。

午後七時、官林堡《かんりっほ》（官立堡）の西約三千メートルの角面堡《かくめんほ》（敵の防御陣地）に進み、一旦停止した。この近辺一帯は、今しがた第二・第三大隊が苦戦の跡で、数百名の戦友の死傷者が横たわり、多数の重傷者が担架兵の到着を待ちながら、苦痛に耐えている。実に気の毒で、正視するを得なかった。夜の寒気は特に酷《きび》しく、重傷者

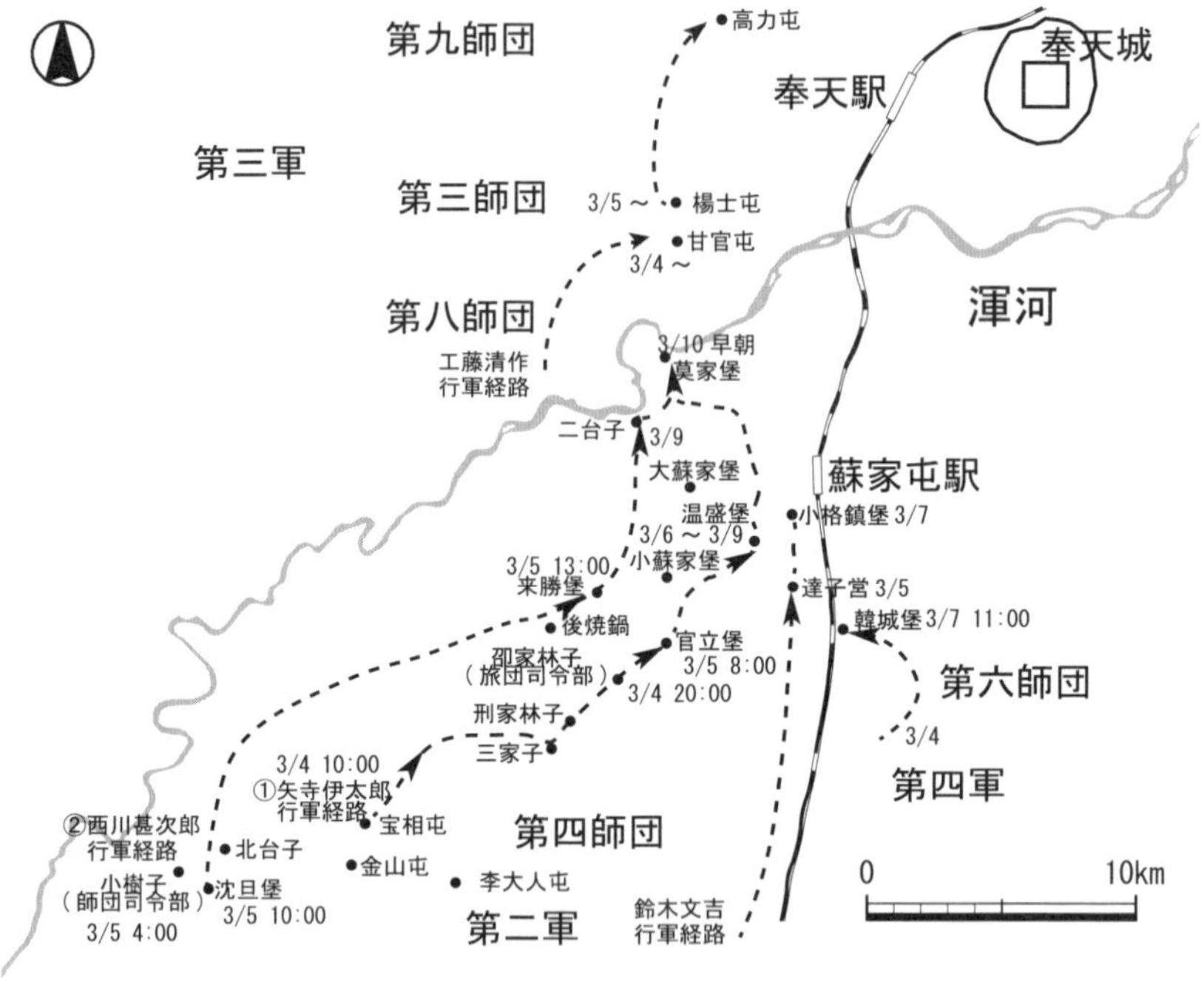

第８聯隊（大阪）の矢寺伊太郎①は４日宝相屯から官立堡まで快進撃。夜に捕虜を旅団司令部から小樹子の師団司令部まで護送する。７日８時、前進準備の令を受けるが10時に取りやめとなる。その後は９日まで温盛堡付近の前線に停滞する。４日に第四師団が第二軍から第四軍に移動となっても司令部はほとんど動いていないこと、７日に再び第二軍に復帰したとき、前進の方向を見失っていることがうかがえる。衛生隊の西川甚次郎②も同様の動きを見せ、５日に来勝堡まで長駆したあとは10日まで緩慢な動きとなる。

図４　奉天会戦の中盤戦（３月４日～ ３月７日）

がうめきながら「担架・担架」と呼ぶ有様は気の毒の至りであった。われらは引き続いて前進。午後八時、集家林子（邵家林子《しょうかりんし》または小牙嶺子《しょうがれいし》とも表記）に進入（後退）。旅団司令部付近に叉銃《さじゅう》休憩したが、この村落付近に敵の死者数十が遺棄してあった。

午後十時、自分以下九名は旅団司令部に到着したが、十三名の敵捕虜を小房新（小樹子）の（師団）司令部へ護送するよう命令を受け、夜十一時に出発し、午前四時に小房新（小樹子）着、捕虜を引き渡した。」

攻防戦の転回　進展をみせない戦局に、第二軍と第三軍は、興味深いやり取りをしています。四日午後一〇時ごろ、第二軍の奥大将は大山総司令官に意見具申しました。渾河北岸まで進軍した第二軍の作戦地域が、最左翼の乃木第三軍の領域に近接し、狭小過ぎるというものです。進軍が行詰ってきたのです。総司令部は第二軍が第三軍の守備範囲を担ってでも、速やかに第三軍の北進をうながしたかったので、実態は総司令部による第三軍北上の圧力かもしれません。

午後一一時、大山総司令官は第三軍が激戦を展開していた楊士屯《ようしとん》・李官堡《りかんほ》の地区を第二軍に譲ることを乃木大将に発令しました。後に「日露の相互延翼運動《そうごえんよくうんどう》」と呼ばれる現象が、ここに開始されました。最前線の部隊が一時的にも離脱したことは、敵からすれば撤退とも受け止められます。離脱した部隊は追撃されます。しかし、離脱したはずの乃木第三軍が北上したため、追撃のロシア軍もまた前線を北へ北へ張り出し、追いかけ合いとなったのです。

第三軍の第九師団（金沢）にかわって楊士屯・李官堡の地区に派遣されたのは第二軍の第三師団（名古屋）と第八師団（弘前）でした。ただし、第九師団に命令が行き渡り、移動が開始されたのは翌五日の夜でした。二個師団（約二万人）があらたに楊士屯・李官堡の地区に到着すると、ロシア軍は増援部隊と判断しました。

あわてたロシア軍は急遽守備隊を増強、小地域に一軍団（約五万人）を配属したのです。たちまち、第三師団は半数に壊滅する惨事となりました。

第八師団は一九〇二（明治三八）年になって本土から増派された師団でした。薩長閥《さっちょうばつ》ではない師団長の立《たつ》見尚文《みなおふみ》中将は、会戦勃発前の一月に「黒溝台の戦い」で壊滅的被害を蒙《こうむ》りながらも戦線を死守した猛将です。しかし、奉天会戦時に戦力は回復していませんでした。この戦いに歩兵一七聯隊（秋田）の輜重《しちょう》兵として参戦した工藤清作の従軍日記（以下『工藤日記』）が残されています。

「敵は甘官屯《かんかんとん》（楊士屯南接）の前方約十町（約一キロ）、奉天後方三里（実際には奉天南西約一五キロ）のところに退却。ここは奉天守備の第一線で散兵壕・鉄条網・鹿柴《ろくさい》（バリケード）などの防御があり、彼我の戦線の距離が約千メートルにある。第一線に二〇〇メートルまで迫ると砲火が交わり、敵は強力に前進してきて、退却の様子はみえない。ここでのわが軍の苦戦は一方ならなかった。たびたび夜襲をかけても成功しなかった。空しく将卒を失い、各聯隊の戦闘者は二、三〇〇名しかなかった。ほとんど前線を支えられなくなっていた。しかし、死傷をかえりみず勇戦奮闘し、三月七日にまた夜襲を加えたが効果はほとんどなかった。」

さて、野津第四軍の隷下に入った第四師団（大阪）は、三月四日から七日にかけてロシア軍防衛戦を突破しながら北東に二〇キロ進み、線路の西側の温盛堡《おんせいほ》、東側の韓城堡《かんじょうほ》付近で激しく戦っていました。そして、『公刊戦史』では八日になって、第四師団が再び第二軍の隷下に帰還したとあります。第四師団に加わって戦っていた第三四聯隊（豊橋）も、六日に前線を解かれ第三師団（名古屋）に戻ります。先に示した楊士屯方面の惨事を知って急行しました。

第四師団の主力が野津第四軍から奥第二軍に引き戻されたのは実際のところ、いつだったのか、どういう理由だったのかは明確ではありません。

奉天会戦では、明確にできない部隊の移動や配置転換が多々あるのです。それは、日本軍の状況をしきりに偵察していたロシア軍総司令部を悩ませることにもなったようです。つまり、日本軍がどこに主力を集結させて突破してくるのか、という不安です。そういう意味では日本軍のめまぐるしい部隊移動は功を奏したのです。

第四師団（大阪）の右翼にあった第八聯隊（大阪）の『矢寺日記』によると、三月七日午前八時に大隊の出発準備命令で各員は急いで準備完了し、移動を待ったとあります。ところが、午前一〇時に中止命令が出て、七日・八日はそのままでした。その後、東清鉄道沿いに北上し、蘇家屯《そかとん》駅付近の敵陣地を蹴散らして占領します。しかし、八日午後二時に予備隊となって温盛堡（前線後方五キロ）に戻ります。つまり、八日の午前までほとんど前線を追尾することはなく、午後に移動したときには戦機を逸し、第二軍の予備隊に下がったのでした。ところが、この事態によって第四師団は奉天城突入へと動き出すことになるのです。

部隊移動の混乱は、日露戦争の武勲の感状（表彰状）をまとめた『明治卅七八年戦役感状写』に表出します。三月七日の戦闘で武勲をあげた第四師団（大阪）の将兵は、第二軍司令官から一三通の個人感状（表彰状）を授与されます。つまり、七日の時点では野津第四軍から奥第二軍に指揮権が戻ったようなのです。それにもかかわらず、三月七日に第四師団の五個の部隊が第四軍の野津司令官より感状を授与されているのです（図５）。そうすると、七日は部隊としては野津第四軍の指揮下にあるものの、前線の指揮・命令は第二軍の奥司令官にあったということでしょうか。これは非常に不可解なことで、総司令部の指揮・命令が混乱していた表れだと考えます。

番号	発行 司令官	戦闘地	戦闘日 (M38)	授与部隊	授与者
1	第二軍	李大人屯～沈旦堡		第四師団	
2	第二軍			第四師団野戦電信隊	
3	第二軍	北台子～小樹子	3.1	第 38 聯隊第 5 中隊	芳村清吉
4	第二軍	北台子	3.1	第 9 聯隊第 4 中隊	上野三郎
5	第二軍	北台子	3.1	第 9 聯隊第 5 中隊	吉岡吉太郎
6	第二軍	北台子	3.1	第 38 聯隊第 7 中隊	岡村慶蔵
7	第二軍	北台子	3.2	第 9 聯隊第 5 中隊	前田馨
8	第二軍	北台子	3.2	第 9 聯隊第 6 中隊	森岡寅治郎
9	第二軍	金山屯～宝相屯	3.2	第 8 聯隊第 7 中隊	西端清太郎
10	第二軍	韓山堡	3.2	第 34 聯隊第 1 大隊	渡辺伊三郎
11	第二軍	来勝堡	3.4	第 9 聯隊第 2 中隊	菅井金弥
12	第二軍	来勝堡	3.4	第 38 聯隊第 8 中隊	森下吉之助
13	第二軍	邵家林子	3.4	第 8 聯隊第 8 中隊	山田富之助
15	第二軍	邵家林子	3.4	第 8 聯隊第 8 中隊	角谷梅次郎
16	第二軍	邵家林子	3.4	第 34 聯隊第 12 中隊	石川新作
17	第二軍	邵家林子	3.4	第 34 聯隊第 10 中隊	大橋清
18	第二軍	倭家堡	3.4	第四師団野戦電信隊	中井俊治
19	第二軍	小蘇家堡・大蘇家堡	3.5	野戦砲兵第 13 聯隊	清水精一
20	第二軍	小蘇家堡	3.5	野戦砲兵第 13 聯隊	影山吟次郎
21	第二軍	韓城堡	3.5	第 37 聯隊第 3 中隊	田中三之丞
22	第二軍	韓城堡	3.5	後備第 5 聯隊第 8 中隊	斉藤清吉
23	第二軍	韓城堡	3.5	第 37 聯隊第 3 中隊	芝崎勘七
24	第二軍	韓城堡		第 37 聯隊第 3 中隊	福角敬治
25	第二軍	官立堡	3.5	第 8 聯隊第 7 中隊	亀井弥三郎
26	第二軍	小格鎮堡	3.7	第 9 聯隊第 11 中隊	本田庄熊
27	第二軍	小格鎮堡	3.7	第 9 聯隊第 9 中隊	夏原甚蔵
28	第二軍	韓城堡	3.7	後備第 5 聯隊第 1 中隊	大内文五郎
29	第二軍	韓城堡	3.7	後備第 5 聯隊第 3 中隊	早坂作太郎
30	第二軍	韓城堡	3.7	後備第 5 聯隊第 8 中隊	鷹嘴源五郎
31	第二軍	韓城堡	3.7	後備第 31 聯隊第 5 中隊	村田義男
32	第二軍	韓城堡	3.7	後備第 5 聯隊第 2 中隊	永山健次
33	第二軍	韓城堡	3.7	後備第 5 聯隊第 5 中隊	鈴木五郎右衛門
34	第二軍	小格鎮堡	3.7	工兵第 4 大隊第 3 中隊	山本大吉
35	第二軍	小格鎮堡	3.7	工兵第 4 大隊第 3 中隊	算兼次郎
36	第四軍	小格鎮堡	3.7	第 19 旅団（第 9 聯隊（大津）・第 38 聯隊（京都））工兵第 4 大隊第 3 中隊	
37	第四軍	小格鎮堡	3.7	工兵第 4 大隊第 2 中隊後備第 8 旅団（後歩 17 欠）後備第 17 聯隊第 1 第 2 中隊	
38	第二軍	小格鎮堡	3.7	第 9 聯隊第 8 中隊	瀬戸浅市
39	第二軍	小格鎮堡	3.7	第 38 聯隊第 10 中隊	中村千太郎
40	第二軍	小格鎮堡	3.7	第 9 聯隊第 7 中隊	林又三郎
41	第二軍	小格鎮堡	3.8	第 38 聯隊第 9 中隊	松村安吉
42	第二軍	小格鎮堡	3.8	第 38 聯隊第 9 中隊	植田友治郎
43	第二軍	小格鎮堡	3.8	第 38 聯隊第 9 中隊	橋本吉之助
44	第二軍	小格鎮堡	3.8	第 38 聯隊第 9 中隊	濱本安之助
45	第二軍	小格鎮堡	3.8	第 38 聯隊第 9 中隊	中川幾松

3 月 7 日は第二軍と第四軍の両方の指令を受けていたと考える。

図 5　感状からみた第四師団の最前線

進軍日	第三軍（乃木）	第二軍（奥）	第四軍（野津）	第一軍（黒木）	鴨緑江軍（川村）	合計（人）
～2月28日	1	45	58	143	538	785
3月1日	161	1362	8	207	309	2047
3月2日	301	370	912	201	246	2030
3月3日	139	49	244	754	107	1293
3月4日	102	60	272	125	89	648
3月5日	168	388	1430	247	141	2374
3月6日	372	715	93	114	143	1437
3月7日	551	2615	624	17	184	3991
3月8日	1160	103	30	4	40	1337
3月9日	1888	505	116	23	8	2540
3月10日	731	43	674	342	29	1819
3月11日～	26	7	15	345	1	394
この間の病没・不慮死・行方不明	207	343	168	144	147	1009
合計（人）	5807	6605	4644	2666	1982	21704

図6　方面軍の戦死者数からみた奉天会戦の推移

混乱の結果か、それまでの激戦で疲れきっていたのか、三月八日以降の第四師団は第二軍の総予備に下げられました。以後、第四師団は前線で繰り広げられた包囲作戦の一翼を担う活躍がありません。それは三月八日を最後に、武勲をあげた感状が授与されていないこと、師団の戦死者も七日の三三四人に対し、八日一一人、九日二人、一〇日〇人と、極端に少なくなることから確かめられます（図6）。

第四師団の後半戦　三月六日から一一日にかけて、第四師団（大阪）の前線の変化を示す従軍日記が他にもあります。後備歩兵第一七聯隊の鈴木文吉の従軍日記です（以下『鈴木日記』）。鈴木は秋田の退役軍人だったのですが急遽動員され、奉天会戦の途中で到着する部隊で闘います。三月三日、部隊は奥第二軍の第四師団でともに行動しました。それによると七日までは猛烈な進軍だったのですが、やはり八日以降は総予備隊で、緩慢な動きだったことがうかがえます。

「三月七日、奉天総攻撃となる。小格鎮堡《しょうかくちんほ》（奉天城南西一七キロ）の敵が退却した。中隊は同所を占領した。死傷が多数出た。夜にいたり、私は独立下士哨《どくりつかししょう》（見張番）として村の西北端を警戒する。前線の凄惨《せいさん》で、不気味な煙火・砲声・銃声は昼夜を分けなかった。朝になれば一線の兵は散兵のごとく少なくなっていた。枕を並べて戦死し、酸鼻《さんび》を極めた。私は黙祷をささげて泣いた。

三月八日、達子営《たっしえい》の後方二里にある、後焼鍋《こうしょうこう》（奉天城南西二七キロ）に移動して露営（野宿）し、第二軍の総予備隊となった。

三月九日、後焼鍋を出発し、達子営を経て、大格鎮堡にいたり警戒、露営（野宿）をした。

三月十日、午後に部隊は三間房《さんげんぼう》（奉天城南西一〇キロ・渾河の南）に向かって前進、付近の村落に露営（野宿）した。

三月十一日、敵を追撃して十里馬頭《じゅうりばとう》（奉天城南西三キロ・渾河の北）に進軍し、同所に露営（野宿）した。はるかに奉天を望んだ。」

『鈴木日記』より、第四師団の一部は奉天城占領の一〇日以降に渾河《こんが》を渡河していたことがわかります。先に示した『西川日記』でも五日まであわただしく戦傷者の搬送に従事しているのですが、六日からはほとんどその記事がなく、後方で動かずにいます。そして、九日には渾河南岸二台子《にたいし》に達しますが、渡河せず同地にとどまり、一〇日の早朝に渡河します。

これに対し、はやくに渾河を渡河して西側を回り込んだ左翼の第三軍をのぞき、中央の野津第四軍、右翼の黒木第一軍は九日の砂塵にまぎれて渾河を渡河しました。『坂の上の雲』では黒木第一軍近衛師団で出征した北原信明軍医の言葉をかりて、渡河の様子を綴っています。

「……渾河は凍結し、大した河ではないなぁと思いながらそこを通ったのだが、数日ののちになると河水が一時に溶けて、隅田川くらいもある川になった。……南風で烈風の中だから、わが軍がその陣地のすぐ傍の河の上を通過しておるということが、敵の眼からはまるで見えんのだよ。……」

第四師団が渾河の南岸で渡河を躊躇していた理由は定かではありません。また、ロシア軍総司令部も、九日の時点で渾河を突破して、奉天に迫っていたのはわずかな前哨部隊だけだと誤認していました。実際は、砲兵を除いても三個師団（約五万人）の日本軍が渡河し、奉天城に迫っていたのです。そうすると、第四師団は大きく出遅れていたわけです。

ただし、七日の大激戦で鈴木の後備聯隊を含め、第四師団は大きな損害をこうむり、一部は戦闘継続が難しくなっていたことも確かです。両軍の一進一退は第九聯隊（大津）の『上田日記』に詳しく記録されています。

「三月七日、午前四時出発前進。約三千米突（三千メートル）で某村落に達する。時に後備第十七聯隊、到着す（『鈴木日記』の部隊）。敵の砲撃猛烈にして、死傷者続出す。後備歩兵と第九・第十（中隊）は右翼に散開す。敵の兵力は意外の多数にして、ことに敵砲が猛烈にして、前進困難。散兵線に多々の死傷者を出したり。これに屈せず、猛進す。前進するにつれ、死傷者続出す。敵はますます増加するの模様ありて、退却の色は少しも見えず。ますます戦闘激烈となる。

前進、前進を重ね、敵前五十米突（五〇メートル）まで接近したるも、今は一歩も進み、あたはざるなり。なぜならば、これまで前進するには多くの死傷者を出し、残る者少なく。また、これより兵力をもって到底占領し、あたわざるをもって、旅団司令部に報告して増援を求めたり。直ちに機関砲四門到着し、工兵若干が爆薬を携帯して来る。そして、歩兵にも爆薬が配分せらる。よって、ここに最後の決死をもって奮闘、歩兵・工兵は爆薬を撃ち合い、機関砲・迫撃砲をもって一大激戦となる。実に惨状をきわむ。

そして、しばらくして突貫ラッパ（突撃貫行ラッパ）の一段勇ましく聞ゆ。今度こそと、大声を揚げて決死突貫し、敵と突き合い、ともに倒れる者あり。爆薬のため、焼死する者あり。しばらくして、第四回の突貫により占領す（小格鎮堡・奉天城南西一七キロ）。万歳の声、ひときわ高く、このときの愉快はいうにいいあたわず。身体踊らんばかりなりき。

敵は家屋に火を放ち退却したり。直ちに追撃斥候《ついげきせっこう》を出し、それぞれ警戒す。そして、隊は集合して人員を調べしに、当中隊（第十中隊）は四十余名なりき（もともと二〇〇兵規模）。第六中隊のごときは十名なりと。将校はほとんど死傷しあり。今は戦闘力なきに至れり。敵が家屋に火を放てるをもって、これによって寒気をふせげり。

一歩にても前進せんとすれば、目標大にせざればならず、目標大にせば、機関砲・小銃弾のため全滅となること必然なり。ゆえにここに停止し、夜に入るを待つ。そしてまもなく日は西に入る。

いよいよ突撃をもって占領せんと、まずラッパの突撃の命により、全線一声高く、突貫す。進むこと五歩程にして停止す。これなぜならば、『ワァー』と突貫（突撃貫行ラッパ）の声を上げて進むや、五十米突（五〇メートル）の近距離に有るをもって、夜間の射撃とはいいながら、敵の猛烈なる射撃によって、死傷者続々出て、死地に突き入るなり。ゆえに停止したるなり。

またしばらくして、突貫ラッパを聞く。今度こそは占領したれんと、一声高く『ワァー』と声とともにたてば、また敵の猛烈なる射撃に倒れる者、その数を知れず。また停止したり。今は気をあせれども、いかんともなすはあたわず。各兵は死を待つ者の如し。

しばらく射撃を交換しありしか、またまた突貫ラッパを聞く。今度こそはと一段高く『ワァー』と一声とともに七、八歩前進せしに、いよいよ死傷者続出し、残るものなき、敵陣に突入るの不可なるをもって再び停止したり。今は全く残り少なき。

三月八日、当第十九旅団（第四師団の半分）は多大の損害を受け、戦闘を続行するはあたわず。ここに混成第七旅団と交代す。……軍総予備隊となる。」

第三節　運命の三月一〇日

包囲作戦の結末　第四師団（大阪）の行動のみならず、二〇万にも及ぶ日本軍の追撃を総司令部は十分に把握しきれていたのでしょうか。とくに、三月九日の砂塵とともにロシア軍部隊は各所で退却をはじめ、前線は大きく崩れました。しかし、前線には日本軍の進撃を阻止するロシア軍部隊も数多く存在していたのです（図1下、131頁参照）。

左翼から迂回する乃木第三軍の前には、頑強な部隊が立ちはだかっていました。例えば、奉天城北方一〇キロの田義屯《たぎとん》では、第一師団（東京）と後備歩兵第一旅団（高崎・新発田）が前線を支えきれなくなり、壊走してしまいます。うろたえた師団司令部は飯田俊助師団長自ら掌握に乗り出すのですが一五八四人の戦死者を出し、部隊を再編したとき戦える歩兵は約一万人のうち、約六〇〇人だったといいます。

九日の最左翼でおこった醜態は、瞬く間に全軍を駆け抜けます。そして、三〇キロ以上離れた右翼の黒木第一軍の前線まで、ねじまがって伝達されました。近衛騎兵由上治三郎《よしがみじさぶろう》中尉は戦記『鉄蹄夜話《てぃてつやわ》』で「第三軍が滅茶滅茶に全滅し、乃木将軍が捕虜になった」と聞いています。さらに、総司令部が一〇日の朝に「第三軍は目下苦戦中」と下達したので、近衛師団長も憂慮し、「騎兵隊長に第三軍との連絡を通ずる目的」として偵察を出したことを記します。

確かに、ロシア軍が各所で撤退するさなか、乃木第三軍は危機的状況にありました。総司令部は野津第四軍に奉天城を右翼から北方に回りこんで、左翼の乃木第三軍に西面する強敵の背後を攻撃させようとしました。そして、黒木第一軍には野津第四軍の右側を援護させ、両軍に渾河の渡河を急がせたのです。

乃木第三軍は再三突撃を催促されました。実際は、奉天城の右翼の黒木第一軍・野津第四軍には余力がなく、総司令部の児玉参謀長は電話で第三軍参謀長松永正敏《まつながまさとし》少将を呼び出し、東清鉄道まで進撃してこれを爆破、一刻も早く退路を遮断するよう叱声しました。包囲作戦は左翼だのみだったのです。

総司令部は、左翼へ援軍（後備歩兵第五五聯隊など）を増派しました。しかし、なかなか到着しませんでした。先に示したように、もっとも北側で孤立していた第一師団（東京）の第二聯隊（東京）などは郭三屯《かくさんとん》（奉天城真北一〇キロ）でロシア軍の機関銃隊に阻まれて、鉄道に近寄るどころか身動きが取れない状況でした。

このように、九日の日本軍最左翼は奉天城の真北一〇キロまで到達していたので、早晩奉天城南方のロシア軍は袋のねずみでした。東清鉄道を足に例えると、包囲網は靴下と足先の関係です。ロシア軍がするりと足を引き抜くか、それとも日本軍が抑え込んでしまうかの大勝負で、勝敗は進軍速度がカギだったのです。

第四師団の奉天城突入　三月一〇日早朝、ロシア軍総司令官を乗せた列車が奉天駅を脱出しました。しばらくすると奉天駅にあった列車はすべて北方に発車し、再び戻ってくることはありません。奉天城南方の守備陣地を死守していたロシア軍も、午前二時に退却開始の指令を受けていました。この軍団は最短ルートとして奉天城を通過、鉄嶺街道に退却する計画でした。

ところが、先発させたロシア軍輜重部隊が、奉天城内を通過するのに手間取りました。大半の部隊が大挙して、唯一の退路である鉄嶺街道に殺到したのです。当時の道路事情は悪く、車両は各所で車輪をとられて遅滞、退去は統率が乱れはじめました。

日本軍総司令部や前線の関心は奉天城に到達することではなく、ロシア軍の退路遮断にありました。ところで、『公刊戦史』は一〇日の第二軍司令官奥大将は、このときの配下の各師団に以下の攻略目標を与えたと記します。第四師団（大阪）は公相屯《こうそうとん》、第五師団（広島）は甘官屯、第三師団（名古屋）、第八師団（弘前）は干洪屯、前丁香屯《ぜんちょうこうとん》です。これらはいずれも奉天の南にあるロシア軍陣地です。戦線がすでに奉天北方に移りつつある段階なのに理解できません。乃木第三軍の迂回運動援護にはなっていないばかりか、すでに敵はそこにいないはずです（図4、138頁参照）。

第八聯隊（大阪）の『矢寺日記』は一〇日の詳細な進軍経路を記します。

「午前十一時、公肖屯（公相屯）に到着。この村は敵の本陣地跡で、防禦陣地は実に見事であった。北東方の小集落に至り、昼食す。……われらは更に西方の小村落に到着し、引き続いて四ヶ村を通過して奉天は間近かに達した。奉天一帯は火の海で、物凄い煙が天を覆い、見るも哀れな光景だった。敵は退却した後で、一兵も見当たらなかった。

午後六時、奉天停車場に到着したが、多量の食糧の山が燃えつつあった。……」

児島襄の『日露戦争』より　矢寺がみた奉天の火災とは何でしょうか。実際は奉天城に火災はおきていないからです。一〇日の午後三時ころ、ロシア軍の最終部隊は奉天城から引き上げました。最終部隊の主力は城内ではなく、城外西側の奉天駅にあり、商店から酒などを略奪して泥酔していたといいます。ガネンフェルト少将率いる第一〇軍団の後衛部隊はその時刻が明確でないものの、駅と近辺の商店や民家、運びきれなかった糧秣《りょうまつ》・弾薬などに火を放ちました。日本軍はそれを遠くに傍観し、奉天の陥落を予感したと思われます。矢寺のみた火災とは、駅前のこの火災だったのです。児島襄はこの様子を米紙『ニューヨーク・ヘラルド』通信員Fマカローの手記から引用しています。マカローはロシア兵の死体と思って写真を撮ったところ、泥酔した兵だったと記します。

その後、ロシア軍最終部隊は奉天城内に集結しました。そこへ第四師団（大阪）の偵察隊が来たのです。児島襄によると、第四師団塚本勝嘉《つかもとかつよし》師団長は、午後一時頃に指揮下の騎兵第五聯隊長種田錠之助《たねだじょうのすけ》大佐率いる種田支隊に奉天偵察を命じ、塚本師団長は偵察の結果によって奉天城に進出するよう第七旅団長須永武義《すながたけよし》少将に指示した、と詳述します。種田騎兵聯隊長は水田久寿弥太《みずたひさやた》中尉以下八人を偵察に出馬させました。そして、須永旅団長は第三七聯隊第二大隊（このとき六〇〇人規模）を奉天城付近まで進軍させました。

水田中尉の偵察隊は途中で中国人から情報を集め、奉天城内のロシア軍兵力を探りました。意外なことに城内にロシア兵はいないとわかってきたのです。そして、開門していた外城の小南辺門から入城して、内城の小南門に近づくと、前方に約二〇騎のロシア兵をみつけます。しかし、ロシア兵は偵察隊に気付かず北方へ去りました。偵察隊は城内中央まで達すると馬首を返して再び大南辺門を出て、復命を急ぎました（図7）。

午後三時ごろ帰隊した水田中尉は種田騎兵聯隊長に「城内にロシア軍は無し」と復命、すぐさま旅団長経由で歩兵大隊の進軍が開始されました。しかし、ロシア側の記録によると、このとき最終部隊はまだ奉天城内で、小東辺門付近に約一万人が集結していたのです。水田隊は城内をくまなく偵察しなかったのです。

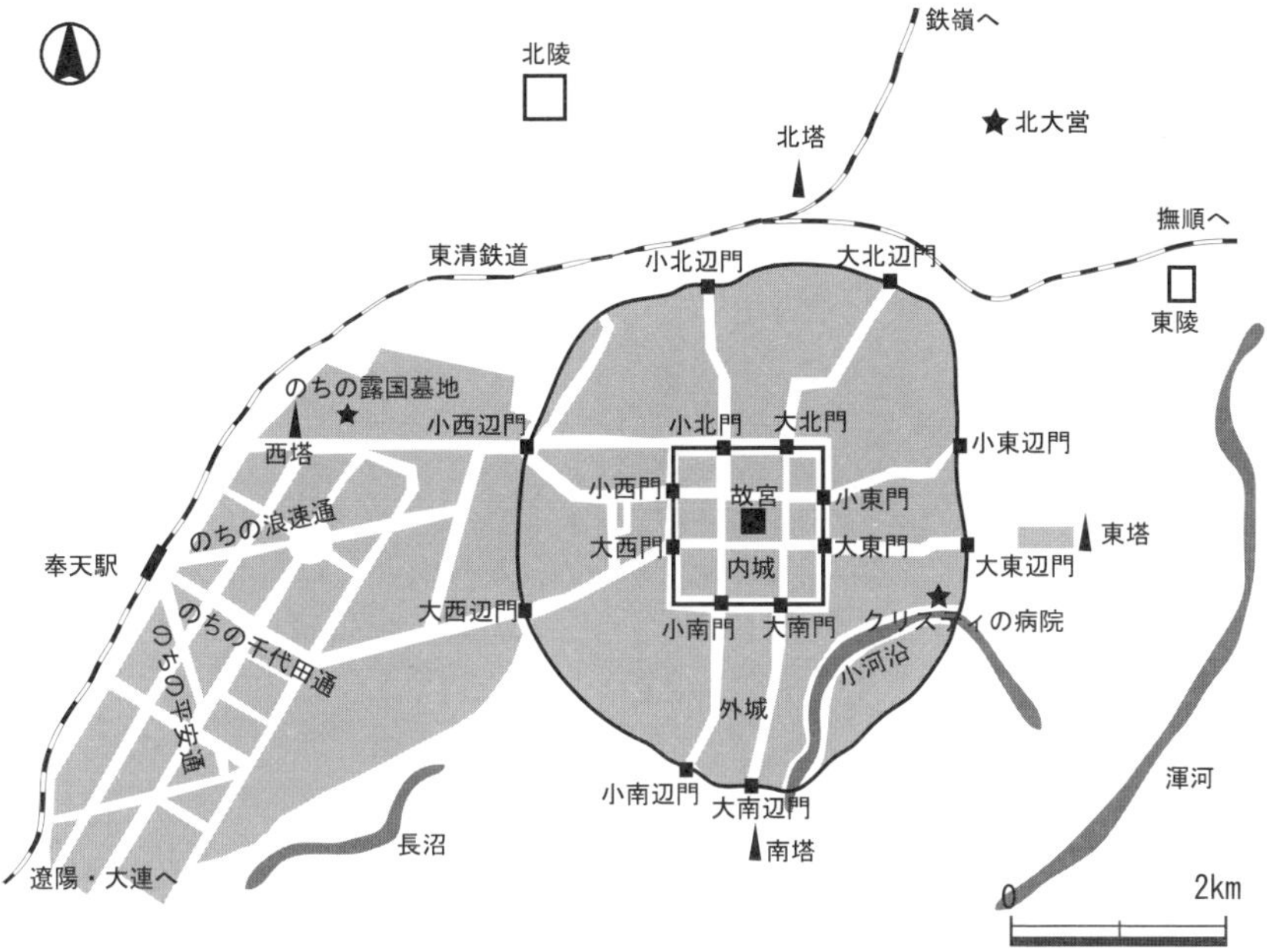

城外西側の街区は日露戦争後に日本人によって形成されたもの。当時、奉天駅の東西にはロシア軍の兵舎や物資集積場が多数存在したが、奉天撤退に際して大半は焼失した。

図7　奉天の城門と市街略図

その頃、奉天城の西三キロにある奉天駅まで達していた第三七聯隊第二大隊は燃えさかる奉天駅前に立ちすくみ、呆然と休止していました。おそらく、この間に城内のロシア最終部隊は大東辺門から城外北方に退却したのでしょう。

このとき、ロシア最終部隊は門外の日本軍から射撃を受けたといいます。確かに、奉天城の東門外から第六師団（熊本）が北方に向かって通過していたころです。最終部隊のガネンフェルト少将は日本兵が占拠する民家を砲撃しようとします。そのとき、軍旗を掲げた奉天将軍増祺《ぞうき》の使者が割って入り、ガネンフェルト少将の命令を阻止しました。奉天は中立国清国の都市であり、ロシア軍が城内から砲撃すれば、日本軍も反撃し、大きな被害が出るだろうと伝えました。奉天将軍の阻止がロシア軍に通じたのかどうかはわかりません。実際は、奉天城東門付近でロシア兵と日本兵の銃撃戦があったのかもしれません。

午後四時になって、奉天駅付近にあった第三七聯隊第二大隊は東に三キロ移動して奉天城に入城しました。外城の大西辺門から入城し、午後五時には内城の各門に日章旗が掲げられました。大隊長河村義男《かわむらよしお》少佐は奉天将軍増祺に面会するため奉天将軍府に向かい、増祺に「城内の敵敗残兵掃討の要あり。其の際市街戦発起の可能性あれば、我軍隊を以て城内の宮殿及び官衙《かんが》を保護すべし」と提案しました。これは奉天城の日本軍占領を申し出るものです。

増祺は「俄（ロシア）の暴兵既に去る。軍紀粛正の倭軍（日本軍）を迎えて良民の安寧を保つは、喜福なり」といい、日本軍の奉天占領を促したといいます。

第八師団（弘前）の奉天城突入　このとき、城内の日本軍に緊張が走ります。敵兵一万人が城内東北隅に進入し、その他にも敗残兵が三〇〇〇、大北辺門付近にいるというのです。城内清国人からの情報でした。やがて、東北隅の敵兵一万人とは先に示したガネンフェルト少将の最終部隊で、すでに退去したことがわかりました。さらに、大北辺門の三〇〇〇人とは日本軍の別部隊だったこともわかってきました。

同じ第二軍の第八師団（弘前）も奉天城の入城を企てていたのです。『公刊戦史』は第八師団が奉天北西の前塔湾《ぜんとうわん》に進出する指令で、そのとおり、奉天城の北方に進出したと記しています。ところが、第八師団長の立見尚文中将は第四旅団長依田広太郎《よだひろたろう》少将に対し、主力をもって北陵東南より鉄道線路にわたる間の占領を下令したのです。そして、依田少将は午後三時過ぎに第五聯隊（弘前）第三大隊を奉天城に差し向けます。『機密日露戦史』も奉天城の入城先陣争いがあったことを記します。

第四師団（大阪）第三七聯隊の奉天駅出発と入れ違うように、第八師団（弘前）第五聯隊などの諸兵が炎上する奉天駅西側にたどり着きました。この部隊は、国旗を振りながら燃えさかる奉天駅から同じ経路で四時二〇分ころ奉天城内に入城しました。

第五聯隊（弘前）の奉天城到着は、第三七聯隊より遅れることわずかに一〇分だったといいます。第五聯隊は内城の門に至ると、すでに第三七聯隊が掲げた日章旗があり、その横に同じ日章旗を翻しました。その後、第五聯隊第三大隊と後備第五一聯隊はロシア軍最終部隊を追撃しようと大北辺門に集結したのです。これが城内清国人の情報の実態でしょう。

第八師団の一部が奉天に入城したころ、すでに城内は日本軍の歓迎がはじまっていたといいます。外城の小西辺門では清国兵が整列して出迎えました。沿道にも市民が立ち並び、手には早くも急造の日の丸を掲げる者すら見受けられました。しかし、城内にはあちこちに敗残のロシア兵が潜んでいました。彼らは日本軍に出会うと降伏し、城内の捕虜は最終的に一三〇〇にもなりました。

第八師団の行動について、その南東から後続して追撃していた第三師団（名古屋）大島義昌《おおしまよしまさ》中将は興味深い手記を残しています。師団長は干洪屯（奉天駅の西七キロ）を占領後、勇敢な生き残りの部下のためにせめて分捕品でもご馳走しようと、奉天駅に突入し、そこにはきっと旨いものがあるはずだ、と考えました。そして、取り急ぎ騎兵部隊を奉天駅に急派させたものの、すぐに追い返された、というのです。その理由として第八師団の歩兵がすでに奉天駅周辺を占領しており、先占権の主張から後入りの騎兵部隊を追いのけたのです。大島中将は大笑いして受け入れますが、ここでも先陣争いの一端がうかがえます。

従軍日記にみる奉天進軍

以上について、従軍日記からみてみましょう。『西川日記』は第四師団（大阪）

の衛生隊ですが、なぜか前線の部隊とともに奉天に向かっています（図8）。

「十日、午前六時四〇分、整列して集合。第一中隊は勤務に服せよという命令であったが、負傷者はない。そこで、莫家堡《ばっかほ》（奉天城南西一七キロの渾河岸辺）から渾河を渡河して前進した。

奉天付近は火災が多い。周囲は焼け、馬糧・食糧・薪など一面にあった。兵舎も沢山あった。敵の病院に赤十字旗を揚げて、わが軍がくるのを待っていた。」

『工藤日記』は第八師団（弘前）歩兵第一七聯隊、奉天駅進出の第一陣だったようです。

「奉天停車場に着いたのは三月十日午後四時頃である。同停車場にいたれば、敵は退却の際、建物、一切の武器、人馬の糧秣、被服、石炭などを山のごとく何ヵ所にも集積して火を放ち、逃走していった。われらが着いた時には黒煙が天を焦がすがごとくだった。ただただ火煙に包まれ、現存するのは野戦病院（赤十字病院）のみだった。

野戦病院（赤十字病院）には多数の負傷者を収容していた。……負傷者のなかにはわが軍の捕虜となった者が四、五〇〇名いた。その負傷者に聞いたところ、敵は退却の際に彼我の傷病者のうち、自由がきく者のみ第一回の汽車でハルピンに輸送したという。第二回の汽車で私たちも連れて行かれるだろうと思っていたが、幸いにもわが軍騎兵旅団が奉天と鉄嶺の間にある鉄橋を爆破し、汽車が不通となった。そうするうちに、わが軍が四方八方から集まってきた。万歳の声が天地に轟くがごとくだった。私たち負傷者も思わず寝台に立って万歳を唱え、しばらくは蘇生したかと思った。

ロシアの病院（赤十字病院）はその構造は衛生に適し、諸般の設備も完全で患者の取り扱い上よろしいと感じた。この激戦でわが大隊で無事だった者はわずかに二一名に過ぎない。各大隊はみなこのようなものだった。……同日は奉天南門外に至り宿営（宿泊）した。」

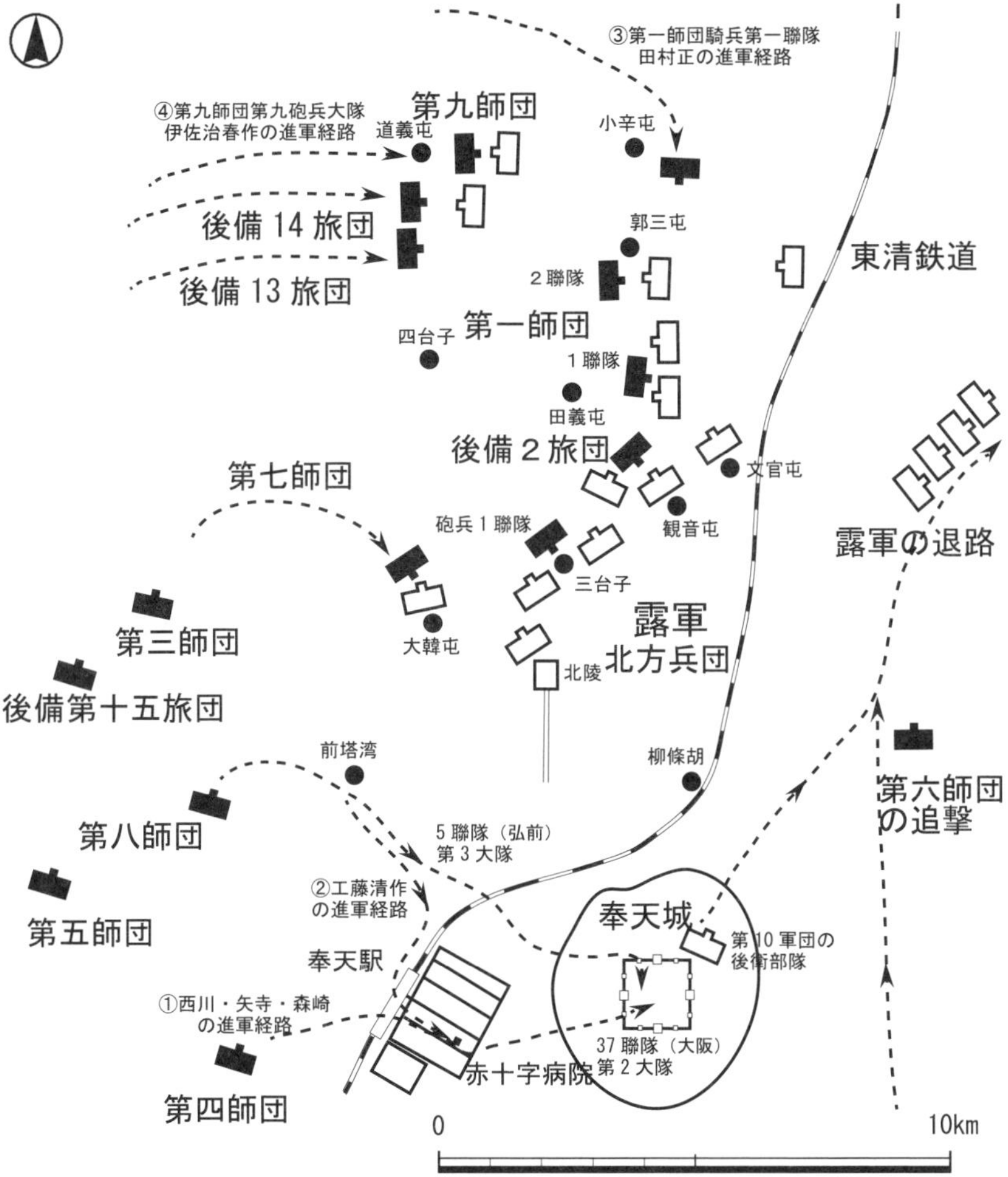

3/10、主戦場は奉天城北方にうつり、第三軍が鉄道を超えて露軍の退路をふさげるかが焦点であった。ところが、後続する第四師団・第八師団などは奉天城に進路をとった。第四師団の西川甚次郎・矢島伊太郎・森崎富寿①は奉天駅などの状況を記す。また、第八師団の工藤清作②も午後四時に奉天駅に到達している。ただし、第三軍の田村正③は 10 日午前 10 時に第六師団による奉天陥落の報に接し、歓喜している。伊佐治春作④も 10 日に第六師団の奉天陥落を伝達されている。

図 8　奉天城占領（3 月 10 日）

部隊は奉天駅付近の炎上をみて、駅の東側にあったロシア軍赤十字病院に向かったことがわかります。ここに日本軍負傷兵が収容されているという情報があり、日本軍傷兵約一〇〇人とロシア軍負傷兵約七〇人が発見されています。残留していたロシア軍医と看護婦は患者の治療にあたっていたといいます。第八師団（弘前）後備第五一聯隊長山崎菅雄《やまさきすがお》中佐が病室に入ると、声をあげて泣き出す者、万歳を叫ぶ者、寝台から身をおこして取りすがってくる者、「こんな嬉しいことは一生に無い」と大声をあげる者など、日本軍負傷兵で騒然となりました。

結局、奉天城の大規模な争奪戦はありませんでした。第三七聯隊（大阪）旗手の森崎富寿《もりさきとよひさ》は一〇日の奉天城の平和な様子を日記に記しています（以下『森崎日記』）。

「三月十日。今や沙陀子《さだし》（奉天城南西一二キロ・渾河の北）およびその東北無名部落の敵と戦わなくてすむことを予期し、計らずや敵は遠く北方に退却し、大堡《だいほ》、小路屯《しょうじとん》（奉天城西八キロ）を経て午後四時三〇分に第二大隊は奉天城内廓を占領した。されど、敵と対戦することはなかった。奉天停車場などはいつものように豆カス、パンなどを焼いている店がある。大石橋や遼陽を占領したときと変わらない。ただ、牛の黒焼きは見ていない。城内には多数の敗残兵がいた。捕虜とした者が約三、四〇〇〇名と砲兵の挽馬が二頭である。城の壮大なことは一驚を喫するが一回の戦闘も交えずに奉天を取ったということはなんだか物足りない心地である。今夜は西門外に露営（野宿）する。」

総司令部の認識　これに対し、日本軍総司令部が発した情報はまったく違ったものでした。総司令部は午後六時に「我が包囲攻撃は今や全く成功し、第四軍の第六師団は既に奉天を占領せり」と黒木第一軍などに通達します。第六師団（熊本）は野津第四軍の左端から真北に奉天城をめざした部隊ですが、指令どおり奉天城をやり過ごして乃木第三軍に対峙する敵の東側背後に急いだはずの部隊です。

総司令部は奉天占領を東京にも報告しました。大本営の参謀次長である長岡外史少将はその旨をすぐさま天皇に上奏しています。それは国民にも公表され、新聞各社はわれ先に号外を発行しました。全国の街頭で奉天占領の記事が飛び交ったのです。公表された戦報は「十日午前十時、奉天を占領せり。」でした。

このとき第六師団が所属していた第四軍の上原勇作参謀長は、全部の部隊が渾河を渡河した後、包囲的に前進を開始したが、第六師団の一部は諸隊に先立ち奉天城を占領した、と回想しています。また、『公刊戦史』が刊行される以前に刊行された『第九師団征露紀念戦闘日記』にも第六師団の奉天城占領が明記されています。

そうすると、第四師団（大阪）と第八師団（弘前）が一〇日の午後四時に入城・占領したことと齟齬《そご》をきたします。第九師団（金沢）第九砲兵大隊の伊佐治春作《いさじしゅんさく》による従軍日記（以下『伊佐治日記』）も第六師団の奉天占領を聞き、それが正午だと書きとめています。この情報は戦線にも広がったようです。

「三月十日金曜　晴　午前十一時歩兵第三六聯隊へ五十箱を補給する。……午後〇時、急命により道義屯《どうぎとん》（奉天城北西一七キロ）に向かい、同地の西端に到着した。開進して、弾薬の補給に従事した。日没に至るまで補給することがなかった。同地に露営（野宿）した。夜十箱を補給した。この日はすこぶる激戦となった。そして、第六師団の一部は奉天に突入したという。

敵は漸次退却し、第一・第四軍は昨夜すでに渾河を渡り、今朝までに奉天北方魚鱗堡《ぎょりんほ》（奉天城東北九キロ）に進出するはずであると。……全線見渡す限り、南より北にわたって一帯は砲火である。未曽有の大会戦となった。しかも、ここからみえうるところはただ、第三軍と第二軍の一部のみである。……

三月十一日、昨正午、第六師団は奉天を占領し、……」

第三軍第一師団（東京）の騎兵第一聯隊の田村正も従軍日記（以下『田村日記』）に奇妙な一文を残しています。

「十日。聯隊は小辛屯《しょうしんとん》（奉天城の真北一五キロ）東南端にあって前面の塹壕《ざんごう》内にいる敵に警戒していた。前日来、最左翼の第九師団の前面に優勢なる砲兵が加わった二個師団の敵が現れている。わが軍が線路に圧迫することを阻止しようと逆襲を企てて、ことに郭七屯《とんちんとん》・郭三屯《とんさんとん》に向かって猛烈な砲火を集中し、全村兵火をこうむり、わが軍も損害が続いた。

されども、午前十時頃奉天陥落の報に接し、万歳の声が叫喚《きょうかん》と相和して勇敢に奮戦した。小辛屯もまた敵の砲火のもとに葬られ、わが山砲隊のごとくは沈黙、休む間もなかった。

正午ごろ、優勢なる部隊が来襲し、騎兵聯隊は苦戦に陥り、やむなく急を大島兵団（第三師団（名古屋））に告げる伝令が命じられた。……」

乃木第三軍の緊迫する左翼最前線に総司令部の奉天城占領の速報が、一〇時頃に伝わっていたというのです。田村は奉天会戦後の五月に脚気《かっけ》を患って戦列を離れ、平坦病院で療養中に従軍日記を清書します。清書時に正確な地名や周囲の部隊の動向などを調べて追加しています。当時の新聞報道も確認した可能性があり、『田村日記』の「午前十時頃奉天陥落の報」は後筆かもしれませんが前線に第六師団（熊本）による占領速報が飛び込んで、叫喚・奮戦したのは確かでしょう。

興味深いことに、内地ではさらなる情報が飛び交ったようです。後備歩兵第二〇聯隊（福知山）から出征、遼陽会戦で負傷し、内地の療養所（第十師団姫路予備病院城崎《きのさき》温泉転地療養所・京都府城崎郡）にいた田中小一郎は従軍日記（以下『田中日記』）に奉天占領の報を三月九日付けで記します。国民にとっては待ちに待った「関ヶ原決戦」の勝利報道です。新聞各社は号外を競ったため、かなりの勇み足だったようです（図9）。しかし、その反応はすばやく、十日足らずで盛大な祝賀会がなされています。

「九日晴天。午後七時。奉天我軍占領せしとの号外来り。一同万歳を三唱す。……十八日晴天。午前包帯交換す。本日はいよいよ祝賀会の当日をもって町内会夥多の提灯をつり、湯島神社にて式あり。患者も一同参詣せり。午前午後夜間共、芸妓芸者村人民のにわか踊舞等をなし、町内を行動し、実に万歳の唱和家をも破るばかりにて、実に愉快なりき。」

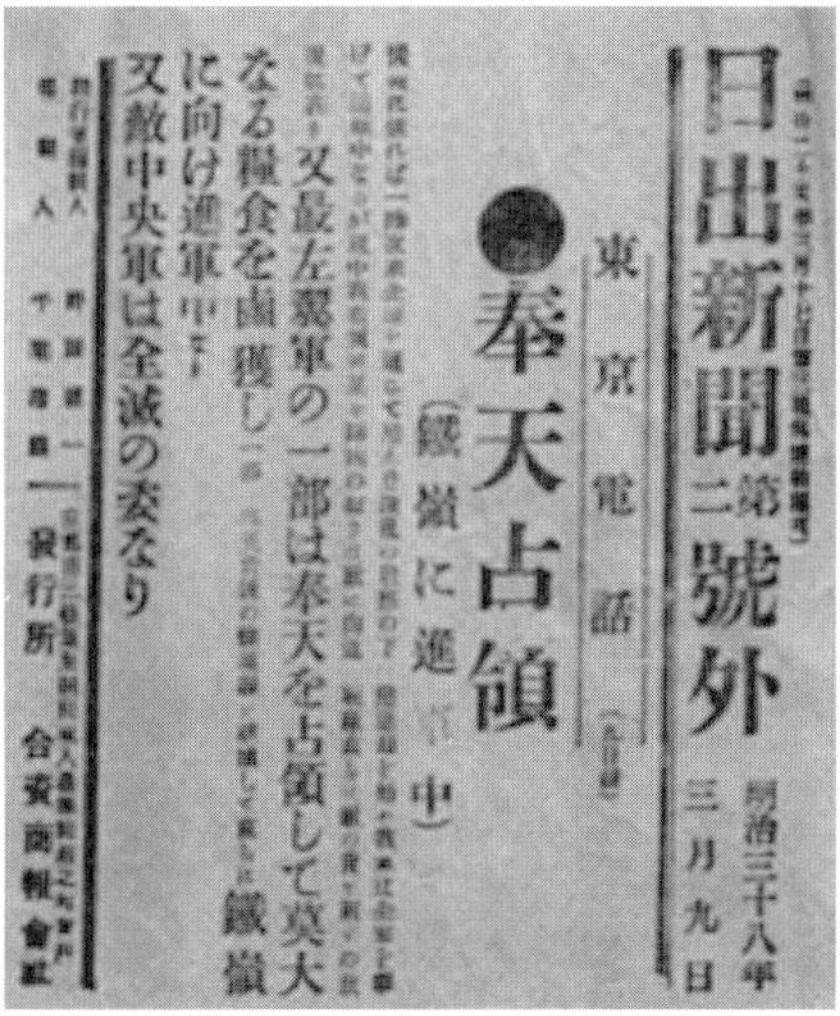
日出新聞第二號外　明治三十八年三月九日
東京電話
奉天占領
（鐵嶺に進軍中）
又最左翼軍の一部は奉天を占領して莫大なる糧食を鹵獲し……鐵嶺に向け進軍中……
又敵中央軍は全滅の姿なり
發行所　合資商報會社

「…最左翼軍(乃木第三軍)の一部は奉天を占領して莫大なる糧食を鹵獲し…」と読める。

図9　「奉天占領」を伝える三月九日の新聞号外

奉天会戦の終結　以上のように、正確な情報ではないものの奉天会戦が勝利のうちに決着を迎えたことが駆け巡ったようです。そして、一〇日の午後九時、大山総司令官は次のような命令を下達しました。

「各軍の光輝ある戦闘により、遂に敵の主力を撃砕し、もって敵の本拠地たる奉天及びその付近の陣地を攻略し得たり。予は今より隊伍を整頓し、戦力を回復せんとす。」

追撃停止命令です。一日より一〇日間、兵士はほとんど不眠不休で寒風の平原を駆け回り、疲労困憊《こんぱい》していました。また、兵站から前線まで食糧が届かず、届いたとしても炊事の煙は攻撃目標と

図10　大山総司令官の奉天城入城式（3月15日）

されたので、食事はままなりませんでした。それはロシア軍も同様で、兵士は限界を感じていたことでしょう。

一〇日午後一一時、朱爾屯《しゅじとん》（奉天城北一二キロ）にあったロシア第八軍団長のムイロフ中将は、自身の南方にはすでにロシア軍部隊は存在しないと判断し、完全退却を終了しました。これをもって、奉天会戦の銃砲声はやみました。

総司令部が伝令した奉天占領の第一報は国民を歓喜させただけではなく、明治天皇を安堵させました。一三日に天皇は満州軍にねぎらいの勅語を発布します。

兵士の休息があけた一五日、総司令部は奉天城に入城しました。その模様を『森崎日記』から見てみましょう（図10）。

「十五日。大山元帥が奉天に到着するというので諸隊は儀仗だとか敬礼やら服装などで大騒ぎ、ラッパ手は朝から練習をやっている。何時聞いても嚠喨《りゅうりょう》たる音は人の心を動かす。隊長は朝から師団に行き、前田大尉は後備歩兵第六十聯隊の大隊長に補せられし由。

午後一時、聯隊長の率いる二中隊は軍旗を奉じて奉天南門付近にいたり、大山元帥を送迎す。午後四時頃、さらぬいでたちにて児玉総参謀長以下、内外国武官を随行し、さても大山の如く通過した。このような服装であることも興味ある事だ。児玉大将はさすがに三軍を叱咤《しった》する風貌を備えていた。帰途、約一大隊の露兵が護送されるのをみた。」

第四節　クリスティー著『奉天三十年』

デュガルド・クリスティー　奉天城占領の真相については、当時城内にいた外国人医師の自叙伝から意外な真相をつかむことが出来ました。著者のデュガルド・クリスティーはスコットランドの医科大学を一八八三（明治一六）年に卒業後、一九二二年に老齢で故郷に戻るまで、約四〇年のながきにわたって、奉天を拠点に中国人の医療とキリスト教の伝道に生涯をささげた人物です。そして、奉天在住三〇年に達したとき、自叙伝を夫人が編纂して、ロンドンで『Thirty Years in Moukden』（一九一四）を刊行します。

この書物は奉天の図書館長衛藤利夫《えとうとしお》の眼にとまり、『満州生活三十年、奉天の聖者クリスティの思出』という翻訳本として、一九三五（昭和一〇）年にわが国で刊行されました。さらに、平訳されたものが一九三八（昭和一三）年に『奉天三十年』上・下巻となりました。

奉天が日本軍に占領された後、クリスティーは大山総司令官と交流を深め、彼をきわめて親切な人の心をもつ人柄で、単純率直な重みのある人と評しています。また、第二軍司令官の奥大将とは通訳を通じての会話でしたが、病院建設をゆだねています。総指令部参謀の福島安正《ふくしまやすまさ》少将は英語に熟知していたので、しばしば訪ねてきたことも記します。

しかし、このような親密な交流にもかかわらず、彼は日本びいきに奉天占領政策を記していません。クリスティーは「中国人が兄弟ならびに救い主として熱心に日本人を歓迎したにもかかわらず、日本の指導者と高官が目指したところは日本が優秀最高で、支那は無視すべく彼征服民として軽侮の念をもって取り扱った。」と酷評します。

また、中国人の言葉を借りると、「ロシア人はときには自分たちのものを略奪していくことはあったけれど、それより四倍以上の代価で買い取っていく頻度が高かった、という。これに対し、日本人は何でも代価を支払うが、実際の値打ちの四分の一もくれることがなかった。」というのです。これも占領政策の実態でしょう。

さらに驚くべきことに、日露戦後の政策で趙爾巽《ちょうじそん》奉天総督が奉天でのアヘン販売・使用を厳しく取り締まって一定の成果を修めたことを賞賛する一方、そのあとに日本人が公然とモルヒネを持ち込み、病院にもしばしば中毒患者が来て困惑したことを記すのです。

このような真実の翻訳本は日本でなかなか刊行できませんでした。一九二八（昭和三）年に奉天駅北方で満州某重大事件（奉天事件）があり、一九三一年に奉天郊外で満州事変のきっかけとなる鉄道爆破事件があり、日本軍の傀儡《かいらい》による満州帝国が建設されると、日本人と中国人の関係は悪化の一途をたどります。しかし、頂点に達した日中戦争が勃発する前後に翻訳本が刊行されたのです。当時としては勇気ある警鐘だったことでしょう。しかし、日本人にとって奉天の占領政策は昔話、もはや欧米人の批判を直視する動きにいたりませんでした。

奉天会戦前夜　さて、クリスティーは奉天城外郭の大東辺門付近にくらしていました（図7、151頁参照）。居宅に程近い場所で奉天婦人病院・奉天男子病院を営み、西洋医術による治療を普及させました。日露戦争が始まっても遼陽が落ちる九月になるまで奉天のロシア軍はいたって楽観的・快活的だった、といいます。また、ロシア軍将校は日本軍の快進撃について、そのなかに多数の英国将校がいるからだ、と言い訳しました。

遼陽が落ちると、さすがに奉天も混乱しはじめます。ただし、日本軍の進撃が沙河《さか》でとまり、越冬の態勢に入ると奉天は平穏を取り戻しました。沙河会戦では日本軍に占領された陣地を再び取り戻したロシア軍が、鹵獲《ろかく》した一四門の大砲を奉天市中に運び込んでパレードするといった有様だったのです。つまり、日本軍の進撃が奉天の直前にせまった一九〇五（明治三八）年の初頭頃まで、ロシア軍は日本軍の撃破を確信していたようです。

二月一九日以降、クリスティーは奉天城内において、日本軍の砲撃を遠くに間断なく聞きながら、もうすぐおこるだろう奉天での激突を覚悟します。ただし、危惧しなかった、と記します。清朝は安定して奉天の実権を握っており、日本軍はきっと市内を砲撃しないだろう、というものでした。野菜貯蔵の窖蔵《あなぐら》を防空壕に改造する話もありましたが、実際にはなされていません。また、市中にはにわかに戦争特需で暴利を得る中国商人が横行していた、といいます。

それよりも、病院には中国人負傷者や避難民が殺到し、従軍記者やロシア軍将校もそのなかにありました。三月一日から激烈な会戦がはじまったばかりなのに、四〜六日頃には新民屯《しんみんとん》（奉天城西方三五キロ・コラム2図1、78頁参照）で、日本軍と接触した避難民が駆け込んできたことに驚かされています。同じ頃、清国の郵便車も新民屯を通過できなくなっていた、といいます。やがて、奉天城の北方からも、砲声だけではなく小銃の連続音が聞こえはじめます。

クリスティーは、奉天のロシア軍総司令部が退却を開始したのは七日の夜、八日には奉天城北方の北陵《ほくりょう》付近で二日間にわたる激戦がはじまったといいます。九日の早朝、クリスティーは自宅二階の窓から、奉天城南方四マイル（約六・四キロ）のところにあるロシア軍の食糧や燃料の倉庫群が炎上する光景をみました。そして、橋も村も炎上して空全体が真赤だったことに震撼しています。それから、すぐ近くで騎兵の大きな兵舎も燃えはじめ、日本軍の榴散弾が星の如く空中炸裂して、あらゆる方向から砲声が聞こえはじめた、といいます。

ところが、九日の午後には激しい砂塵があり、何も見えなくなってしまいます。クリスティーの病院には数名のロシア軍警備兵が駐留していました。しかし、深夜一一時になって即時撤退の命令があり、奉天城内でも退却がはじまったのです。

どうも、この一一時の奉天城退却は計画的なものではなく、日本軍の進撃に圧迫されたものだったようです。クリスティーはのちに、ロシア軍の退却路が自宅東方四〇〇メートルにも足らないところだったと知りました。そこでは二時間ばかり、お互いの話も聞き取れないほどの機関銃と小銃の音が続いた、といいます。奉天城外城の大東辺門付近で、日本軍との銃撃戦が展開したらしいのです。

そうすると九日に渾河を渡り、奉天城の東側で銃撃戦を展開した第六師団（熊本）の先鋒が城内に侵入していたと考えるべきでしょう。これによってロシア軍司令官は奉天からの撤退を決断したようです。

ところが、ロシア軍の撤退は速やかなものではありません。実際、一〇日の午後まで、一万人の部隊があったし、最終的に日本軍は一三〇〇人を捕虜にしています。

一〇日の夜明け、日本軍部隊が城内に砲撃を加えます。クリスティーの一〇日の早朝は砲声で目覚めたのです。北側へ後退するロシア軍に、日本軍は野砲を前進させて、さらに砲火を浴びせました。ロシア軍は小銃で迎撃しました。この状況に、クリスティーの自宅近くでは道路などに砲弾が落下、榴散弾が土塀にあたり、小銃弾が屋敷内に飛んできた、といいます。そして、一二〇〇ヤード（一八〇〇メートル）東の城壁の外では数名のロシア兵が殺されていた、というのです。小銃音はしばらくして止み、戦闘は北に移ったようです。

日本軍の入城

そして、午前中には日本の部隊が粛然《しゅくぜん》と奉天城に入城してきたことをクリスティーは確認しています。しかし、ロシア兵の撤退はいまだ完了しておらず、午後になって小東辺門から逃げ惑う兵に、門外にも日本兵が待ち構えており、短い激戦があったことを記すのです。

小東辺門から脱出しようとしたのはロシア側の史料にあるガネンフェルト少将の一万人で、奉天将軍の阻止で砲撃はひかえられたものの、小規模な銃撃戦があったようなのです。そうすると、日本軍総司令部が第六師団（熊本）によって「十日の午前十時、奉天を占領せり」と発した電報はこの粛然とした入城を占領と認識したものだったのです。

さらに、クリスティーの病院では城内にいたひとりの日本の負傷兵を助けたところ、付近に多数の負傷者がいる事実を知ります。それで、二台の馬車いっぱいに日本兵を収容した、といいます。つまり、午前中に進入した部隊は総司令部によると、「占領せり」というものでしたが、現実は駆逐されていたようなのです。

この日のクリスティーは搬送患者の診療に忙殺されていました。そして、午後にも病院で手術中に突然小銃弾が屋根にバラバラあたったと、回想します。また、雨のように銃弾が屋敷内に飛び交い、病院の中国人は手で頭を覆って隠れ場所に走って避難した、といいます。このとき、数千のロシア兵がまだ市中に潜んでいると噂され、実際にロシア教会の屋敷で多くの兵が降伏したようです。城内から脱出しようとしたロシア兵は、日本軍によって殺されたか捕虜になった、と記します。

おそらく、このときの戦闘が午後四時過ぎに城内を占領して城門に日章旗をたてた第四師団（大阪）によるものでしょう。少し遅れて到着した第八師団（弘前）に関連するものかもしれません。クリスティーは一時間と少したって、すべてが終わった、と回想しています。

さらに、驚くべき記述があります。それは一連の状況を日本軍総司令部はほぼ把握していたようなのです。奉天のロシア軍の動きは日本人の間諜《かんちょう》（スパイ）によって克明に総司令部へ伝達されていた、といいます。

日本軍は開戦の数年前から全満州に中国人を偽装したスパイを数多く潜伏させており、ロシア軍に雇われ、会話も通じていた、というのです。奉天ではロシア軍総司令部に出入りしていた中国人理髪師がスパイだった、といいます。そして、スパイは総司令部の食卓ボーイや給仕にも数名いました。このような方法で、ロシア軍の内部には周到に組織された日本軍の特別任務が行き渡り、新民屯経由の飛脚《ひきゃく》で日本軍総司令部と通じていた、というのです。

クリスティーも実際に、中国人に扮する日本人スパイからその身の上を聞いています。彼は商人を装って、奉天に事務所を構え、ロシア軍と取引をしていました。奉天会戦中に中国人と金銭上のトラブルをおこし、ロシア軍に密告されてしまいます。ロシア兵が彼の事務所に突入したとき、必死に防戦して窓から新民屯まで逃げた、というのです。

また、クリスティーは知っていたのかわかりませんが、日露戦争後に彼をよく訪問した福島安正自身、シベリアの単騎横断にはじまり、総司令部参謀にあって諜報活動を組織した中心人物なのです。とくに、中国の匪賊《ひぞく》を率いて「遼西特別任務班」・「満州義軍」を編成、総指揮を行ったといわれます。

以上、クリスティーの回想によって、日本軍の奉天城占領の実相がほぼ具体化できたと思います。日本軍の最初の進入は九日深夜の午後一一時頃です。このとき、ロシア軍は退却をすでに決意しており、この情報がスパイによって総司令部に報告されたとすれば、一〇日早朝にはロシア軍に入れ替わって奉天占領が可能だと、総司令部は先読みしていたのかもしれません。

ところが実際、一〇日早朝に進入した日本軍は城内に多数のロシア兵を確認、砲撃で退散させる方法をとりました。しばらくして銃声はやみ、戦闘は北に移った、ということから進入した第六師団（熊本）は全力で追撃したと思われます。

そして、午前一〇時まえに再び、粛然として入城したものの、多数のロシア兵が徘徊《はいかい》しており、実態的には占領には程遠かったものと思われます。ただし、総司令部は一〇時をもって奉天占領を決定、この情報は全軍の末端にまで、即座に伝えられ、本国と天皇にも発せられたのです。

実際の占領は、午後四時過ぎになって、第四師団（大阪）の約六〇〇〇人が入城し、城門を押さえにかかるところからです。その後、弘前の部隊や第八聯隊（大阪）第一大隊の他の部隊も続々奉天に集結、ロシア軍最終部隊の一万は小東辺門を突破して敗走したわけです。逃げ遅れたり、籠城を覚悟したロシア兵もたくさんいました。このころまで城内は各地に銃声があったものと思われます。最終的に捕虜は一三〇〇人に上りました。そして、戦闘は終結し、静かになった市中には各所に日章旗が揚げられ、日本軍歓迎の態度が示されたのです。

第五節　奉天城の東側から

第六師団の動向　以上をふまえ、第六師団（熊本）の奉天突入についてさらに調べてみると、一九〇八（明治四一）年刊行の『明治三十七八年戦役第六師団殊勲録』（以下『殊勲録』）に上記を裏付ける記録があることがわかりました。『殊勲録』は日露戦争での兵士四〇〇人以上の武功が要約され、記録されたものです。

第六師団の歩兵（当初約一万人）は補充を受けながら、二万人に及びます。また、奉天会戦だけでも後備など関連部隊をあわせ、四七〇六人の死傷者がでました。しかし、七七七〇人の捕虜を得て、数多くの戦利兵器を鹵獲し、奉天会戦でもっとも武勲を挙げた師団でした。

第六師団は九日の午後に大砂塵によって、渾河南岸の敵が撤退したので追撃をはじめました。一〇日早朝の六～八時に歩兵部隊が渡河を完了しています。砲兵も九時半にはすべて渡河したようです。渡河地点から奉天城までは北に約一〇キロです。部隊は右翼（第一三聯隊（熊本）・第四五聯隊（鹿児島））と左翼（第二三聯隊（熊本）・第四六聯隊（大村））に分かれ、前日に野津第四軍司令官と大久保春野《おおくぼはるの》師団長が打ち合わせたとおり、奉天北方になるだけ早く進出し、左に折れて鉄道線路を越え、第三軍と対峙する敵の背後をつきながら、北方に退却する敵兵を一網打尽にする計画でした。それで、師団は北方にむけ急進しました。

ところが、『殊勲録』は左翼の歩兵二三聯隊（熊本）第九中隊（約二〇〇人）のみ、西にまがって、奉天城外城の大東辺門に向かった、と記録します。その理由は北進する師団の左側を防禦するため、とされます。そして、奉天城内まで部隊は敵の抵抗を受けることなく進入して、「奉天城を占領す」と明記するのです。実際には奉天城内にロシア兵が充満していました。

『公刊戦史』は、第二三聯隊（熊本）第九中隊が前衛として一〇日早朝の八時一〇分に渾河を渡河、そのほとりにある三家子《さんかし》から二台子《にたいし》を経て九時五〇分に奉天城大東辺門外を過ぎ、八家子《はっかし》（奉天城外東二キロ）に達した、とします。その間、奉天城西北から盛んな銃砲声を聞き、また、退却中の輜重隊を攻撃して多数の車両を鹵獲した、と記します。しかし、『公刊戦史』にこの部隊の一〇日午後の行動は記されておらず、夜間に本隊と合流したとあるだけで、それまでの移動は不明です。

戦没者の発生動向を記した『忠魂史』は、午後六時半ごろに第二三聯隊（熊本）の一部が多数の投降者を誘導して本隊に復帰した、と記します。そして、投降の二、三〇〇人は素直に武器を投じましたが、敵兵中泥酔する者が多く、退却中のロシア兵も加わって大騒乱、一部は第六師団司令部に突撃する事態まで発展した、というのです。したがって、クリスティーの記す一〇日早朝の砲声、午前中に粛然と奉天城に入城してきた日本軍部隊はこの二三聯隊（熊本）第九中隊を示すのでしょう。泥酔していた捕虜は城内で捕らえられたと思われます。

その頃、第六師団（熊本）の主力部隊は退却する兵の北に廻り込んで捕縛するため、奉天城の北方に猛進していました（図8、155頁参照）。これに気付いたロシア兵は土台子《どだいし》の北方高地（奉天城北東七キロ）から猛烈に砲撃を加え、北上を阻止します。たまらず、左翼の一部は土台子のロシア軍砲列陣地を攻撃、これを占領しました。この間、退却するロシア兵は一軍団（五万人以上）規模もありました。一〇日の正午ごろには第六師団右翼とその予備隊は北上から西に迂回行動に入り、包囲網は急速に狭められました。そして、午後三時には鉄道線路付近に達し、奉天城から北上する退却兵は完全に遮断される形となったのです。それで、退却するロシア兵には南に引き返す一群もあったといいます。

ところで、『公刊戦史』は一〇日午後四時頃、第六師団の後方を追う師団輜重隊が攻撃されていることを知り、第四六聯隊（大村）第三大隊を引き返させた、と記します。そこは奉天城外城の小東辺門から東南五〇〇メートル離れたところです。このとき、奉天城内に敵兵二〇〇〇と砲四門があることを清国人から聞いて、一二中隊（約二〇〇人）が小東辺門を守備した、というまわりくどい記述を残すのです。さらに、第三大隊は夜を徹し小東辺門外にあって、敵兵三〇〇余を捕獲したとも記します。実態はこの部隊も城内に突入した部隊で、捕虜を得たのでしょう。

他にも、第二三聯隊（熊本）が午後六時半頃、外城大北辺門付近のロシア兵一個聯隊（約二五〇〇人）を射撃し、城内に押し返したなど、奉天城内には一歩も踏み込まず、市街戦を回避した体を貫く表現もなされています。つまり、『公刊戦史』は奉天城の占領について、意図的に実態の記述を避けているのです。

ちなみに、第四師団（大阪）の行動についても、『公刊戦史』はあいまいな書き方です。例えば、当初の斥候となった種田騎兵支隊は午後六時に奉天城南門外に到着して停止したとします。また、種田支隊から「城内敵兵なし」の報告を受けた須永旅団長は午後五時頃、歩兵第八聯隊第一大隊と歩兵第三七聯隊第二大隊を城内に進入させ、各門に半小隊（約五人）を配置したといいます。奉天駅から奉天城に向かったのは歩兵第三七聯隊第六中隊（最大二〇〇人）で、奉天駅のロシア兵三〇を捕虜にし、九時に原隊復帰したとあります。

第八師団（弘前）にいたっては第五聯隊（弘前）第三大隊が午後四時二〇分に奉天駅に達し、赤十字病院を占領後、四時五〇分に第一二中隊のみが小西辺門を占領、さらに有力な斥候を大北辺門に派遣して、ここを守備したとします。まったく小規模な奉天城突入だったとするのです。

奉天城内にあったガネンフェルト隊の運命　それでは奉天城から脱出を試みたロシア兵一万はどうなったのでしょうか。この部隊はロシア軍第二軍ツエルピッキー中将に属する後衛の約一万人です。部隊は一〇日午後二時頃に奉天駅と奉天城の間を北に退却中、西から日本軍の攻撃を受けて東の奉天城内へ移動しました。

指揮していたのはガネンフェルト少将で、奉天城にはロシア第三軍の部隊がいると思ったようです。ところが、城内には本隊とはぐれた部隊や泥酔したロシア兵など、秩序のない兵士が充満しており、ガネンフェルト隊は奉天城の狭い街区を西から東に移動しながらどんどん膨れ上がったようです。

そして、午後四時に外城小東辺門に達したとき、門外から日本軍の攻撃を受けます。歩兵四六聯隊（大村）の第三大隊によるものでしょう。ガネンフェルト隊は当初、日本軍に押されていましたが、混乱していたとはいえ一万を超える大部隊です。隊形を立て直して一気に押し返し、北方城外に脱出しました。ただし、ガネンフェルト少将は負傷し、指揮は歩兵五五聯隊長のワシリエフ大佐に移りました。

城外に出たワシリエフ隊は奉天街道を土台子に向けて北上しますが、時すでに第六師団（熊本）が西に迂回しており、退路は遮断されていました。猛烈な砲撃を受けて進軍できなくなるのです。このとき、ワシリエフ大佐は戦死、歩兵二四一聯隊長のベネドスキー大佐も負傷し、部隊は弾薬が尽きて半減していた、といいます。指揮官を失った大部隊は四分五裂して敗走、大半の兵は戦死・捕獲されました。

第六節　薄氷を踏む奉天城突入

第四師団司令官の判断　東西一〇〇キロに及ぶ大会戦の決勝点としての奉天城とは何だったのでしょうか。それはウラジオストックのようなロシアの拠点都市ではなく、旅順のような要塞でもなく、取り立てて死守・攻略すべき理由があった城ではないことに気づきます。また、ロシア軍が籠城していたわけではなく、城内は中立国である清国民が日常の暮らしをしていたのです。

そうすると、三月一〇日とは日本軍が奉天城を占領した日ではあるものの、ロシア軍が兵站のひとつを放棄した日にすぎないわけです。

その実態は一歩間違えれば、日本軍とロシア軍最終部隊が市街で激戦になる寸前だった入城です。また、城内に残った敗残兵は投降しましたが、場合によっては窮鼠猫《きゅうそねこ》をかむが如く抵抗した可能性もあったのです。

ここで、大きな疑問にぶつかります。第四師団（大阪）にせよ、第六師団（熊本）にせよ、急派したのは五～六〇〇人規模だったことです。奉天城は内城だけでも一辺約一・三キロの方形で、その外側には直径約六キロに及ぶ楕円形の外城の城壁に囲まれています。内城・外城ともに東西南北の大門・小門があり、一六ヵ所の出入口があるわけです。中央に官衙や将軍府もあります。もし、ロシア軍が反攻に出たなら六〇〇のみの歩兵でこの大きな城郭都市を占領できたでしょうか。捕虜となった一三〇〇の敗残兵だけでも倍以上の戦力なのです。実際には約一万の最終部隊がいたのです。六〇〇人ではとても太刀打ちできません。

例えば、六〇〇人が奉天城を占領した後に、ロシア軍最終部隊が奉天城を取り囲んだとすればどうでしょう。四〇人足らずで各門を死守しなければならなかったのです。このように考えたとき、第四師団長が一個大隊足らずを派遣した判断は疑問視されます。

ところが、三月一〇日の『森崎日記』・『矢寺日記』・『西川日記』をみれば、第三七聯隊のみならず、第八聯隊や師団の衛生隊までが奉天城をめざして集結している実態がうかがえます。つまり、最初の突入は四時半の六〇〇人だけだったとしても、塚本勝嘉師団長は決勝点たる奉天城に全兵力を差し向けていたと考えられないでしょうか。当然、ロシア軍との攻城戦も決心されていたのです。

第八師団（弘前）の進軍も同様です。第五聯隊第三大隊のみならず、後備五一聯隊も聯隊長とともに奉天駅に到達しており、今回、『工藤日記』によって秋田第一七聯隊の輜重兵までこぞって集結していた実態が判明しました。おそらく、第八師団（弘前）も奉天城占領には大半の兵力を導入する覚悟だったと考えられるのです。

このことが、総司令部の判断を鈍らせたのではないでしょうか。九日に第一陣三個師団がはやくも渾河を渡河して奉天城の東に進出しました。総司令部はこのうちの一個師団、あるいは三個師団の全兵力を結集して、まずは奉天城を占拠、奉天会戦の勝利宣言とする方法も可能だったと思うのです。九日はロシア軍のクロパトキン総司令官も奉天にあり、本格的退却には至っていませんでした。この段階で、一気にロシア軍を倒壊させることができれば、包囲が完成していなくとも、ロシア軍の戦意を喪失させて、投降に導けたかもしれません。

日露両軍の配慮　しかし、総司令部は奉天城を長躯迂回して包囲する作戦を貫徹、退路を守るロシア軍守備隊との間に激戦を続けました。そして、結果的には日本軍が接近する前にロシア軍の主力は撤退してしまったのです。

これについては、外国武官や記者が多数観戦するなか、清国民を多数巻き込む市街戦を回避するように両軍の企図が一致したものとも思われます。つまり、日本軍の総司令部は奉天城を占領したいものの、手は出せなかったのです。実際、奉天城内でロシア軍を観戦していた米英の武官は投降し、ニューヨーク・ヘラルド通信社、シカゴ・デイリーニュース社、パリ・ルジュールナル新聞社など、多国籍の取材記者も保護されています。

同様に、奉天を背負って戦ってきたクロパトキン総司令官が撤退を決意したのも、市街戦回避のぎりぎりの判断かもしれません。例え、奉天に固執して勝利したとしても、多くの巻き添えによる国際的な非難を受けると、その後の戦争を有利に遂行できなくなるからです。

ところが、奉天城入城の先陣争いは総司令部の意向に反しておこりました。最終的に第四師団（大阪）の部隊が奉天城に旗をたてたのですが、その栄光は陸軍記念日にも語り継がれることはありませんでした（ただし、歩兵第三七聯隊では入営時に配布される『内務須知』に聯隊歴史として明記、聯隊歌としても奉天城占領が歌い続けられました）。

奉天占領後、日本軍は城内に宿営することを禁止しています。当時、城内には多くの清国人が日常の生活をしており、『森崎日記』のとおり、駅前ではいつものように豆カス、パンなどを焼いており、大石橋や遼陽を占領したときと変わらない状態でした。そして、奉天城内に日本兵が入城してしばらくすると、小西辺門では清国兵が整列して、兵士の入城を出迎え、沿道の市民の手には日の丸を掲げる者があったというのです。

一二日の様子として『西川日記』は城内を伝えます。

「午前七時の整列にて、奉天城内へ観覧に行く。奉天城外より城内まで、家毎に日本国旗を揚げて日本に同意している。家はレンガにて盛大である。また清潔である。城内外には清国兵の歩哨《ほしょう》が立っている。城内には立派な門があり、この門の中には増祺将軍がいるところがある。その中には日本貴官のいるところがあるという。日本兵の歩哨が鑑守《かんしゅ》している。」

しかし、『従軍日記』では戦史などにない軍規のみだれを知ることも出来ます。大阪府北部から歩兵第二〇聯隊（福知山）の補充兵として出征、野津第四軍で奉天会戦に参加した林某は三月一〇日、一一日に捕虜の銃殺やロシア兵からの略取を記します。

「三月十日　晴。聯隊（第二十聯隊（福知山））は師団（第一〇師団）の総予備隊となる。……渾河を徒歩す、寒《さむさはなはだ》甚し。混乱せる敵を追撃しつつ……。生牛数十を引き尾崎少尉来る。共に追撃戦の愉快を語る。捕虜二十余あり。兵卒を使役し背後より銃殺せしむ。……。

三月十一日、……戦利品多く、コーヒー、角砂糖、チョコレート、タバコ、酒類山をなせり。益田少尉の写真器、双眼鏡を戦利せしはこの日なり。……」

解放されなかった奉天　日清戦争の後、日本から奉天を放棄させたロシアは、増祺将軍に対し奉天などの占領地政策を強要します。清国政府はこれを認めませんでしたが、実質的にはロシアによる植民地支配が成立しました。つまり、奉天将軍や城を守備する清国兵は儀仗的存在だったわけです。そこへ日本軍がやってきて、三月一〇日にすべてのロシア軍を追い払い、解放したわけです。

ロシア軍は日本軍に対抗するため、奉天の南に頑強な防御陣地を構えましたが、その多くは清国人を使役して築いたものだったのです。ロシアを追い出した日本に対し、奉天の清国人は救世主と思ったに違いありません。それが、奉天城内の日の丸国旗掲揚であり、解放を感謝する行動だったのかもしれません。

ところが、清国人の期待は裏切られました。奉天占領後の日本軍はロシア同様に占領地政策をとり、その長官は武官たる大山総司令官だったのです。軍によって政治、教育、経済活動などが管理された場当たり的な占領政策だったのです。その結果、奉天は長期にわたって反日運動にさらされることとなりました。

奉天城の占領は、奉天会戦を決定付ける勝利となったのみならず、日露戦争の趨勢《すうせい》を大きく決定付ける決勝点とされます。しかし、歴史的意義としては大陸における日本にとって、終わり（敗戦）のはじまりであると考えます。いまや陸軍記念日もすっかり忘れ去られ、奉天会戦の実像も忘れ去られようとしているのです。

引用した従軍日記

『西川日記』西川甚次郎著・真田山陸軍墓地研究会編『戦場と兵士』岩田書院（二〇一三年刊行予定）

奥第二軍・第四師団衛生隊（大阪）・第一中隊・第二小隊・第四分隊

『鈴木日記』鈴木文吉の手記　一九四五（本人による清書）未公開
奥第二軍・第四師団・後備歩兵第一七聯隊（秋田）・補充兵大隊・第二中隊・第二分隊
『森崎日記』歩三七会『大阪歩兵第三七聯隊史』一九七六
奥第二軍・第四師団・歩兵第三七聯隊（大阪）・第一大隊・聯隊旗手
『矢寺日記』矢寺伊太郎『日露戦争従軍日記』一九八〇　私家本
奥第二軍・第四師団・歩兵第八聯隊（大阪）・第一大隊・第一中隊・第一小隊・軍曹（第四分隊長）
『上田日記』樋爪　修「征露戦役従軍日記について」『研究紀要』一三　二〇〇六　大津市歴史博物館
奥第二軍・第四師団・歩兵第九聯隊（大津）・第三大隊・第一〇中隊・第三小隊・伍長（第三分隊長）
『田中日記』今西聡子「田中小一郎「日露戦争従軍日誌」」『文化論輯』二〇〇九　神戸女学院大学大学院
奥第二軍・第一〇師団・後備歩兵第二〇聯隊（福知山）・第二大隊・第六中隊・第三小隊・第五分隊
『工藤日記』工藤清作の手記　一九〇六（本人による清書）未公開
乃木第三軍・第八師団・歩兵第一七聯隊（秋田）・輜重第一大隊
『伊佐治日記』伊佐治春作『日露戦争従軍日記　駒のいななき』二〇〇四　私家本
乃木第三軍・第九師団・野戦砲兵第九聯隊（金沢）・弾薬大隊・第一歩兵弾薬縦列長
『田村日記』大濱徹也　郡司淳「田村正「征露日記」の世界」『北海学園大学人文論集』三三　二〇〇六
乃木第三軍・第一師団・騎兵第一聯隊（東京）・第一中隊・第三小隊
『林日記』遠藤俊六「戦闘日誌」『新修　茨木市史』六　二〇〇一
野津第四軍・第一〇師団・第二〇聯隊（福知山）・第五中隊

参考文献
井口和起（一九九八）『日露戦争の時代』吉川弘文館
上原勇作（一九一七）「思ひ起す大決戦」『戦友』八一　帝国在郷軍人会

内田安蔵・吉田文彦編（一九〇六）『日露交戦紀念録』東江堂
大江志乃夫（二〇〇一）『世界史としての日露戦争』立風書房
大阪騎兵会本部（一九八一）『騎兵第四聯隊史』
大島義昌（一九一七）「洪干屯の争奪戦」『戦友』八一　帝国在郷軍人会
大山　梓（一九七三）『日露戦争の軍政史録』芙蓉書房
熊本偕行社（一九〇八）『明治三十七八年戦役第六師団殊勲録』
児島　襄（一九九〇）『日露戦争』四　文芸春秋社
斉藤碧山（一九〇九）『第八師団戦記』東奥日報社
坂本敏英編（一九八二）『歩兵第七聯隊兵の征露記』
静岡聯隊史編纂会（一九七九）『歩兵第三十四聯隊史』静岡新聞社
設楽金三郎（一九〇七）『日露戦役御旗之光　第一師管健児部隊戦記』
信太山砲四会（一九八二）『野砲兵第四聯隊史並びに関連諸部隊史』
司馬遼太郎（一九六九～一九七二）『坂の上の雲』一～六　文芸春秋（原典は『産経新聞』一九六八～一九七二年に連載）
戦記名著刊行会編（一九二九）『記事そのまま日露戦争当時の内外新聞抄』戦記名著刊行会
高田捨吉（一九〇六）『第七師団日露戦役紀念史』
谷　寿夫（一九六六）『機密日露戦史』原書房
多門二郎（二〇〇四）『日露戦争日記』芙蓉書房
Dクリスティ（一九三八）『奉天三十年』上下　岩波書店
帝国在郷軍人会本部編（一九三二）『歩兵第九聯隊史』
帝国廃兵慰籍会編（一九〇六）『日露戦争史』
帝国聯隊史刊行会編（一九一二）『歩兵十九聯隊史』帝国聯隊史刊行会

帝国聯隊史刊行会編（一九一九）『歩兵三十七聯隊史』帝国聯隊史刊行会
長山靖生（二〇〇四）『日露戦争もうひとつの物語』新潮社
沼田多稼藏（一九四〇）『日露陸戦新史』岩波書店
根来藤吾（一九七六）『夕陽の墓標　若き兵士の日露戦争日記』毎日新聞社
林琢磨編（一九〇六）『第九師団征露紀念戦闘日記』
原田敬一（二〇〇一）『国民軍の神話』―兵士になるということ―　吉川弘文館
原田敬一（二〇〇七）『日清・日露戦争』岩波文庫
姫路歩兵第三十九聯隊史刊行会（一九八三）『姫路歩兵第三十九聯隊史』
歩三七会（一九七六）『大阪歩兵第三十七聯隊史』
歩兵第八聯隊史編纂委員会（一九八三）『歩兵第八聯隊史』
毎日新聞社（一九七七）『一億人の昭和史』一四　明治下
宮村勇三郎（一九〇六）『後備歩兵第十八聯隊第一大隊明治三十七八年戦役小史』
茂沢祐作（二〇〇五）『ある歩兵の日露戦争従軍日記』草思社
森脇竹一（一九〇七）『第四師団招魂祭紀念帖　明治三十七八年戦役』
陸軍参謀本部編（一九一五）『明治三十七八年日露戦史』第九巻本文・付図 東京偕行社刊
陸軍参謀本部編（一九一〇）『明治三十七八年役露軍之行動』一一巻　東京偕行社刊
陸軍省（一九〇七）『明治卅七八年戦役感状写』一～四巻　軍事教育会
靖国神社（一九三三）『靖国神社忠魂史』第四巻
由上治三郎（一九一一）『鉄蹄夜話』敬文館

コラム４

日露戦争のロシア兵俘虜
―大阪の俘虜収容所を中心に―

堀田 暁生
Akio Hotta

はじめに

日露戦争は、二〇世紀に入ってからの最初の大規模な国家間戦争であり、当時最大の軍事力を誇っていたロシアとアジアの新興国日本との戦いであった。一八五四年にアメリカとの間で日米和親条約を締結してから五〇年、日本は欧米の新知識や技術を導入し、軍事面においても陸軍はフランス、ついでプロシア（ドイツ）にならい、海軍はイギリスを範として、体制を整えた。国際社会に加わり、対等の立場に立って、国家運営に当たりたいというのが明治日本の目標であった。そのため、日露戦争は、近代国家としての成熟度を内外に示す好機でもあった。世界の目を充分に意識した行動が求められていたのである。

日露戦争において、日本は俘虜《ふりょ》（＝捕虜《ほりょ》）の取り扱いにおいては、国際社会の規範に準じて扱うこととした。一九〇四（明治三七）年二月一〇日の地方官向け内務省訓令で、ロシアの臣民で戦闘に加わっていない者の、日本滞在あるいは来日を拒まないこと、その身体・生命を保護すると通達した。ただし、日本の利益に反する行動をした者については制限を加えることとした。また、一八九九（明治三二）年に締結したハーグ条約を遵守《じゅんしゅ》するとした。

年・月	主な俘虜の発生	陸軍	海軍
1904.2	日露開戦	—	—
1904.5	九連城の戦闘	594	—
1904.6	得利寺の戦闘	485	—
1904.7	倫樹林子・様子嶺付近の戦闘	102	—
1904.8	韮山沖海戦	—	587
1904.9	遼陽会戦	1127	—
1904.10	沙河会戦	381	—
1905.1	旅順開城	34500	9475
1905.3	奉天会戦	20732	—
1905.5	日本海海戦	—	6106
1905.8	樺太侵攻	—	4698
	その他	579	1
1905.10	日露講和	—	—
小計		58500	20867
総計		79367	
現地解放・途中死亡		6959	
日本移送		72408	

図１　俘虜の発生（人）

一九〇五（明治三八）年の旅順要塞開城に際し、旅順開城規約が結ばれている。その第一条では、「旅順要塞内及其水上に在る露国の陸海軍軍人、義勇兵及官吏は総て之を俘虜とす」と規定された。陸海の軍人や義勇兵および官吏をすべて俘虜としている。

しかし、第七条では、「日本軍は、露軍の勇敢なる防禦を名誉とするに依り、露国陸海軍の将校及官吏は帯剣及直接生活に必要なる私有品の携帯を許さるべく、将校義勇兵及官吏にして本戦役の終局に至る迄武器執らす、如何《いか》なる方法に於ても、日本国の利益に反対する行為を為《な》さざることを筆記宣誓《せんせい》する者は、本国に帰還することを承諾《しょうだく》す」と記されている。ロシアの防禦は充分に名誉あるものと認め、これを指揮したロシア軍の陸海軍人および官吏については、帯剣や私有品の携帯を許可するとし、さらに日本に敵対行為をしないと筆記宣誓すれば、ロシア本国に帰還することができるとした。この規定により、宣誓の上帰国した者が大多数あった。戦争が終結するまでに、俘虜となったロシア人は総計七万九三六七人であり、このうち現地解放や途中死亡などで日本に移送されたのは七万二四〇八人であり、収容所に入れられたのは七万一九四七人である（図１）。

地図番号	収容所	開設期間	俘虜数（1905. 11 現在）			死亡者
			陸軍	海軍	計	
1	松山	1904.3.18 ～ 1906.2.20	1555	608	2163	98
2	丸亀	1904.7.22 ～ 1906.1.27	349	0	349	1
3	姫路	1904.8.1 ～ 1905.1.18	1760	424	2184	6
4	福知山	1904.9.9 ～ 1906.1.6	390	1	391	4
5	名古屋	1904.11.28 ～ 1906.2.17	3720	72	3792	15
6	静岡	1904.12.14 ～ 1906.1.18	319	0	319	1
7	似島	1905.1.10 ～ 1905.10.24				31
8	浜寺	1905.11.10 ～ 1906.2.20	16754	5622	22376	89
9	大里	1905.1.10 ～ 1905.10.29				0
10	福岡	1905.1.14 ～ 1906.1.25	3076	973	4049	16
11	豊橋	1905.2.10 ～ 1905.12.26	792	83	875	2
12	山口	1905.3.12 ～ 1906.2.7	359	0	359	0
13	大津	1905.3.18 ～ 1905.12.26	742	8	750	1
14	伏見	1905.3.19 ～ 1905.12.30	1507	204	1711	7
15	小倉	1905.3.21 ～ 1905.11.28	272	755	1027	8
16	習志野	1905.3.22 ～ 1906.1.20	13698	1252	14950	34
17	金沢	1905.3.26 ～ 1905.12.11	3244	73	3317	11
18	熊本	1905.3.29 ～ 1906.1.29	2014	3988	6002	14
19	仙台	1905.3.30 ～ 1906.1.1	2085	80	2165	3
20	久留米	1905.3.31 ～ 1906.2.7	2118	579	2697	3
21	佐倉	1905.4.1 ～ 1905.5.16				0
22	高崎	1905.4.3 ～ 1905.11.28	529	2	531	3
23	鯖江	1905.4.15 ～ 1905.12.8	40	0	40	0
24	善通寺	1905.4.24 ～ 1906.1.27	997	0	997	3
25	敦賀	1905.4.26 ～ 1905.12.3	487	0	487	0
26	大阪	1905.6.27 ～ 1906.1.10	5	221	226	0
27	弘前	1905.7.24 ～ 1905.12.16	54	7	61	0
28	秋田	1905.8.10 ～ 1905.12.16	87	0	87	0
29	山形	1905.8.19 ～ 1905.12.23	41	1	42	0
総計（人）			56994	14953	71947	350

似島・大里・佐倉の収容所は1905. 11以前に移転・閉鎖。死亡者はロシア公文書による。グザーノフ『ロシア戦士の墓』調査と若干の変動がある。死亡者にはこの他、病院船中の死亡者や日本海海戦の漂着死亡者などがある。

図2　俘虜収容所

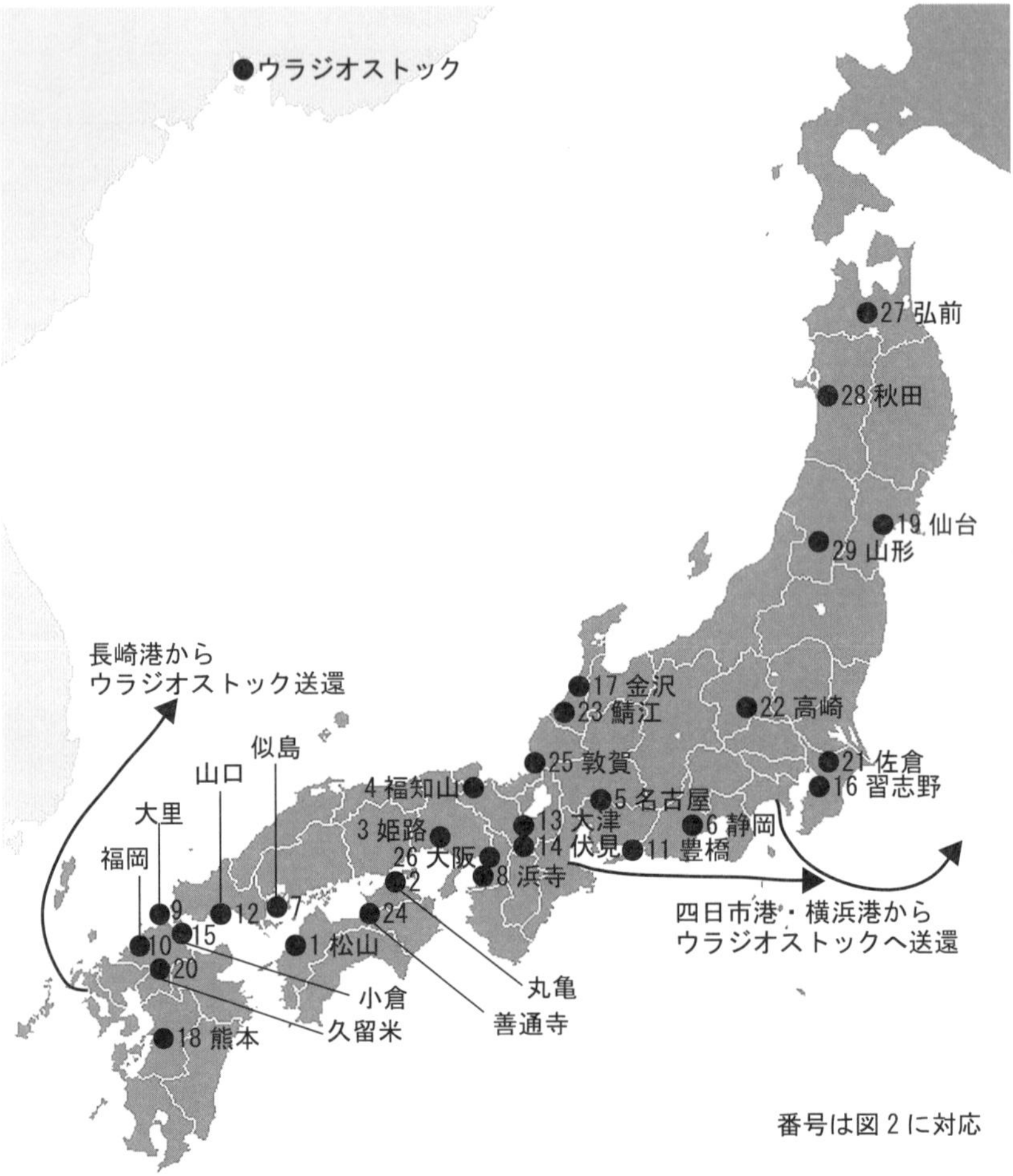

※俘虜の上陸は陸軍が担当し、通常は大里・似島の検疫所が窓口だった。のち樺太からの俘虜は青森港から上陸した。日本海海戦では沿岸に漂着する兵もあったという。

※収容所の偏在は、輸送を瀬戸内海航路と鉄道にたよったことにある。山陰・南九州などは域外だった。また、監視・警護を留守部隊にゆだねたため、聯隊衛戍地にちかい城下町が多かった。ところが、旅順開城・奉天会戦などで俘虜は急増、大規模収容所建設へと移行していく。また、満杯となった聯隊衛戍地の収容所では補充兵訓練に支障をきたすようになり、俘虜は全国に分散していった。

※俘虜の帰還はロシア船により、長崎・神戸・横浜で計画された。ところが、神戸で疫病流行の兆しがあり、四日市に変更され、ウラジオストックへ送られた。

図3　俘虜収容所の分布

日本国内には二九ヵ所の収容所が設けられた。このうち最大は、堺市近郊の浜寺《はまでら》俘虜収容所で、二万二三七六人が収容された。反対に少数は、鯖江《さばえ》（四〇人）、山形（四二人）、弘前（六一人）、秋田（八七人）の四ヵ所で百人以下の収容である（図２・３）。大阪は二二六人となっているが、この場合の大阪とは、一九〇五（明治三八）年六月に第五回内国勧業博覧会跡地に残存していた建物を利用して設置された収容所のことであり、それ以前に天下茶屋《てんがちゃや》にあった収容所の人数は含まれていない。天下茶屋にあった収容所にいた俘虜は浜寺に移送されたので、その数をいれると二重になるため、浜寺俘虜収容所の人数として数えられている（図２）。それでは天下茶屋俘虜収容所についてはどんなことがわかっているのだろうか。以下、『大阪朝日新聞』の報道をもとに述べる。

大阪の収容所

一九〇五（明治三八）年一月六日、陸軍次官石本新六は、大本営陸軍参謀次長長岡外史に対し、次のような通牒《つうちょう》を送った。「旅順口に於ける下士以下の健康俘虜は当分の間、左の通収容候条及通牒候也。似島《にのしま》臨時陸軍検疫所約四千名、大里《だいり》臨時陸軍検疫所約二千名、大阪予備病院天下茶屋分院約三千名、福岡市新設収容所約一千名、姫路市新設収容所（寺院）若干名。」すなわち、旅順要塞開城の結果、投降した俘虜一万名余を、似島・大里・大阪天下茶屋・福岡・姫路の五ヵ所に収容するとしたのである。

新聞は、一月八日に第四師団（大阪）の阿久津高級副官が姫路俘虜収容所の俘虜実況参考視察のため、七日に姫路へ出張したことを報じている。九日には、師団司令部で俘虜収容準備委員や関係者が集まり協議したが、一〇日に羽川文四郎中佐が東京から着くのを待って、細密協議をすると続報されている。

収容所と決められた大阪陸軍病院今宮分院（元天下茶屋分院）は、新築されていたが、患者を未収容のままだったのを、設備を整えて収容所としたものである。実際の場所についてであるが、新聞記事によると、南海鉄道の天下茶屋停車場の斜め北、レールの西側畑地と説明されている。現在の大阪市西成区天下茶屋東周辺である。約六万坪の土地に杉板塀を巡らしていて、六〇棟の建物があり、こけら葺きかラバライト葺《ぶ》きで平家であると説明されている。ここには、事務室・繃帯《ほうたい》交換室・調剤室・手術室・厨房《ちゅうぼう》・衛兵・憲兵詰所などの付属施設もあった。

新聞によると、旅順の俘虜は二万四三〇〇人余であり、その大部分を第四師団管下で収容することが決定され、その数は約二万人とされ、場所として浜寺公園からその南方の大津までの間とされた（一月一一日付・以下『大阪朝日新聞』の掲載日を示す）。天下茶屋のほかにも、大きな収容所建設の必要があり、その場所として浜寺が候補地とされたのである。

第四師団は天下茶屋と浜寺の二つの収容所を管理することになった。浜寺は、浜寺公園の南端、伽羅橋《きゃらばし》と大津村の間の民有畑地一〇万坪に廠舎《しょうしゃ》を建設することになった。現在の大阪府高石市羽衣《はごろも》公園丁にあたる。建設の間は浜寺公園の北端にある大字船尾の荒地約一万坪に、天幕（テント）を張って収容することとした。大小三〇〇余張りの天幕が用意された。ここは現在の堺市西区諏訪森《すわのもり》町西周辺にあたる。

天下茶屋俘虜収容所への護送

大阪への第一回目の護送俘虜六四八名は、一月一三日午後一時に神戸駅に宇品から到着し、そこから第四師団の護送兵が分乗して大阪駅に至り、休憩の後列車で移動して、午後六時一〇分に天下茶屋の俘虜収容所に到着した。第二回目も六四八名で、同日に収容された。到着後、コーヒーと食品が与えられた。

　この俘虜の到着に当たっては、大勢の野次馬《やじうま》が詰めかけた。俘虜が到着した、大阪駅・天王寺駅などに見物人が集まったが、騒ぎをおこすようなことはなく、静かに見守っていたと伝えられている。俘虜に侮辱《ぶじょく》を与えることがないようにという意識があったようで、これは俘虜たちの方にも感銘を与えたようだ。天王寺駅では麦湯の接待をしたが、俘虜の出発後に盆をみると、ロシア銀貨が一つ入れてあったという。これも、感謝の気持ちであったのであろう。

　ちなみに、当時の鉄道は大阪環状線がなく、大阪駅と天王寺駅が関西鉄道城東線でようやく結ばれたところだった。天王寺駅は奈良へと至る関西鉄道のターミナル駅でもあった。そして、和歌山と難波を結ぶ南海鉄道が天下茶屋駅で分岐して、天王寺駅につながっていた。天王寺と天下茶屋は歩けるほどの距離だが、俘虜たちは大阪駅から天王寺駅に移動したあと、南海鉄道に乗り換えて天下茶屋駅に降り、俘虜収容所にたどり着いたわけである。また、天下茶屋と浜寺も南海電車で結ばれていた。

　天下茶屋俘虜収容所長羽川中佐の談話が報道されている。それによれば、「寛厳《かんげん》の中庸《ちゅうよう》を得ることを期待している」とする。「祖国のために戦闘し力竭《ちからつ》き武器を抛《なげ》すてて、降伏したのは憐《あわ》れむべきもので、俘虜が従順であれば親切に取り扱うが、反抗に対しては厳格に対応するとし、俘虜が守るべきことを印刷交付し、食料は原料を支給して自炊《じすい》させ、副食も俘虜の嗜好《しこう》に適するようにしたい」と述べている。天下茶屋へは八回にわたって移送が行われ、その総計は五〇〇〇名に及んだ。

　収容所内では、運動が許可されるほか、収容所内外の掃除・水汲みを行い、被服の繕い・洗濯も俘虜のするべきこととされた。また、俘虜のうち英・仏・独語に通じる者は、組長とし、命令の伝達依頼の進達の取り扱いをさせた。書物や楽器等の所持も自由であった。また、検閲を終えての、郵便の発信・受信もできた。

浜寺の幕営地は、一月一一日から五日間の予定で建設作業が進められた。その一方、浜寺公園南端の高石村にも八万坪の敷地を擁する高石俘虜収容所が建設されることになった（この収容所がいわゆる浜寺俘虜収容所であり、以下浜寺俘虜収容所と呼ぶ）。二月五日までに竣工する予定であった。二〇〇人収容の敞舎一〇〇棟、一〇〇人収容の病棟一〇棟、その他付属施設を作るというものである。高石村の浜寺俘虜収容所建設と平行して、浜寺の幕営地には、一月一七日から俘虜が到着しはじめた。また、天下茶屋には五〇〇〇名に加えて一〇〇〇名、浜寺の幕営地には二〇〇〇名を追加収容することになった（一月二〇日付）。

二月に入ると、高石村の浜寺俘虜収容所の敞舎が完成しはじめたので、順次浜寺幕営地の俘虜を転収することとなった、また高石村の浜寺俘虜収容所を「大阪俘虜収容所」と名称し、二月一〇日には浜寺の幕営地の六〇〇名を転収し、同時に天下茶屋にあった大阪俘虜収容所本部も浜寺俘虜収容所に移動することになった。天下茶屋俘虜収容所は「大阪俘虜収容所天下茶屋分所」と改称した（二月一三日付）。

この頃、浜寺の幕営地では同僚の金を盗んだ二人の俘虜が軍法会議にかけられる事件があった。犯人は重禁錮三ヵ月、監視六ヵ月の判決が出されている（二月一五日付）。

天下茶屋の俘虜自炊騒動

天下茶屋俘虜収容所の俘虜は、当初から自炊させる方針であったが、落ちつくまでは賄《まかな》いで対応していた。二月一五日から自炊を実行させることとし、俘虜中二〇名を料理人として選び、二〇名を三区に分けて実施させることになった。しかし、第一区の料理人が準備をはじめたところ、第二区と第三区の料理人が不満を抱き、第一区の料理人をも脅かしたので、第一区の料理人も料理を拒否するに至った。料理人達に説諭を加えたが、聞き入れないばかりか、俘虜班長の説得も効果なく、かえって班長に乱暴を働くような有様になった。そこで、首謀者四三名を営倉《えいそう》に入れ、結局賄いを支給した（二月一七日付）。以上は新聞が伝えるあらましである。この事件については、防衛省所蔵史料に第四憲兵隊長の詳しい報告があり、『高石市史』第四巻に翻刻されている。その内容は次の如くである。

「天下茶屋分所では二月十五日から俘虜に自炊させることとし、前日の十四日にロシア語で、「大日本帝国官憲ニ於テ定メラレタル俘虜ニ関スル法令規定ニ依リ、当所八明日ヨリ俘虜ヲシテ自炊セシム」という命令を下した。ところが、俘虜の兵卒は炊事当番であることを忌避《きひ》し、十四日午後三時から自炊準備の為に当番を選定して、炊事場に出て来るように命じたことにも快く応じないので、分所長の鎌田大尉が「百方慰諭」し、服務を訓示したので、漸《ようや》く炊事場にきたものの、皆逃げてしまって、食事の用意をしなかった。

俘虜等の考えは、俘虜達に食事当番をさせるのは、俘虜中の班長（下士）の取扱いが当を得ていないからだとし、班長を怨《うら》み、この日の夜の点呼（九時）前に、第三部（全部で五部に分かれていた）で多数の俘虜兵卒が曹長アレキサンドル・フラウヂンとワシリーソルタコーを襲《おそ》い、フラウヂンは左頬《ほほ》に殴打傷を受け、ワシリーソルタコーはわずかに身を逃れたので、収容所は二人を隔離収容し保護した。

翌十五日の朝食は、俘虜が自炊しないために、パンだけとなった。第三炊事場では、命令によって当番が出てきたけれども、午前八時三十分には全部逃げてしまった。そして、俘虜は各所に群がって不穏な情況となった。午前九時、第一部で一年志願兵伍長のマルユックが殴打され、前額および左眼下を負傷したので、収容所は隔離保護した。鎌田分所長は群集した俘虜兵卒に命令の説明を行い、もし命令に従わなければ今後も現状を固持することを諭し、俘虜下士中の班長たちを集めて訓示をしたが、班長たちは俘虜兵卒を制止できないと述べ、分所長に従わなかったので、大阪俘虜収容所長の羽川中佐は、自炊を励行させるには出兵のヤムを得ないことを第四師団副官に報告した。

午後十二時二十分ごろには、俘虜兵卒はロシア兵下士に反抗する度相《どあい》が強くなってきたので、ロシア下士を事務所に収容したところ、俘虜兵卒の集団が事務所前に集まり、喧噪《けんそう》が甚だしくなったうえに制止する収容所の監督下士へも反抗するような態度が見えたので、衛兵を所内に展開し、俘虜兵卒を圧迫したので、午後一時十分ごろに漸く沈静に向かった。午後二時三十分には、騎兵五十名と輜重兵四十八名の部隊が到着した。その五分後には衛兵に不時点呼の喇叭《らっぱ》を吹かせ、俘虜が室外への出るのを禁止し、騎兵・輜重兵が乗馬・抜刀で所内の警戒を行った。

午後三時三十分に歩兵一小隊、四時四十分に歩兵一中隊、五時二十五分に歩兵一中隊が到着して、騎兵と輜重兵と交代した（歩兵二中隊と一小隊となる）。午後七時四十五分に、各部隊から暴行者・教唆《きょうさ》者・命令違反者合計四十八名を取調べ、所内に営倉がないので大阪衛戍監獄《えいじゅかんごく》に送って師団長に取調を具申し、七時五十分には、特に保護を加えていた俘虜の下士十四名を高石の収容所に移した。この夜には、収容所に放火あるいは所員を殺害するという計画がある旨を俘虜下士が密告して来たので、警戒を厳重にしたが何ら事件は起きなかった。

翌日の十六日の正午までは自炊は行われず、ただパンだけを食していたが、中には自炊しようとする者が少数いたものの、他を恐れてあえてしようとはしなかった。午後二時頃にいたって、ユダヤ人・ポーランド人などからなる第二部から自炊を嘆願する者が続出したので、衛兵をつけて自炊に着手させるに至った。これ以後はほかの部からも自炊の嘆願者が次第に増加したので、第二部の大部分と第一部の一部が自炊をするにいたった。

十七日朝、第五部の全室が当番卒を出して自炊を嘆願したので許可をし、第三部の一部も出願があった。この日の正午までに自炊をはじめたのは、第二部と第五部の大半、第一部と第三部の一部で、第四部は一人の出願者もなかった。

このように事態が漸やく沈静に向かったので、第四師団から特派された衛兵も二個小隊を残して引き揚げさせた。十八日の午後一時までは、全数九七室五六〇〇名中、七三室四〇〇〇余名が自炊をするに至った。第四部は全員が自炊を出願しなかったが、取調の結果一二名の教唆者を発見したので、衛戍監獄に送致した。その後は第四部も全部が自炊を出願するにいたった。午後五時頃には二、三名を除くほかは皆出願自炊をするようになり、全く平静になった。」

天下茶屋俘虜収容所の自炊事件、浜寺俘虜収容所の窃盗および窓戸破損事件等で衛戍監獄の仮営倉に入れられた六七名の下士卒への検察審問が行われ、四二名が有罪、二二名が無罪となった（二月二五日付）。この記事の続報では、六七名の内五一名が無罪釈放、一六名が有罪となり、二月二八日から軍法会議で審問が開始されることとなった（三月一日付）。三月一〇日には、衛戍監獄に残留していた七名について処罰が決定された。それによると俘虜のうち三名が日本びいきを公言していた二名の下士を拳で殴打し、頭部と右眼下に打撲傷を負わすなどの打撲を与えたことにより、重禁錮五ヵ月の宣告が行われ、大阪監獄へ引き渡された（三月一一日付）。

なお、この間に浜寺俘虜収容所では、麺麭《めんぽう》（パン）の窃盗や窓戸破毀《はき》事件がおきており、一時騒ぎが大きくなりかけたが、漸く沈静し、浜寺においても自炊させる予定であると報道されている（二月二五日付）。三月三日には浜寺俘虜収容所で、俘虜のうち二〇〇名ほどの数組が、収容所構内を大声で歌いながら歩き回り、もの干し場の柱や板囲いの控《ひか》え柱を引き抜いたり、便器用の瓶《びん》を破壊するなどの乱暴を働いたため、衛兵が配置に付いて警戒し、係官が応急の処置をとって鎮撫《ちんぶ》したという事件がおきている（三月四日付）。このため、翌四日には、騎兵第四聯隊の二中隊が収容所に立ち寄って構内を廻り、沈静に努めたという。騒ぎの原因はわからないが、身分調べのことから行き違いが生じたのではないかと伝えられている。

この騒動を引きおこしたとされて、審問を受けたのは二二名であった。

天下茶屋俘虜収容所の閉鎖と今宮俘虜収容所の開設

一九〇五（明治三八）年三月四日、浜寺幕営地の俘虜が浜寺俘虜収容所に移転を完了した。これにより従来、幕営俘虜収容所・浜寺俘虜収容所・天下茶屋俘虜収容所の三ヵ所に分かれていた収容所が、浜寺俘虜収容所（一万八九二五人）、天下茶屋俘虜収容所（六〇六二人）の二ヵ所となった。

一九〇五（明治三八）年三月の奉天会戦のあと俘虜が多数出た事に加え、負傷者も多数発生したので、第四師団では、浜寺俘虜収容所天下茶屋分所を大阪予備病院天下茶屋分院とすることとし、天下茶屋にいる俘虜六〇四七人は浜寺の幕営地に収容することとし、三月一八日に移転を終えた。こうして、俘虜収容所としての天下茶屋は三月一八日でその役目を終えた。

一九〇五（明治三八）年五月二七日、ロシアのバルチック艦隊と日本の連合艦隊との海戦（日本海海戦）の結果、多数の俘虜が生じた。その俘虜のうち、俘虜将校一〇〇名と同数の従卒を大阪に収容し、同じく将校一五〇名と同数の従卒を伏見《ふしみ》もしくは大津に収容する見込が、陸軍省から第四師団の留守師団に電命された。それにより、第五回内国勧業博覧会の跡地で今宮《いまみや》にある参考館が撰ばれた。同館は、日本側の傷病兵を収容していたが、この時期には患者は他に転じていて、空いていたのである。この今宮俘虜収容所には将校および将校相当官とその従卒が収容されることとなった。

七月二日に、まず五八名が収容された。新聞では、将校だけに英仏語を話す者が多く、諸事便利だと記されている。七月二九日には俘虜将校の自由散歩が許可されている。許可された範囲は、東横堀川《ひがしよこぼりがわ》と木津川《きづがわ》の間、堂島川《どうじまがわ》と道頓堀川《どうとんぼりがわ》の間のほか、四天王寺《してんのうじ》・生國魂神社《いくくにたまじんじゃ》・高津神社《こうづじんじゃ》・大阪博物場・天下茶屋・住吉・堺となっていた。実際に自由散歩をした者の中には、新町の遊廓に登楼したものが四人いた。堀江の遊廓に来た者もいたが、登楼を拒否されたと報道されている。

再度の暴動事件と落雷事故

浜寺俘虜収容所では、一九〇五（明治三八）年六月三〇日に、食事の分配中に一部の者が不満を持ち、炊事場に押しかけ、乱暴を働く事件が発生した。所員の制止も聞き入れず、暴動化したので憲兵・衛兵が制圧し、一〇名ほどの者を仮営倉に入れて沈静化させた。原因は、副食物に白絞油《しらしめゆ》（菜種油）を加味していたが、赤痢《せきり》や下痢《げり》が流行していたので、分量を減じたところ、味が悪くなったとして暴動になり、昼食・夕食も拒み、炊事場に押しかけ、制圧しようとした憲兵等に棒などをもって抵抗したため、憲兵も拳銃を発砲して漸く制圧したという（七月一日付・二日付）。

一九〇五（明治三八）年七月一五日には、浜寺俘虜収容所に落雷し、一三号舎の四名が即死、三一号舎の一名が重傷、一二号舎の四名が軽傷を負った。『大阪朝日新聞』から紹介する（七月一七日付）。

「一昨日は午後一時頃より夜十一時頃に至るまで暗雲浜寺、高石地方の天を掩《おお》ひ、風の間に〳〵断続として雨降り雷鳴さへ加はりしが午後六時より七時に至る間は、最も激しき降雨ありて、雷鳴轟《とどろ》き電光閃《ひらめ》き物凄《ものすご》さ言はん方なく松吹く風、岸打つ波も常に無く怒り狂ひたり、この時浜寺俘虜収容所第四区（高石）には二百五人詰の廠舎《しょうしゃ》五十棟に露西亜《ロシア》、猶太《ユダヤ》、韃靼《タタール》、波蘭《ポーランド》、独逸《ドイツ》等の異人種より成る一万余人の俘虜が点灯前の無聊《ぶりょう》を慰めんとにや裸体となりて降雨の中に立出で奇異なる声を張り上げて躍り狂ふもあれば軒に立ちて遥かに思ひを故国の空に寄するもあり、蚊帳《かや》を吊《つ》りて謹慎せるもの、長卓を圍《かこ》んで談話を試むるもの、圓匙《スコップ》を持ちて廠舎内の雨水を汲み出すものなどありしが、雷鳴一層轟き渡り電光物凄く収容所を射ると見るや、間一髪を出ずして第十三号舎に居りし、海軍一等機関兵グジマス、エーチコップ▲一等火夫ヒソープ、ブハレンコ▲海軍伍長ミトロバン、バラシン▲一等水兵コジマ、チャシニコツプの四名は即死を遂げ、尚同舎に来合せ居たる十三号舎の東部西伯利亜狙撃歩兵服務歩兵伍長ウ井ルケルム、バレムは重傷を受け、この他十二号舎の水兵ヒュトン、ホープ▲十八号舎の撤兵カールプロターソー▲二十六号舎の水兵ウェアシソーイワン▲同イワン、スタベースキー等の四名は微傷を負ひたり、尚夕食前の事とて炊事場に茶を汲みに行ける者など数名卒倒せしが、家屋の損害は極めて少く、唯十三号舎の固定長卓の脚部が裂け、二十六号舎入口の洋服掛の銅線に多少の異常を認めしのみなりき、落雷後点灯時間となるも、電灯点火せざるため、廠舎の一部は夜更くるまで暗黒なりしが、堺送電所に急報して修繕を施して漸く点火するに至れり（後略）」

重傷者のうち、ウ井ルケルムはかつて発狂したため阿倍野予備病院に収容され、数日前に快癒《かいゆ》して退院し、収容所に帰ったばかりであったが、この落雷で再び精神に異常をきたし躁狂《そうきょう》となったため、再び予備病院に収容されることになった。

革命の余波と俘虜送還

日露戦争の間に、ロシアでは革命騒動が発生し、それが日露戦争遂行にも影響を与えたが、収容所の中でもその余波はあった。浜寺俘虜収容所には、保守・中立・革命の三派がいた。新聞によれば、神戸在留のロシア人でアメリカに帰化した、ラッセルという人物が、慰問と称して収容所を訪れ、その際に『日本及び露西亜』という雑誌を配ったり、檄文《げきぶん》を持ち込み革命主義を広めようとした。講和後、信書の検閲がなくなり、ロシアの新聞を欧米の新聞と比較対照し、ロシア国内での革命騒ぎが真実であると知った収容所内の革命派は気勢をあげ、保守派との軋轢《あつれき》が生じ、ナイフを振るう事件などがあったという（一一月一九日付）。そのため、不時の騒動に備えて警戒を厳重にしていると報じられている（一一月二二日付）。

日露講和会議により、俘虜の送還が行われることになったが、大阪では一九〇五（明治三八）年一一月一二日から一五日までに、浜寺俘虜収容所および今宮俘虜収容所の俘虜の大部分を神戸に移送することとなった。ただし、神戸は凱旋軍隊の上陸地でもあり、凱旋部隊が一時的に民家に分宿するため、俘虜達を宿泊させるところがない。一五日以降は、大阪築港からロシアの輸送船に乗船させることとした。この俘虜送還の期間にも、浜寺俘虜収容所では俘虜が柵外へ脱出して、騒動をおこすようなことをしており、深夜に民家を脅かすようなことがあると報道されている。これは今や脱柵しても罪に問われないことを良いこととして、このような騒ぎがおこると指摘されている（一九〇六年一月二七日付）。

この送還事務は一九〇六（明治三九）年一月にかけて行われ、一月一二日には今宮俘虜収容所に残存していた俘虜を浜寺に移転させて、今宮俘虜収容所を閉鎖した。二月二二日、最後まで浜寺にいた俘虜の引き渡しが終了し、浜寺俘虜収容所が閉鎖された。浜寺俘虜収容所は日本で最後に閉鎖された俘虜収容所でもあった。

おわりに

大阪における俘虜収容所は、一九〇五（明治三八）年一月一三日に最初の入所が天下茶屋において行われた。その後、浜寺（高石）、今宮等に置かれたが、一九〇六（明治三九）年二月二二日に、浜寺俘虜収容所が閉鎖されることにより、収容所はすべてなくなった。この間、一年余にわたった。収容所内での俘虜達の生活、外出を許されたときの市民との交流、日本人の俘虜に対する接し方、俘虜達の日本への感想等は取り上げなかったが、俘虜に対しては国際条約に従って扱うという趣旨が守られていて、比較的寛容であったと思われる。そして、「俘虜となるのは不名誉なことではない」ということを、日本側も何度となく関係者に伝えており、後の時期とは感覚が違っていたといえる。もちろん、言葉や風習などの違いで誤解から騒動がおこることもあった。しかし、それは大きな問題にならなかったと思われる。俘虜達は無聊を慰めるために、仮装舞踏会や楽器演奏や賭博《とばく》をしていたことも新聞報道されている。しかし、新聞に伝えられる以上のことは、あまり明らかになってはいない。賭博については大目に見ていたらしい。市民たちからの差し入れもあって、俘虜から感謝されることもあった。

第一次世界大戦に際して、今度はドイツ兵の俘虜が発生した。大阪では、一九一五（大正四）年に俘虜収容所が設置され、一九一六（大正六）年二月まであった。俘虜に対する態度は日露戦争の時と同様、国際条約を遵守するということだった。しかし、日露戦争の俘虜とはその扱いが微妙に違っているように思われる。ロシア兵俘虜の多くは比較的自由に外出を認められていた。しかし、ドイツ兵俘虜は大阪市内への外出は認められなかった。この差が何に起因するのかは、いくつかの理由があげられる。ただし、その比較を試みるには、ロシア兵俘虜の実態、ドイツ兵俘虜の実態の調査がいまだ不完全であると思われる。今後の実態解明に期待したい。

第五章　追検証　従軍日記が語る『坂の上の雲』

横山篤夫×西川寿勝
Atsuo Yokoyama・Toshikatsu Nishikawa

西川　対談は基本的に西川が横山先生に質問するかたちで進行し、最後に、会場からもご質問・ご感想を受けたいと思います。また、会場には日露戦争や従軍日記について、研究されている方々もお越しいただいております。適時、ご意見をおうかがいしたく思います。

第一節　ロシア皇帝は戦争を望んでいなかった

西川　まず、明治時代と戦争について考えてみたいと思います。ちょうど、司馬遼太郎の『坂の上の雲』が注目されておりまして、二〇一〇年、二〇一一年の年末にはＮＨＫのドラマとしても放映されています。そのなかで近代国家の国民となった日本人を「新鮮さに高揚した」などと表現しているわけですね。ところで、横山先生のご講演（第二章）で、本当はロシア皇帝ニコライ二世が日本と戦争をする意思はなかった、という新説をご紹介いただきました。これについて、もう少し解説いただけますか。

横山　もちろん、ロシア政府の中枢には東アジアで南下政策をとって、朝鮮半島を支配してしまおうという意見がなかったわけではありません。例えば、極東総督のアレクセーエフ海軍大将は南下政策による主戦論者でした。彼は皇帝の信任が厚く、最終的に賛同する意見をもらい、大きな権限をもった極東総督府の長に就任するのです。

しかし、真実は一九九一年にソビエト連邦が崩壊し、一九〜二〇世紀の公文書がどんどん公開され、正確に分析されはじめたことで明確になりつつあります。日露戦争をロシア側から検討できる新たな史料が続々出てきたのです。

当時、陸軍大臣のクロパトキン、大蔵大臣のヴィッテ、外務大臣のラムズドルフなど、政府の中枢は東アジアへの進出より、ヨーロッパ政策を優先すべきだという意見で議論しているのです。

実は、当時のドイツとロシアは緊張関係にありました。ドイツは鉄道建設がめざましく、もし軍事動員されると、大量の兵士が国境まですみやかに移動できることに危機感が高まったわけです。これに対して、ロシアはドイツに対抗する機動力がなかったのです。これも近代戦争の特徴です。鉄道技術の進化と兵士動員の規模や速さは切っても切れない関係でした。ドイツは第一次世界大戦に敗戦するまで、平時も鉄道を陸軍が管轄していたのです。

日清戦争後の三国干渉《さんごくかんしょう》でロシア・ドイツ・フランスは連合して、日本の遼東半島進出を排除しました。一見、三国は親密だったように思えるわけです。それは日本が遼東半島の利権を独り占めすることに対して意見が一致しただけで、決して親密ではなかったのです。そして、日露戦争時もフランス・ドイツはロシアを全面的に支援しませんでした。

一八九六年、清の李鴻章《りこうしょう》とロバノフ外務大臣は、遼東半島を貫く東清鉄道建設について密約を結ぼうともしました。そして、一九〇〇年に北京で北清事変が勃発、ロシアは遼東半島に軍隊を増強して、なかなか撤退しませんでした。ただし、その判断は極東総督アレクセーエフの意思による部分が大きく、モスクワの政府中枢としてはヨーロッパ情勢に対処するため、日本との関係を荒立てる余裕はもっていなかったのです。

日本の軍事史研究に大きな業績を残された大江志乃夫《おおえしのぶ》さんは、クロパトキン陸軍大臣がもともと満州戦線の総司令官だったのではなく、オーストリア戦線の最高司令官だったこと、対日戦線の研究や準備はしていなかったことを強調します。実際、日露は開戦したわけですから結果論でしかないのですが、百年以上のちにロシアの真意がひも解かれたことは大変重要だと思っています。また、ロシアの公文書を細かく検討したロシア史研究者の和田春樹さんは、ロシアが統一国家として機能していなかった、ロシア皇帝のニコライ二世が一貫した政策をできていなかったと記します。これも驚きの真相ですね。

西川　ありがとうございます。ロシア皇帝は極東情勢や日本の実力を軽く見ていたのかもしれません。逆に、日本もヨーロッパ各国の思惑に振り回されたかもしれません。例えば、ロシアに肩入れしていたはずのドイツは戦争に及んで、大砲の技術や使用法まで武官を日本に派遣して指導するわけです。日本は最新式の大砲をたくさんドイツから購入して日露戦争を戦いました。いわゆる、クルップ社のクルップ砲ですね。また、機関銃はフランスのホチキス社から購入しました。イギリス・アメリカからは銃弾・砲弾の援助を受けました。逆に、ロシアはイギリスのマキシム製の機関銃でした。ヨーロッパ側から見れば、日本とロシアが戦っておたがいが弱まり、自国に利益がもたらされればよいと思ったのかもしれません。戦争のおぞましさですね。

さて、日露戦争では日本が勝利しました。ところが、ロシアはその後も極東に軍備を増強します。それで、日本はへとへとに疲弊していたのですが、陸軍は師団数を増やし、海軍は軍艦をイギリスから購入するのです。さらなる軍拡へと向かうのです。横山先生は日露戦争後の日本の動向をどうみますか。

横山　日露戦争で日本が疲弊した、経済的にも軍事的にも危機的だったと国民がわかっていたかどうかですね。

夏目漱石は一九〇九年に刊行された小説『それから』の中で「日本は西洋から借金でもしなければ到底立ち行かない国だ。それでゐて一等国を以って任じてゐる。さうして、無理にも一等国の仲間入りをしようとする。（中略）牛と競争する蛙《かえる》と同じことで、もう君、腹が裂けるよ」と日本を冷静に客観化して見ていました。

ところが、冷静に判断できたのは一部の知識人や政治家のみで、一般国民はそう思っていなかったのです。政府や軍は正確な情報を発信しなかったこともありますし、報道の姿勢にも問題があったと思います。

国外では白色人種に対し、黄色人種が戦争に勝ったということで大きな影響があったことも事実です。東郷平八郎《とうごうへいはちろう》は世界的に有名になりました。トルコにトーゴー通りができたり、フィンランドの東郷提督の顔をラベルにしたトーゴービールが人気を博しました。これは西川先生がくわしいですね。

西川　はい、現在も東郷ビールは日本で売られています。ただし、東郷ビールに関しては日露戦争に関係するものではなく、一九七〇年代に世界の有名な海軍提督をラベルにしたビールをフィンランドで売り出したところ、日本人が明治期からあるものと勘違いしたようです。

横山　日露戦争での日本の勝利は白人の帝国主義国に植民地化されていたアジアなどの国々の人々、ロシア帝国の圧制とたたかっていた周辺諸国の人々を勇気づけたといわれます。例えば、インドではベンガル分割の反対運動で日露戦争の勝利をあげて人々を鼓舞《こぶ》しました。ベンガルの名門貴族の家に生まれた詩人タゴールは、日本文化への尊敬の念をもって、一九一六年に来日しました。最初の上陸地神戸で日本各界の人々から熱烈に歓迎されたのに、タゴールは日本の現実を見てすぐに失望したといわれます。「そこにみえるのは鉄でできた日本であって、血と肉のそれではない」と覇権政治を進める日本を厳しく批判し、その考えは死ぬまで変わらなかったということです。

もっとも影響を受けた中国は、確かに多くの留学生を日本に送り込みます。遣唐使《けんとうし》以来の日中交流史のなかで日本に学びに来たのは一度もなかった現象です。孫文《そんぶん》もその一人でした。のちに辛亥革命《しんがいかくめい》をおこす孫文は西欧諸国に中国がどう向き合うべきかいろいろな意味で日本から学び、中国のあるべき姿を方向付けました。孫文は演説「大アジア主義」で、日本が弱い国々を束ねて力の政治にブレーキをかける進路をとるのか、そうでないのかを問うたわけです。ところが、その後の日本は弱い国を植民地にしていった列強と同じ方向に進んでしまったのですね。「西洋覇道《はどう》の犬となるか、あるいは東洋王道の干城《かんじょう》（武人）となるか、それは日本国民の慎重に考慮すべきことであります」という演説です。

日本は「満州の利権」を固持するきめ台詞《ぜりふ》として「満蒙《まんもう》には十万の英霊の血が染み込んでいる」と国民の犠牲を盾にするわけです。私はこの言葉がその後の日本で自由に議論することを規制してしまった、と思っています。

司馬遼太郎の歴史小説『坂の上の雲』をもとにNHKドラマが放映されています。ドラマの示す歴史観については賛否の声があります。今改めて、日露戦争の歴史認識が問われている時代が来ていると思います。

西川　孫文は、武力で植民地拡大を図る西洋列強の政治を「覇道」と呼び、中国皇帝が古来から辺境の朝貢に対し、仁や徳でもって迎え入れたことを「王道」と呼びました。やはり、日露戦争に勝利したという自負が後々の日本人を大きく変えたのかも知れません。それは当初揚げていた、自国や東アジア諸国を巨大な白人社会から守るという大義名分とは裏腹に、結局は日本が中国や朝鮮に対する植民地戦争の勝利者にすぎなかったということです。

もう少し具体的にいえば、日本はロシアに対抗するためにイギリスやアメリカの協力を求めました。これらの諸国も植民地政策の観点からアジアを見つめていました。そうすると、日露戦争とは、日本が朝鮮を保

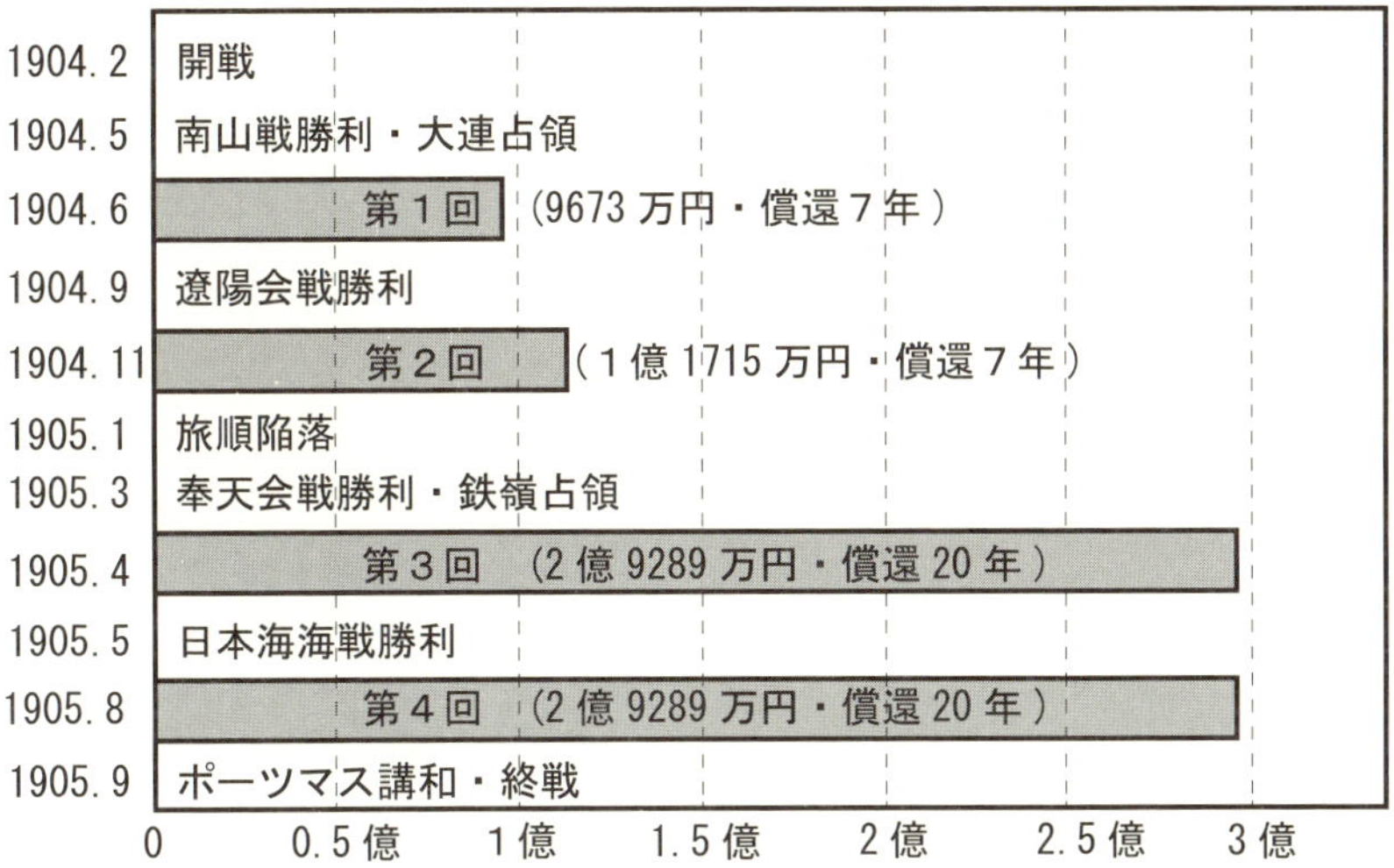

日露戦争の原資の大半は借金（公債）だった。しかし、旅順陥落・奉天会戦の勝利以降、日本公債の人気は高まり、それ以前の倍額の発行が可能となった。しかも、第二回までの利率が 6.0%・償還期限も 7 年だったことに対し、第 3 回以降は 4.5%・償還 20 年となる。世界の金融界は日本の勝利を鋭く見すえていた。

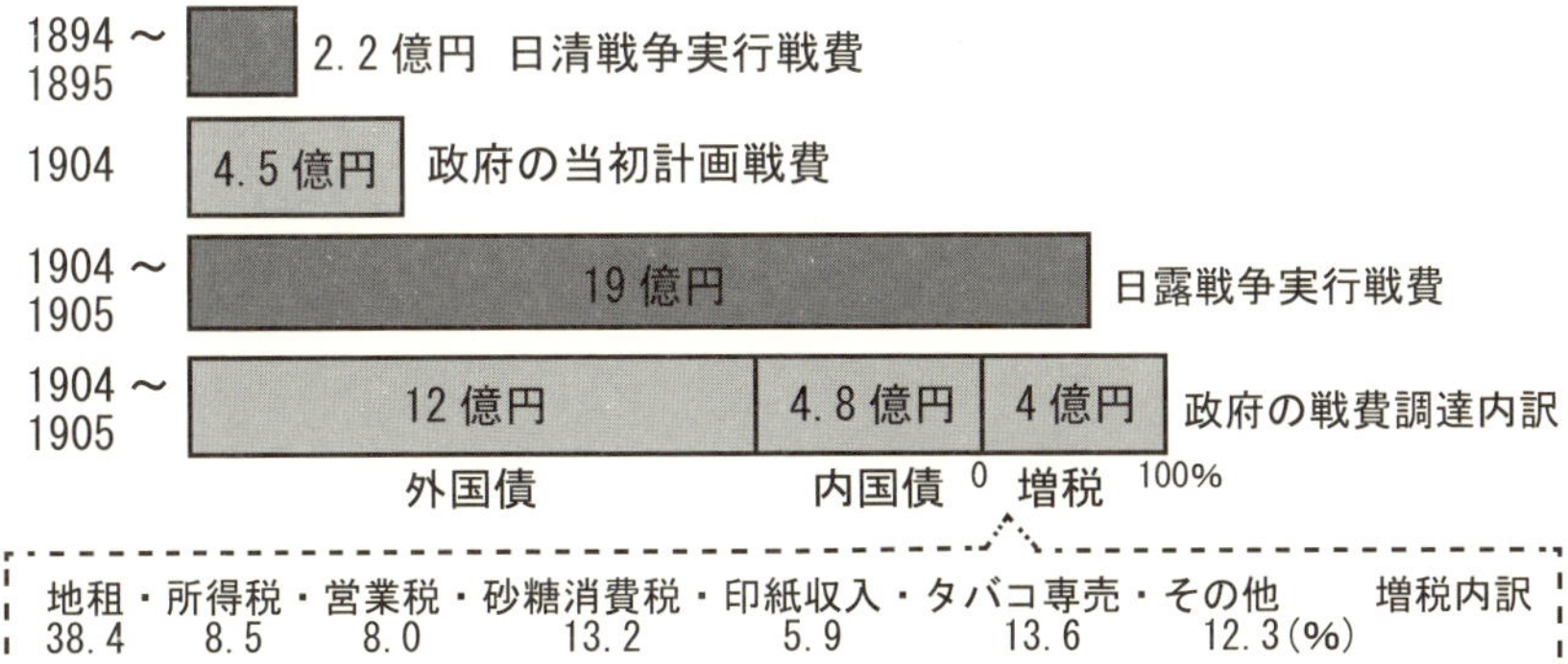

開戦直前の戦費予算は 4.5 億円が計画された。現在の金額にすると約 1.6 兆円といわれる。1903 年の国家予算一般会計歳出は 2.5 億円だから、約二倍を必要とする計画だ。
政府は増税で約 1 億、国債で 1 億を計画したが、まだ足らなかった。しかも戦費は最終的に 19 億円に膨れ上がり、ロシアからの賠償金は得られず講和に至った。

図 1　英国債発行額の推移と戦費（概算）

護国化するみかえりにイギリスのインド、アメリカのフィリピンを植民地としてお互いに認めあう契機になってしまったわけです。この過程にはもちろん朝鮮・インド・フィリピンの意向は無視されています。

日本は白色人種も黄色人種も、優劣がないんだと平等を唱えるのですが、戦争が終わってみると、黄色人種のなかで自らを優位に位置づけ、やがて傲慢《ごうまん》になっていくのですね。私はこういう特徴が日露戦争を画期として読み取れると思っています。

次に、日露戦争終結後、日本は一時的にせよ十分な講和条件を引き出せずに国は莫大な借金を背負って、増税も続けられたわけです。実情、戦争継続は不可能なくらい軍も疲弊したわけですね。ところが、その反省はあったのかと疑いたくなります。日本はさらに軍備を拡張するのです。

興味深いことに、日本はがんばって、イギリスやアメリカに対する日露戦争の借金を返してしまいます。その後、第一次世界大戦に巻き込まれずに、経済成長したという幸運もあったわけです。ところが、関東大震災で首都が破壊されると、再び借金が膨らみました。昭和のはじめに日本が疲弊していく原因のひとつとされています。地震は怖いわけです。

余談ですが、日露戦争の戦費はおおまかに一九億円、そのうち一二億円を英・米などの外国債券でまかないます(図1)。残りは国債と増税です。まさに借金戦争です。開戦から奉天会戦まで一年、これ以上戦争継続できなかったのも、借金戦争が限界だったからですね。ところが、日本ではインフレーション(物価高)があまりおこらなかった。対して、ロシアは借金を積んだため、ハイパーインフレがおこって庶民が戦争反対を訴えるのです。日本ではそういうことにはなりませんでした。

第二節　日露戦争を通じて私たちのくらしをかえたもの

西川　国際的な影響以外にも、日露戦争で私たちの身近なくらしを変えるものが多く登場しています。まず、私からそのひとつを紹介したいと思います。

従軍日記は、全国の兵隊さんが大阪駅を通って広島から船で出征する様子も記しています。大阪では愛国婦人会など、銃後の人たちがパンの差し入れを盛んにしています。このパンは西洋の食文化を取り入れたものですが、京阪神モダニズムといって、大阪の人たちにはパン食が普及しはじめていました。

そこでおもしろいのが、アンパンとジャムパンです。もともと西洋ではパンにバターやジャムを塗って食べることはあっても最初からなかに入れ込んで売られることはなかったのです。日本風に和菓子のアンを入れ込んだものがアンパンです。世界中どこにもアンパンはなく、日本の発明品です。おそらく、中華料理のあんまんの発想もあったのでしょう。これは東京に現在もある木村屋がはじめて、明治天皇に献上したということを契機に大流行するのです。

そのあと登場したのがジャムパンです。これは日露戦争で兵士の食糧としてあった乾パンにはさむための杏《あんず》のジャムをパンにいれたもので、これも木村屋が普及させました。ジャムパンも日本人の発明品で戦争の思わぬ副産物です。当時、アンパンは一銭、ジャムパンは二銭で、高級品だったのですが、飛ぶように売れたといいます。おもしろいですね。

横山先生、このほかに日露戦争が契機になって普及したものをいくつか紹介してもらえますか。

横山　日本発信のファッションとか、新たな文化ということでおもしろいものがあります。当時の女性の

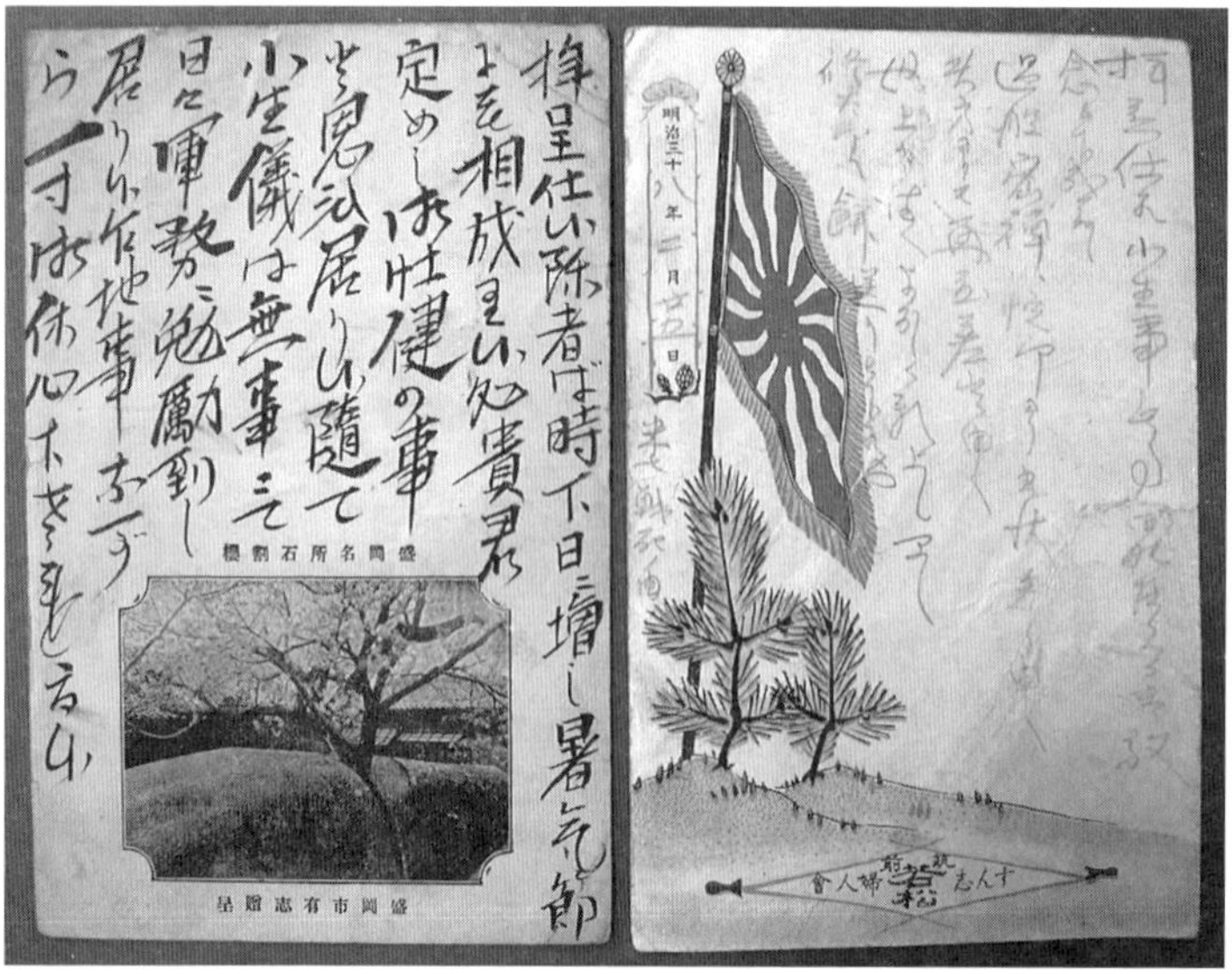

「米七戦死ノ由」

戦地での無事を伝達するため、絵葉書が爆発的に流行した。右は筑前若松婦人会の謹製で、左は盛岡市有志贈呈とある。いずれも戦闘詳報や遠征場所などはなく、無事で務めに励んでいることのみしめす。右のハガキは鉛筆書き。欄外に戦友の戦死を報告する。右は第八師団（弘前）の砲兵から。左は後備混成第八旅団衛生隊の衛生兵から。

図２　軍事郵便

髪形に「二百三高地髷《まげ》」があります（コラム3図1、116頁参照）。二百三高地の激戦と女性がなかなか落ちないことをかけて言ったそうで、頭上でひさしのような張り出しをした髷です。洋装にも和装にも合うということから、大正中頃まで長く流行しました。東郷帽子、東郷歯磨きなど、商品名に当時の将軍の名前をつけたものもありました。

それから、腕時計の普及も日露戦争前後ということです。とくに学生が腕時計をするようになりました。軍隊は時間単位に兵士が集団行動します。軍隊の時間に関する合理的な精神が日常生活にも定着していったということです。

兵士を送り出した故郷や家族は戦場の様子がとても気になります。日露戦争後半には戦場の写真が新聞紙面を飾り、写真のある新聞が普及したとも言われています。

一九〇四年には大本営写真班が日露戦争に従軍して記録写真を撮影したのも、日本の写真発達史に特記される出来事でした。

西川　写真でいえば、絵はがきが爆発的に普及するのも日露戦争の軍事郵便からで、兵士は家族に無事を伝えたいけれども、詳細は書けない。そこで、戦地から絵はがきを頻繁《ひんぱん》に送って無事を確かめ合うわけです(図2)。

新聞は日本の連戦連勝に多くの号外《ごうがい》を刷って速報します。なかでも、大阪毎日新聞は五〇〇日の戦争で四二八回の号外を発行しています。ほとんど毎日です。それで定時号外と呼びました。これが夕刊の起源とされるわけです。

その他、大阪は大阪城の東側に広大な砲兵工廠《ほうへいこうしょう》があって、古くから大砲や砲弾の生産を一手に担っていたわけです。日露戦争でも物凄い数の大砲と砲弾をつくりました。そうすると、職人の数が足らない。そこで女工も含めて大量に雇用があったわけです。民間の工場も活用されました。このとき、大砲は主にドイツの技術だったから、数値単位はセンチメートル・ミリメートルです。それまでの日本の尺貫法《しゃっかんほう》や英米のインチ・フィートという単位ではありません。以後、私達はセンチの単位を使い慣れています。これも日露戦争以来、陸軍から広まったというのです。

第三節　従軍日記をどう評価するか

西川　次に、従軍日記について教えてもらいたいと思います。日本軍は末端の兵士に至るまで、戦場で日記をつけることが多かったというのです。横山先生、従軍日記とはどういうものなのですか。

『明治卅七・八年日露戦史』全二〇巻は相当な容量のため、専用本棚で売り出された。

図３　『公刊戦史』

横山　軍隊というのは国家の機能を分担する役所という一面をもっていました。そこで戦争に際しては、軍隊の部隊毎に戦場の記録係を定め、戦果や被害状況までの詳細な報告文を作るわけです。これは「陣中日誌」と呼ばれています。日清戦争のものはよく残っており、「千代田史料」と呼ばれています。日露戦争のものは散逸が激しく、そのかわり、参謀本部がまとめて、いわゆる『公刊戦史』二〇巻が刊行されたわけです（図３）。この中には、本当のことであっても軍の不都合と考えられたことは記述されていません。

これとは別に、個々の兵士が自主的に戦場で記録をつけたもの、これを「従軍日記」と呼んでいます。古くは戊辰《ぼしん》戦争のもの、西南戦争・日清戦争からアジア太平洋戦争に従軍した兵士の日記まであります。

教育制度が浸透し、識字率が高くなると、末端の兵士まで文字を書けるようになりました。そうすると、日露戦争の時代にはかなりの数の兵士が読み書

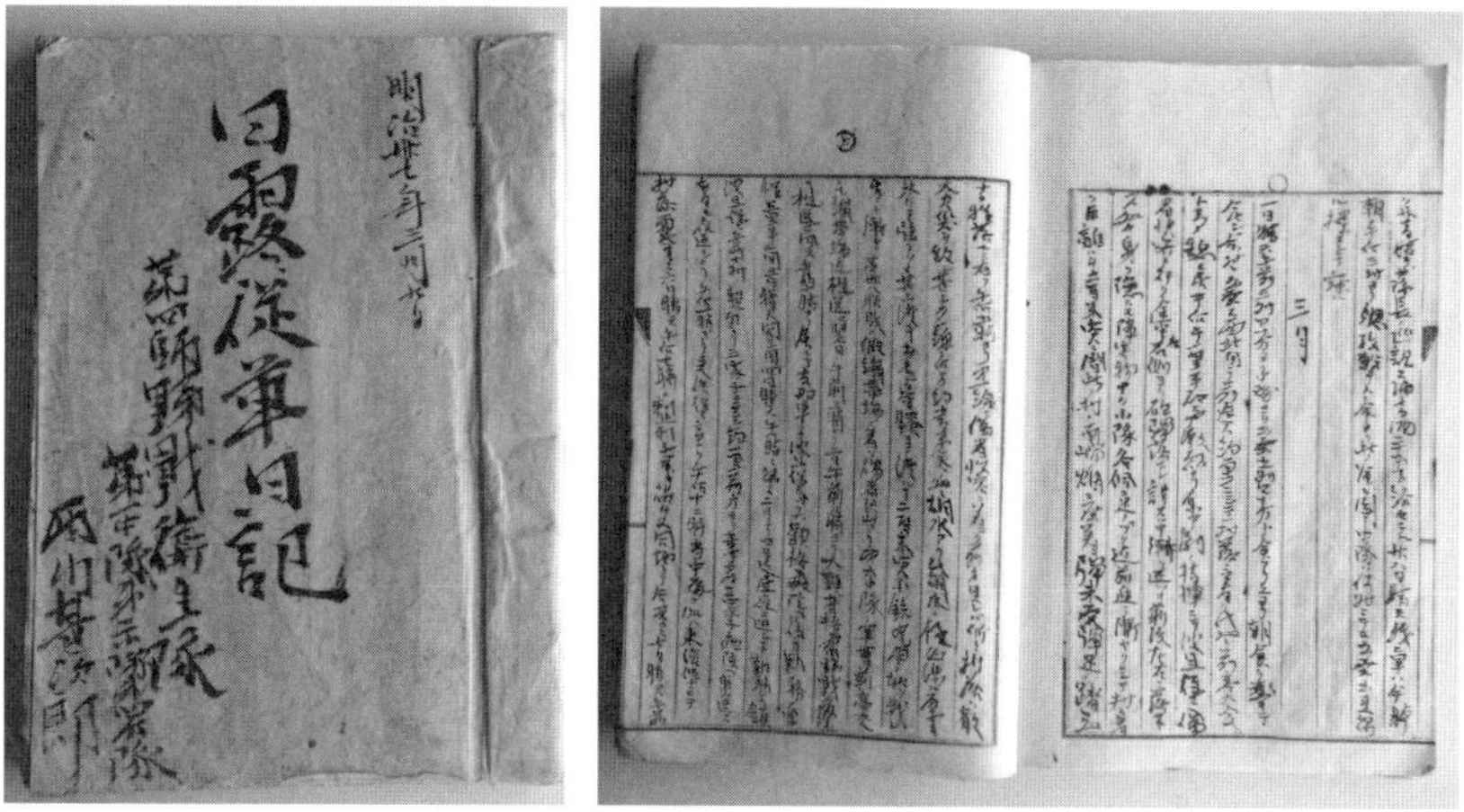

奈良県天理市在住、西川正一氏宅の仏壇から100年を経て、偶然祖父甚次郎の従軍日記が発見された。甚次郎は25歳の、1904年3月9日に出征。出征2日前に婚姻届を出すあわただしさだった。凱旋後は地元で農業を営み、1959年に80歳で亡くなった。親族は従軍日記について、まったく聞かされていなかったという。

図4　西川甚次郎『日露従軍日記』

きできるようになって、日記などの記録が残せるようになった、ということです。

また、当時の国民の大半は自分の生まれた地域から移動することが少ない農民でした。列車に乗って長距離を旅する経験や、大型船で外国に行く経験はなかったのです。戦争という命がけの経験、そしてまったく知らない異国に滞在する経験、外征とは人生の中でたいへんな出来事だったわけです。多くの兵士は食べ物や気候、見聞きするもの、すべてにカルチャーショックを受けるわけです。それで記録しようという衝動がおきたのかもしれません。そのため、時にはオーバーに記述したり、一面的であることは避けられません。しかし同時に軍に不都合なことも、記録される場合があります。

しかし、戦争中の記録ですから、当初はメモ書き程度だったようです。講演で取り上げた西川甚次郎の日記は帰還した後に清書し、一冊にまとめたものと思います。特徴的なこととして、清書されたとしても一冊限りの個人的な書物ですから、ほとんど知られることがないわけです。人前に出されず、しまわれる場合が多かったのです（図4）。

もうひとつの特徴として、このような記録を細かくつける習慣は日本軍ではひろく見られたということです。例えば、日本がアメリカと戦ったとき、米軍情報将校だったドナルドキーンは末端の兵士が持っている日記から日本軍の動きをつかめたと語っています。日本軍戦死者の多くは胸ポケットに手帳をもっており、そこから部隊の行動や自身の経験した食事や戦闘状況など、いろいろなことを書き留めていたというのです。

西川　おもしろいですね。生真面目なのでしょうか。兵士は出征のときに文房具やノートをあらかじめ用意していたということですね。公表するためのものでもないのに。西川甚次郎の従軍日記も数年前に、お孫さんが偶然に見つけ出されたということです。そうすると、私たちの実家の仏壇の裏などにもこのようなご先祖の史料が残されているかもしれません。横山先生、情報将校ではありませんが、従軍日記から戦争を読み解く研究は進んでいるのでしょうか。

横山　最近、兵士の視線から戦争を読み解く研究が注目されてきました。専修大学の新井《あらい》勝紘《かつひろ》先生など、何人かの先生が研究をされていますが、全国的にはこれから、という状況です。

西川　私はこの分野の研究が盛んではないように思います。例えば、新井先生が二〇〇〇年に集成されたときには従軍日記が三〇編程度みつかったということでした。

今回、この会場に日露戦争の従軍日記を研究対象にされている方が何人かお見えになっています。すこし、状況を教えていただきたいのですが、伊丹市立博物館（当時）の延廣壽一《のぶひろとしかず》さんは一〇〇編以上確認できた、という従軍日記の「つわもの」です。これまで知られている日露戦争の従軍日記にはどういう書物や研究報告があるか、解説願えますか（コラム1参照）。

延廣　これまでに日露戦争の従軍日記は、一九七〇年代から一九九〇年代にかけて盛んに研究されてきました。

代表的な先生方は色川大吉先生、井ヶ田良治先生、大江志乃夫先生、大濱徹也先生などです。どちらかというと、関東の大学の先生方が中心になって研究されてきました。とくに、大江志乃夫先生は研究した従軍日記を本にまとめたので、今でも古書店などで購入することができます。

また、大学の先生方だけではなく、個人の方が従軍日記を本にすることが多くあります。こういうケースは、曾おじいさんが残したものを孫の代で本にするというかたちです。

二〇〇〇年になると、専修大学の新井勝紘先生の研究によって、これまで発表されてきた日露戦争の従軍日記の全体数が初めて整理されました。これによって、日露戦争従軍日記は三〇編あることが確認されました。

二〇〇〇年の新井先生による研究からすでに一一年がたちました。私は大学院で日清戦争について研究していましたが、従軍日記は日清戦争でも重要な史料でしたので、様々な調査のなかで、日露戦争の従軍日記も目にすることができました。

私の調査では、地域の歴史をまとめた市町村史に日露戦争の従軍日記が紹介されていることがわかりました。これまで西日本地域を調査しましたが、新たに三一編見つけることができました。

また、東京の防衛省防衛研究所図書館や靖国神社の偕行文庫《かいこうぶんこ》には個人から寄贈された従軍日記が多数収められています。そのほかに、インターネットオークションで商品として従軍日記が売りに出されることもありました。こうした様々なものを合わせると、新たに八一編の従軍日記を確認することができました。

a 戊辰戦争会津軍萱野右兵衛番頭隊の遠藤平太日記『会津戊辰戦争従軍記』
星亮一『平太の戊辰戦争』（2010）ＫＫベストセラーズ
b 西南戦争薩軍大砲隊二番隊病院掛役の久米清太郎日記『西南戦役従軍日記』
風間三郎『西南戦争従軍記』（1999）南方新社
c 日清戦争従軍カメラマンの亀井茲明伯爵日記『従軍日乗』
亀井茲明『日清戦争従軍写真帖』（1992）柏書房
d 北清事変義勇隊総指揮官・公使館付武官の柴五郎中佐日記『籠城日誌』による講演録
柴五郎ほか『北京籠城』（1965）平凡社
e シベリア出兵小倉歩兵第 14 聯隊の松尾勝造上等兵日記『シベリア出征日記』
松尾勝造『シベリア出征日記』（1978）風媒社
f 日中戦争静岡歩兵第 34 聯隊第 11 中隊長の小長井鑑重少佐日記『陣中日誌』
小長井信昌編著『オ父サンノセンサウ』（2006）西田書店
g アジア太平洋戦争潜水艦伊 16 号無線通信兵の石川幸太郎兵曹長日記『陣中日誌』
石川幸太郎『潜水艦伊 16 号通信兵の日誌』（1992）草思社

図 5　様々な従軍日記

新井先生が明らかにした三〇編と合わせせると、現在は一一一編存在している、ということになります。ただ、新井先生にせよ、私の調査にせよ、まだ全国規模での従軍日記の調査は行われていません。従軍日記の本格的な調査はまだはじまったばかりです。もしかすると、今日ご参加していただいている会場の皆様の曾おじいさまが残された従軍日記があるかもしれません。そして、皆様がお住まいの地域でも市町村史に従軍日記が紹介されているかもしれません。毎年、様々なルートで従軍日記が発見されているので、あと数年もたてば、数はもっと増えると思います。

百万を越える出征兵士の数から考えると氷山の一角だと思います。たくさんの史料があるということは統計的な研究、比較研究、部隊や兵科別の研究など、総合的な検討ができるようになったということでしょうか（図５）。

西川　延廣さん、ありがとうございました。具体例として、神戸女学院大学大学院の今西さんは以前に京都府福知山から後備歩兵として出征した兵士の従軍日記をみつけだされて、読み下しを研究誌に報告されました。現在は西川甚次郎日記の読み下しも編集されています。これらを通して、兵士のみた日露戦争の興味深かった事象、あまり戦史で知られていないような軍隊生活の実態について、一・三紹介していただけますか。

今西　私が巡り会った従軍日記は、田中小一郎という第一〇師団（福知山）の後備歩兵一等卒が書き残したものです。ただ、小一郎は出征して二ヵ月ほどでロシア軍の銃弾を受けて負傷します。負傷してから後はずっと療養生活でしたから、厳密に言えば「従軍日記」というより「療養日記」のような感じの日記なのです。でも、それはそれで負傷兵の視点から日露戦争を見ることができて、興味深く読むことができます。

小一郎の日記には、「牛乳」や「ミルク」が何度も登場します。「ミルク四合給せらる」とか「牛乳四〇〇を日々給せらる」とか「日々滋養品としてミルク六〇〇を三回宛に給せらる」という風に、飲んだ分量や飲み方まできちんと記録しているのです。戦地の兵士たちは自分で「ミルク」を（これは缶詰のコンデンスミルクのようです）買って飲んだりもしますけど、基本的には傷病兵に対して医薬品のように給与されていました（コラム5参照）。傷病兵に滋養をつけるためでした。陸軍省が後に編纂した日露戦争の統計集にも、牛乳は「糧秣《りょうまつ》」ではなく「衛生材料」の「薬物」の欄に記載されていますので、やはり食料品ではなくて医薬品として扱われていたことがわかります。そこで、傷病兵に対して牛乳がどのように給与されていたのか、牛乳を通して戦地医療の一端を探ってみようと、今、手当たりしだい従軍日記に目を通しているところです。

もう一つ、今度はちょっと笑える話です。今日の講演でも紹介された第四師団（大阪）の西川甚次郎日記の中に、「鬼ごっこ」をして遊んだ話が何度か登場するのです。「森迄行き、おにことして遊ぶ」とか「夕方川へ散歩、目かくして遊ぶ」などと、甚次郎は何だか楽しそうに書いています。甚次郎だけではなくて、例えば茂沢祐作という第二師団（仙台）の上等兵なども「夕食後に戸外で鬼ゴッコーをしたが、まるで小児同様さ呵呵《かか》」などと日記に書いています。こういう文面を読むと、戦闘のない時は兵士たちも童心に返って無邪気に遊んだのだなあと微笑ましく思うわけですが、実はそうではなくて、どうも「無邪気に」というより「いやらしく（笑）」と言った方が良さそうなんです。

「目かくして遊ぶ」というのは「目隠し鬼ごっこ」のことで、これは鬼になった人が手拭で目を隠して、音を頼りに手探りで相手を捕まえるんですが、鬼は捕まえた相手の顔やら首やら頭やら身体中を両手で撫でまわして名前を言い当てるわけですね。昔からあった遊びです。明治時代には『忠臣蔵』の中で大星由良之助がこの遊びをする場面が有名になって、巷でずいぶん話題になりました。『忠臣蔵』の七段目、祇園一力《いちりき》

国貞作『仮名手本忠臣蔵第七段目』の一力茶屋で遊女を目隠しで探し当てる浮世絵。
戦闘が一段落すると部隊では演劇の余興などがあり、この七段目も演じられた。

図6　「めくら鬼」遊び

茶屋《ちゃや》の場面です（図6）。

私はふと、戦地で「鬼ごっこ」をして遊んだ甚次郎たちも大星由良之助の気分だったんじゃないだろうかという気がして、従軍日記を読み直してみました。そしたら、やっぱりありました。奉天の戦闘が終わって停戦機運が高まってきた頃、甚次郎の部隊でも芝居などの余興で盛り上がるんですけれども、その中で兵士たちが『忠臣蔵』七段目を上演したことが書かれていました。しかも、件《くだん》の「七段目」ということですから、一等卒の「禿《かむろ》」とか上等兵の「芸妓」なんかが舞台に登場して、見ている方は大爆笑だったのではないでしょうか。そんなことを想像すると、甚次郎が日記に「森迄行き、おにことして遊ぶ」とか「夕方川へ散歩、目かくして遊ぶ」などと書いたのも、「無邪気に」遊んだというより何やら「オヤジ（笑）」の気配がチラチラといたします。

ちなみに、明治期は子供の遊びが「良い遊び」と「悪い遊び」に色分けされるようになった時代でした。一八八一（明治一四）年に描かれた『子供《こども》遊《あそび》善悪《ぜんあく》振分《ふりわけ》寿《す》語《ご》六《ろく》』という絵双六があるのですが、着せ替え遊びや毬《まり》つきなどの遊びは「善」、暴力的な遊びや下品な遊びは「悪」という具合に、子どもの遊びを善と悪に分けているんですね。その中に「目かくし遊び」というのも描かれていました。案の定、「悪」のグループでした。しかも、わざわざ「かういふあそびハ女の子ハせぬはうがよし」という説明書きまで付いているのです。「女の子はしない方がいいけど、男の子なら、まっ、こういう遊びをするのもいいでしょう。でもまあ、あくまでも悪い遊びですからね。その辺のところ、わかりますよね。にゃ〜」というような、二一世紀を生きる一女性としては看過できないニュアンスが感じられるのですが、「女の僻み」でしょうか。

子どものころ目隠し鬼ごっこがなぜ悪い遊びと言われたのか、大人になった兵士たちは今ではもうよくわかっていて（あるいは子どもの頃から薄々わかっていて）、ある意味では「子どもの頃に返って」大勢でワイワイ言いながら遊んだのかもしれませんが、それは「無邪気で純真無垢な童心に返って」というよりも、やはり少々「いやらしく（笑）」遊んだにちがいない。邪推かもしれませんけれども、私はそんな風に見ています。

西川　どうもありがとうございました。芸者遊びの鬼ごっこも忘れ去られた文化かもしれません。また、牛乳の話がありました。第二師団（仙台）歩兵小隊長で出征した多門《たもん》二郎《じろう》の従軍日記にも出てきます。この兵は奉天会戦の決戦で三月一〇日に渾河《こんが》を渡るのですが、前日にコンデンスミルクに玉子を落として飲んだことが記されています。それで、次の日は砲弾が飛び交う中、下痢《げり》が激しくなって我慢できず、渾河の河原でお尻を出して噴水のようになってしまったというのです。その横を第四聯隊（仙台）の部隊が一列で延々と通り過ぎていく様子が記されています。

今西さんは第二〇聯隊（福知山）の後備歩兵の従軍日記を研究されました。この兵士のお話がなかったので少し紹介したいと思います。この兵は後備聯隊だったのですが、遼陽《りょうよう》の戦い、遼陽城南門前の激戦を生き延びた人です。本隊の第二〇聯隊の聯隊長が戦死して、後備聯隊から稲葉聯隊長が引き抜かれる（第四章、133頁参照）、代理の聯隊長のもと、大隊長や他の中隊長もばたばたと戦死、自分の中隊長も大隊長に引き抜かれて、小隊長が中隊の指揮をとる非常時でした。ロシア兵は前日の夜から朝まで夜襲を続け、多くの戦友がばたばた倒れました。そうするうち、ご本人も左足に銃弾があたり、骨まで砕ける重傷を負います。このとき敵が前進し、味方が後退すれば命はなかったと思います。一進一退の激戦に、たまたま味方が前進してくれました。それで、午前中は戦闘状況がわからないまま一人取り残されるわけです。午後になって担架卒《たんかそつ》が駆けつけましたが、その一人も敵弾にあたります。最後は肩にすがり付いて脱出したというのです。従軍日記には生死の狭間の記録もあるのですね。

第四節　数多くの戦死者・俘虜

西川　凱旋《がいせん》した兵士の記録から戦争を読みとくことも重要視できるのですが、もう一つ、日露戦争では数多くの兵士が戦死したという事実もあります。

横山先生、陸軍の兵士が大陸で戦死した場合、その埋葬《まいそう》や葬式、遺族への伝達などにはどういう流れがあったのでしょうか。

横山　陸軍は当初、八万人もの戦死者が出ることを想定していませんでした。南山の戦いで予想外の数の戦死者が出ました（第二章、59頁参照）。その直後に、陸軍は大急ぎで戦死にどう対応するかという規則を定めます。それは「戦場掃除および戦死者埋葬規則」というものです。戦死者は戦場掃除《せんじょうそうじ》という扱われ方になるわけです。軍隊ではこういう言い方をしました。驚くことに、この規則がそのまま第二次世界大戦の終結まで継続していることです。実際には、規則通りにできない事態になるのですが。

規則は二四条からなります。第一条は「各部隊は戦闘終わる毎にすみやかに掃除隊を編成し、戦場における傷病者《しょうびょうしゃ》および死者を捜索し、かつその遺留品を処理すべきものとす」とあります。掃除隊です。

第二条には「……敵国軍隊に属することを問わず、身分階級に応じその死体を丁重に取り扱うべし」とあり、国際法を意識していることがわかります。日露戦争は全世界の注目を受けた戦争だったので、敵国に対する国際法の配慮が強く意識されました。ところが、敵国ロシアに対する配慮だけで、戦場とされた中国や朝鮮での清国人や朝鮮人の被災者に対する配慮はなかったのです。

日本兵の遺体はそのまま本国に送還できませんので、火葬にしました。遺骨は白木の箱に入れられて戻ってくるという情景が思い浮かぶわけですが、そういう流れができるのはかなり後になってからです。激戦の最中です。戦友の遺骨をハンカチに包んで持ち歩いたとか、タバコの箱に入れて郵便で送ったという場合もあったようです。ぞんざいな扱いに対し、当然、遺族から陸軍へ抗議がおこるわけです。そして、少しずつ改善され、流れが出来上がっていくようです。

規則にあるのですが、兵士と士官との扱いは明確に分かれていました。戦死者数が圧倒的に多い兵士は、まとめて火葬してもよい、ということでした。そうすると、焼いた後に誰の遺骨か区別がつかなくなるわけです。それでもそれを分骨しました。将校は一人ずつ火葬されましたが、兵士はそうできなかった場合も多かったようです。

火葬の後、現地に埋葬して墓碑が立てられ、拾われた遺骨は本国に送還されました。おおよそ全国の聯隊ごとに陸軍墓地が造営、埋葬されました。遺族が願い出た場合は、遺骨を引き渡します。実際にどれくらい遺族に引きとられ、どれくらいが陸軍墓地に埋葬されたかについてはよくわかりませんでした。しかし、最近の研究で高知県出身者の日露戦争の遺骨がどれくらいの割合で遺族に引きとられたかが明らかにされ、遺族が引き取った場合が多かったということです。大阪には現存するわが国最大規模の真田山陸軍墓地がありま す。第四師団（大阪）三一六〇人の戦死者に対して、個人墓碑の数は約四〇〇基、一割二分程度です。そこには、墓碑には氏名や階級以外にも戦歴や出身など、様々な銘が刻まれ、ここからの研究も期待できると思います（図7）。その後は合葬墓碑に一括されました。

西川　戦闘の合間に戦場掃除隊が戦死者を収容する。そして、現地で荼毘《だび》にふされて埋葬、遺骨の一部は送還、陸軍墓地に埋葬されるということですね。ただし、遺族が遺骨を引き取る場合が多かったという実態でした。

確か、旅順の戦いで多くの犠牲者が出て、参謀長の児玉源太郎《こだまげんたろう》が直々に戦地を訪れる。そうすると、道沿いに兵士の墓が累々と建てられている。それをみた児玉参謀はおこるわけです。補充兵が旅順の戦場に向かっているのに、その入り口に墓碑を並べるなと。そういう逸話が知られています（コラム3図3c、123頁参照）。

余談ですが、日露戦争では兵器の性能が戦死に大きく結びつきました。というのは、陸軍兵士は主に明治三〇年式の歩兵銃で戦いました。三〇万丁用意されました。この口径が六・五ミリだったのです。対して、ロシア兵の銃は一回り大きい七・六ミリです。それで、弾にあたると致死率が格段に高い。日本はロシア兵

田中千熊伍長

田中は石川県出身。

大阪に出て新聞販売員の仕事に就いていた。現役で第八聯隊（大阪）から出征。

黒溝台の戦いでは敵の防御陣地を破壊し、大隊長から賞詞を受けていた。

その矢先、3月5日に大蘇我堡で敵の逆襲を受け、岡林と同じく奮戦したが敵弾にあたって戦死した。享年21歳。

（真田山陸軍墓地C群6-17墓）

岡林薫予備中尉

岡林は大阪市出身。

明治33年に一年志願兵の兵役を終え、日露戦争では補充兵召集。第八聯隊第四中隊の小隊長。

3月5日に大蘇我堡で敵の猛烈な逆襲を受けながら占領陣地を死守。敵の榴散弾を頭上に浴び、「大丈夫」といいながら昏睡状態となって翌日死亡した。享年25歳。

（真田山陸軍墓地G群10-7墓）

大関啓二一等卒

大関は大阪市出身。

石油販売業に就いていた。

明治37年9月に召集され、奉天会戦が初戦。

4日に小牙林子の敵陣地を攻撃する秋田後備聯隊を救援。西南の一角を突破、敵の最後の防衛線をあと数歩で突破するところ、胸部を撃ち抜かれ戦死した。享年22歳。

（真田山陸軍墓地F群23-21墓）

久松頼三少佐

久松は大阪市出身。

明治11年から陸軍軍人。

奉天会戦の一か月前、歩兵第32聯隊第3大隊長として出征。奉天では2日に大隊の半数が死傷する激戦となり、その後は他部隊と混成で進軍。6日に楊子屯付近の平地で敵味方150mの距離で白兵戦。たがいに爆薬を投げ合ううち被弾。後送されたが3月19日に没した。享年44歳。

（真田山陸軍墓地G群15-2墓）

図7　戦死者が語る戦闘の実態（奉天会戦）

を殺すことより、傷つけて制圧することに主眼を置くのです。のちに捕虜になったロシア兵二〇〇〇名を調査した結果、日本軍の弾にあたった兵は治りが早くて、なかには一二～一三発も弾痕のある兵がいたそうです。

ところが、日本軍は小型の弾だったのでたくさん作って、たくさん携行《けいこう》できたわけです。兵士にとって、弾の補給が滞らないことと、たくさん手持ちがあって撃ち続けられることほど心強く勇敢になれるわけです。甚だしいときは一人で四五〇発たずさえて突撃した兵もあります。つまり、撃っても倒れない巨人ロシア兵と、遠くから勇敢に突撃してくる日本兵の戦いだったのです。

それから、日露戦争では大量のロシア兵の俘虜《ふりょ》（＝捕虜《ほりょ》）が発生したことも重要です。旅順要塞の陥落で四万人、奉天会戦でも二万人、日本海海戦で六千人などがあったわけです。これらは全国に収容施設をつくって送致されました。明治時代、大半の日本人は外国人を見たことがなかったわけで、はじめて見る外国人はロシア軍俘虜だったというわけです。

たまたま、本会場（大阪市中央図書館）には大阪市史編纂所《へんさんしょ》があり、俘虜の動態を研究されている堀田暁生所長がお見えです。堀田所長、少しロシア軍俘虜について、お話いただけますか。

堀田　横山先生のお話のとおり、俘虜についても国際法が遵守され、丁重に対応しようとしたようです。全国に数多くの収容施設ができました。四国の松山が有名です。大阪は天王寺の南（天下茶屋《てんがちゃや》）に建設されたようですが、その正確な場所の特定までは出来ておりません。その後、浜寺《はまでら》（現在の堺市西区浜寺公園）に二万人収容の施設が建設されました（図8）。

ところが、俘虜の扱いに相当苦労したようで、いろいろな事件がおこっています。中にはロシア兵同士の

a 浜寺俘虜収容所（大阪府高石市）

b 天下茶屋俘虜収容所（大阪府大阪市）

浜寺俘虜収容所は旅順開城２ヵ月後に完成、22000人を収容する最大規模の収容所になった。食料のパンを調達するため、全国からパン職人が集められた。天下茶屋俘虜収容所は浜寺の開設で閉鎖された。浜寺の収容所完成までの仮収容施設だろう。
日本海海戦後、大阪俘虜収容所ができた。これは1903年の万博建物を再利用したもので、現在の天王寺公園内にあった。海軍将校と従卒の収容施設だった。

図８　俘虜収容所

ケンカや食べ物の不平もありました。また、西洋音楽の楽器や合唱などに日本人が触れる機会もあったと思います（コラム4参照）。

この経験を活かし、大阪では大正時代に大規模なドイツ兵の俘虜収容所が建設され、その研究成果が最近刊行されました。第一次世界大戦で、山東省青島《さんとうしょうちんたお》のドイツ軍砲台を日本軍が占拠して数多くの俘虜が発生し、日本の各地に俘虜収容所が作られ大阪にもできました。このときも俘虜の逃亡など、いろいろな事件がおこりました。俘虜は楽器を持ち込み、音楽や演劇もしています。ちなみに日本における最初の交響曲「第九」上演は坂東収容所で行われますが、その指揮者もはじめは大阪の収容所にいました。現在はこのことを記念して大正区の大正橋欄干《らんかん》に「第九」の旋律が刻まれています。

西川　どうもありがとうございました。第一次大戦のドイツ兵俘虜ではユーハイムという人が日本人の親切に感謝して、神戸でバウムクーヘンの洋菓子店を創業しました。浜寺のロシア人俘虜にはモロゾフさんがいて、これも神戸の洋菓子店で有名です。

第五節　与謝野晶子の弟は旅順戦に参加したのか

西川　さて、本日の講演では大阪の部隊について、いろいろな新知見をあげました。私は日露戦争における大阪の部隊といえば、与謝野晶子《よさのあきこ》の詠んだ「君死にたまふことなかれ、旅順の城はほろぶとも……」を想いだすわけです。ところが、よく知られていることとして第四師団（大阪）は南山の戦いのあと、旅順に南下せず、北上して遼陽・奉天へと進軍するのです。旅順は乃木第三軍です。第一師団（東京）・第九師団（金沢）・第一一師団（善通寺）で攻めます。この問題について、追究されておられる冨井恭一《とみいきょういち》さんが会場にお見えです。少しご意見をいただけないでしょうか。

冨井　私は、大阪市玉造《たまつくり》の真田山《さなだやま》陸軍墓地で五年以上ボランティアガイドをしております。墓碑銘から戦争の実態についていろいろ調べています。

横山先生のご講演の中で、師団の平時約一万人の兵力が戦時には二万人になるというお話がありました。それは過去に退役した将兵が予備役・後備役として再召集されるからです。例えば、第八聯隊（大阪）の場合、出征して最初に戦った南山の戦闘くらいまでは現役と除隊後に呼び戻された予備役で構成されていました。その後も死傷者が多く、未訓練の補充兵で補うようになります。現役兵は三年満期です。予備役は退営後四年四ヵ月までです。その後五年間、つまり除隊後四年五ヵ月から一〇年までの人は後備役として召集されるわけです。三〇歳前後の兵士です。

与謝野晶子は大阪の堺市出身で、日露戦争のときは二六歳でした。弟の鳳籌三郎《ほうちゅうざぶろう》も堺の短歌の会に所属しており、堺市内で老舗《しにせ》の商店を営んでいたと歌にも詠まれますので、第八聯隊区の兵士として召集を受けたと思われていました。そうしますと、第四師団（大阪）から奥第二軍の従軍となり、旅順要塞攻略戦は乃木第三軍ですから与謝野晶子は戦争の実態を知らずに詩を詠んだという説が出されたわけです（コラム3参照）。

これに対して、第四師団の出征後、あらたに後備歩兵第四旅団が編成され、第八聯隊管区の歩兵後備役は後備歩兵第八聯隊（二個大隊編成）に入ります。この部隊は乃木第三軍に所属して旅順に向かいますので、弟はこの部隊で出征したのだろうという反論が出ました。後備歩兵旅団は装備や士気の面でおとりますので、後方支援や占領地警備など、最前線から外れて活動するものと考えられました。ところが、日露戦争ではとてもそのような余裕がなかったわけです。後備歩兵第四旅団は旅順要塞攻略の最前線に投入され、激戦に参加しています。この部隊で晶子の弟は旅順で闘ったという解説もあります。

ところが、別の史料では、弟の鳳籌三郎が堺に凱旋したときに勲章をもらっており、輜重輸卒《しちょうゆそつ》という兵科がわかっています。輜重兵とは前線に弾薬や物資などを補給する兵科で、輜重輸卒はその人足的な労働力です。輜重輸卒は各部隊にも配属されますが、輜重輸卒だけの補助輸卒隊《ほじょゆそつたい》が数多くつくられました。日清戦争では軍役夫《ぐんえきふ》を雇って弾薬や物資を戦地に運んだのですが、日露戦争では膨大な軍需物資を補給するために徴兵の輜重輸卒で部隊編成して、運搬させたのです。ひとつの補助輸卒隊は補充兵役の輸卒四〇〇〜五〇〇人で、第四師団だけで二六の部隊が編成されました。

さらに、鳳籌三郎の息子さんの証言によると、淡路島で訓練を受けた後、六月下旬に広島の宇品《うじな》から出港したということです。当時、淡路島《あわじしま》の由良《ゆら》には紀淡海峡《きたんかいきょう》を守るための要塞砲（重砲兵）の部隊がいました。これも第四師団に属しています。そこで編成されたのが徒歩《とほ》砲兵《ほうへい》第二聯隊で攻城戦用の部隊ですから第三軍に所属して旅順要塞攻略に参加しました。ところが、宇品から出航という証言を信用するのなら、歩兵第八聯隊と後備歩兵第八聯隊は大阪から、徒歩砲兵第二聯隊は兵庫から出港していますので、別の部隊を考えなければなりません。いろいろ調べますと、由良で編成された第一四と第一五の第四師団補助輸卒隊がこの時期に宇品から出港しているという記録がみつかりました。

この部隊に与謝野晶子の弟は所属し、旅順方面に従軍したのではないかと推定できるのです。第一四補助輸卒隊の戦地での所属は明らかではありませんが、第一五補助輸卒隊は旅順開城まで第三軍であったことがわかっています。私はこの部隊に鳳籌三郎がいたと推測します。当時軍事郵便は比較的自由に書けましたので、弟が宇品や旅順から出した手紙が堺の実家や晶子に届いていたに違いありません。弟から手紙をよく受け取っていた晶子がその消息を知っていることは自然なことです。
ちなみに、真田山陸軍墓地には日露戦争関係の墓碑がたくさんあります。常備部隊以外に後備歩兵第八聯隊の兵士の墓碑もあります。常時、墓碑を見学することが出来ますのでお越しください。

西川　どうもありがとうございました。冨井さんは与謝野晶子の弟が補助輸卒隊の輜重兵として旅順で闘った、晶子は弟から戦況を伝えられていたと新説を提唱されます。同じ旅順で闘った後備歩兵第四旅団はどうなったのでしょうか。

冨井　少し、言いそびれました。真田山陸軍墓地に後備歩兵第四旅団の兵士の墓がたくさんあることを不思議に思っていました。後備歩兵第四旅団は旅順要塞攻略戦の八月下旬の第一次総攻撃から参戦しました。金沢の第九師団と善通寺の第一一師団の間で盤龍山《ばんりゅうざん》などを攻める前線に投入されました。そこで、第八聯隊は、聯隊長が負傷、二人の大隊長の内一人が戦死し、多数の死傷者を出して壊滅状態になってしまうわけです。『公刊戦史』によるとこの聯隊はほぼ二人に一人は死傷しているという激戦だったようです（第三章参照）。もし、弟の籌三郎がこの部隊で参戦していたら、晶子が憂慮した悪い結果になっていたかもしれないのです。

西川　ありがとうございました。興味深い新知見だと思います。たかだか百年前のことなのにずいぶん重要な事実が忘れ去られているようです。まだまだ横山先生にご質問したいことがあるのですが、時間も限られますので会場からの質問を受け付けたく思います。

第六節　会場から

会場Aさん　西川先生のご講演にありました大阪の第四師団が奉天で大活躍をした、ということを知り、大変感激しました。また、横山先生のご講演でも大阪の第八聯隊が南山の要塞に一番乗りして占領したということでした。私は小さい頃から大阪の部隊は「またも負けたか八聯隊」と揶揄《やゆ》され、不名誉な部隊と聞いていました。戦前は戦勝の美談がはやされていろいろ聞いていたのですが、どうして、大阪の部隊の強かったことが忘れられて、弱かったといわれ続けたのか知りたく思います。

横山　「またも負けたか八聯隊、それでは勲章九聯隊《くれんたい》……」の歌については第八聯隊の関係者の方々が事実ではないということを考証されて、『大阪と八連隊』という本にもなっています。西南戦争の「ざれうた」でお互いに相手をののしった歌がひろまったという説もあります。先程ご発言のあった堀田暁生所長は西南戦争のざれ歌が事実に基づいたものではないこと、まず西南戦争には第八聯隊は聯隊単位としては参戦していなかったことから論証されています。ですから西南戦争で第八聯隊が連敗したという事実はありません。

これに対し、東京の第一聯隊の聯隊長が、兵士の統率に大変苦労したという記録があります。つまり、都会の兵隊にはいろいろな思想や職業の者、独自に状況判断してしまう賢い人もいたようで、都会から兵士をあつめた部隊の宿命というふうに考えられます。東京や大阪の聯隊の一面の特徴が先入観として流布されたのかもしれません。

西川　ありがとうございます。『坂の上の雲』第七巻で奉天会戦三月八日に、乃木第三軍の第一師団（東京）が潰乱敗走《かいらんはいそう》したという大失態が描写されています。司馬は「日本陸軍にあっては西南戦争の大阪鎮台《ちんだい》が

第四師団凱歌

散らでなかなか恥ずかしや　勝たではやまぬ敷島の
今日凱旋の武士は　蘆の浪華に名も高き
錦城師団に召されたる　近畿八洲の健児なり

南山高く日の丸の　国旗を樹てし初めより
群がる夏の稲虫を　得利寺附近に打ちはらひ
熊岳・蓋平・大石橋　海城戦も一押しに

渾河の氷ふみ越えて　奉天城外霜の朝
大小数度の戦ひに　国威を世界に発揮せり
闇に閃めく曳火弾　暁破る鬨の声

仁義の盾を手にかざし　膺懲の剣腰に佩き
五條の勅諭束の間も　忘れぬまことの一筋に
弱肉あさる荒鷲も　翼破れて地に墜ちぬ

修羅の巷を往き来して　帰る今日こそ夢うつつ
しばし忘れし古里の　千山萬水まのあたり
花にさへづる百鳥も　わが凱旋を迎ふなり

奉天会戦後、師団兵士に凱旋歌が公募され、森鴎外師団軍医の撰によって採用された歌。

大阪臨時招魂祭が凱旋後の1906年2月22日･23日に行われた。大陸にたおれた第四師団(大阪) 3160人の将兵が祀られた。

図9　凱旋と招魂

弱兵で、その後の兵制による大阪の第四師団がもっとも弱いとされ、東京の第一師団がこれにつぐとされたが、日露戦争にあっては第四師団に問題はなく、第一師団がそれをやってしまった。」と解説します。こういう一文も先入観を呼び込むものですね。それでは、次の質問をお受けします。

会場Bさん　感想です。私は小学校時代に「金州湾に血を流し、得利寺付近に打ち払い、南山高く日の丸の、熊岳・蓋平・大石橋、国旗を樹てし初めより、海城戦も一押しに……」こういう歌をよく歌い、今でも覚えているわけです。今日はその状況について詳しくお聞きすることが出来ました。小学校・中学校のときはこのような戦場美談を聞いては戦時体制にあこがれを覚えていました。私の親戚に従軍看護婦がいまして、看護をしていたときに満州で馬に乗っていた、という話も聞きました。乃木将軍の歌も歌った記憶があります。

西川　よくご存知ですね。この歌は第四師団凱旋歌ですね。奉天会戦のあと、第四師団（大阪）では兵士から凱旋軍歌を募集して、砲兵中尉のこの歌詞が採用されたわけです。選んだのは当時軍医部長として師団に同行されていた森鴎外といわれます。戦争が終わる前に師団凱旋歌を準備していたのです。大阪人は歌でも戦争を語り継いでいたのですね（図9）。

本当に話題はつきませんが時間となりました。このあたりで、対談を終了したいと思います。まとめることが出来ませんでしたが、再び日露戦争を討論する機会がもてたらと思います。今日は長時間お付き合いいただき、ありがとうございました。横山先生ありがとうございました（拍手）。

コラム5

脚気に斃れた一兵卒と牛乳
—輜重輸卒加藤米太郎の日記から—

今西 聡子
Satoko Imanishi

はじめに

日露戦争の従軍日記は淡々と記述されているものが多いが、それでも丹念に読んでいくと、これまであまり知られていなかった日露戦争の一端が見えてくる。ここでは加藤米太郎という一兵卒の日記を取り上げようと思う[1]。

加藤米太郎は愛知県海東郡《かいとうぐん》神守村《かもりむら》（現津島市）の出身で、第三師団補助《ほじょ》輸卒隊《ゆそつたい》に所属する輜重輸卒《しちょうゆそつ》である。出征してからわずか半年足らずで重い脚気《かっけ》に罹《かか》り、一九〇四（明治三七）年八月二八日に柳樹屯《りゅうじゅとん》の兵站病院[2]に運び込まれた（図1）。彼は病床で内地後送の病院船を待ちわびながら、最後の力を振り絞るようにして日記を書いている。そして、九月一三日、「此病院船は来ました、明日は大分後送だ、有□（あり〼《ます》カ）と楽しみ居りました」と書いたのが、絶筆となった。翌一四日、米太郎は待ちわびた病院船（弘済丸）に収容されたが、ほどなく息を引き取った。「別に言い残すことはないが、委細は日記に記してあるので、どうかそれを遺族に送ってほしい」という言葉を残し、入院してからわずか二週間余りで力尽きたのだった。

日記には、脚気による麻痺《まひ》のために立ち上がることもできなくなった米太郎が、三五銭で牛乳を一缶購入

柳樹屯は大連湾内にある日本軍の兵站基地。物資補給の船舶が往来した。写真は日清戦争後（1895年頃）の大桟橋付近。

図1　柳樹屯のにぎわい

したことが記されている。死亡する前日にも米太郎は牛乳を一缶購入したが、もはやそれを飲む力は残っていなかった。小稿ではこの牛乳に注目すると同時に、日露戦争における輜重輸卒や脚気の問題についても言及し、戦地の一兵卒を取り巻く状況に思いを廻《めぐ》らせてみたい。

輜重輸卒について

そもそも「輜重」とは、宿駅である兵站の間を動いて、兵器弾薬や食糧さらには衣服、衛生材料、病人や俘虜を運搬する手段を言う。輜重兵科の「兵卒」は他の兵科と全く同様の戦闘兵種だが、輜重兵科の「輸卒」は糧食や器材の運搬など雑労働に従事する雑卒である。日露戦争に応役した雑卒（輜重輸卒・砲兵輸卒・砲兵助卒・看護卒）はおよそ二九万人。そのうち約二六万五〇〇〇人が輜重輸卒であった。厳密に言えば、この輜重輸卒には戦時編制定員の中に組み込まれて第一線部隊の要員となる輜重輸卒と、米太郎のように戦時臨時編成の後方勤務部隊、すなわち「補助輸卒隊」に属する輜重輸卒とがあった。

後者の輜重輸卒（「補助輸卒隊」の輜重輸卒）は主に第二補充兵役から召集されたため、甲種合格にはほど遠い小柄で瘠《や》せた体力の劣る者が多く、しかも軍人の身分を示す帯剣もせず、裸同然の姿で過酷な荷役労働に従事した。「輜重輸卒が兵隊ならば、蝶々蜻蛉《ちょうちょうとんぼ》も鳥のうち」「輜重輸卒が人間ならば、電信柱に花が咲く」という戯歌《ざれうた》が知られるが、これは彼らを嘲笑した歌である。

日清戦争では臨時輜重輸卒（二ヵ月の教育）を加えても補給や輸送が間に合わず、約一五万人の「軍夫」を雇用した。軍夫は単なる民間輸送隊であって、建前上は非戦闘員である。(3) 衛生状態の悪さもあって、最終的には病気による多数の犠牲者を出す悲惨な結果となった（図2）。しかし、一方で彼らには正規の労働力として賃金が支払われたため、結局一般兵の一〇倍の経費を要することにもなった。ちなみに、軍夫の賃金は一日当たり並夫が五〇銭、廿（二〇）人長が六〇銭、百人長が八〇銭、千人長が一円五〇銭であった。そこで、日露戦争では徴兵による「補助輸卒」を用いて経費節減を図ったのである。また、日清戦争の軍夫は、第二師団軍夫のような評判の良いケースもあったとは言え、(4) 多くは「不規律で、吾《わ》が儘《まま》で、繊弱《せんじゃく》で、到底、繁劇《はんげき》な後方勤務に堪《た》へなかった」(5) ために、当局によって「補助輸卒」が立案された、とも言われている。

いずれにせよ、「補助輸卒隊の輸卒は、日清戦争段階の軍役夫にかわって、兵役による強制と無賃の労働の利益を実現させるために、兵卒の身分にとりこまれた純然たる労役夫(6)」に他ならなかった。「無賃の労働」

日清戦争では派遣された将兵とほぼ同数の軍役夫が後方を支援した。このときも多数の人員が脚気やコレラで戦没している。真田山陸軍墓地には日清戦争従軍軍役夫の墓碑約900基が林立する一角がある。

図２　日清戦争軍役夫の墓碑群

と言っても、兵卒としての俸給《ほうきゅう》はあった。一日六銭である。当時、大工の手間賃が一日八五銭、日雇い労働者が四〇銭だったことを考えると、あまりにも僅少である。また、日清戦争段階の軍夫と比べてみても、桁違いに少ない。

　彼らの任務の激烈さは多くの従軍日記が詳細に伝えている。たとえば、近衛師団後備騎兵の久保《くぼ》欣一《きんいち》は次のように述べている(7)。

「彼等は軍事教育は受けず、今回の事変に召集せられた者で、相当の地位の人もあらう。筆と箸の外は持った事のない人もあろう。国の為めと謂ふ慰藉《いしゃ》はあるけれど、牛馬以上の労働に就いて孜々《しし》として働いて居る。内地にあつては、二里も三里もある高い遠い坂、杖に寄つて越すさへ汗が出て苦しいのに、米二斗入の叺《かます》（袋）や三斗入の麦叺を負んで、毎日毎日何回となく往復するのだ。加ふるに激務の為め靴《くつ》は弊《やぶ》れ、服は切れ、見るも哀れな姿に、萬斛《ばんこく》の涙を禁じ得ない。」

また、第一軍兵站監部参謀の中島銑之助によれば、「之に従事せる輸卒の苦心努力は絶頂に達し、宿営地到着後炊爨《すいさん》して食事する余力なく、生米を噛《かじ》りつゝ、奮闘を続け、中には日々此の如き苦痛を続けるより寧《むし》ろ死を欲する旨《むね》」を口にする者さえいた。しかも、「輸卒の被服は日々の労働の為全く修理も出来ざる様に大破し、殆《ほとん》ど裸同様な且《かつ》素足の儘《まま》で実に目も当てられぬ有様で、支那人は彼等を目して苦力兵（クーリーピン）と呼んだ」と言う。このように、戦地の補助輸卒は囚人労働にも等しい壮絶な状態で軍務に就いていたのである。

米太郎に関しては、今のところ、入院後の二週間余りの日記しか読むことができないため、第三師団補助輸卒隊の輜重輸卒としてどのような状況下どのように従事していたのか、具体的なことはわからない。ただ、第三師団は第二軍に属して南山の戦闘にも加わっている。また、米太郎を収容した病院船弘済丸の事務長によれば、米太郎の日記には南山の攻撃や金州城の陥落などの出来事も記されていたようである(8)。南山の戦闘は開戦以来の大激戦で、一日の弾薬使用量が日清戦争の全使用量に匹敵したと言われる。後方支援の部隊も含めると、死傷者は一割を越えた（第二章参照）。このようなことから考えると、第三師団補助輸卒隊の米太郎も昼夜を問わず牛馬以上の激務に就いていたことが推察される。

脚気と陸軍

日露戦争は八万人を越える戦死者を出したが、戦闘で負傷したり戦地で罹患《りかん》した将兵の数も三五万人を上回った。そして、その六〇パーセント以上に当る二一万人〜二五万人が脚気であった。中でも補助輸卒隊に所属する輜重輸卒の罹患率はきわめて高く、三七・六五パーセントにも上った。補助輸卒隊の輜重輸卒は、四割近くが戦地で脚気に罹ったことになる。加藤米太郎もその一人と言える。

そもそも脚気はビタミンＢ１の欠乏によって起こる栄養障害性の病気で、都市住民に白米食がはじまった江戸時代中期（すなわち、日本人の米食がそれまでの玄米や半搗《はんつ》き米から精白度の高い白米に移行していった時期）から一九五〇年頃まで日本人を悩ませ続けた。米を搗いて精米したときに胚芽《はいが》がなくなり、そこに含まれるビタミンＢ１が抜け落ちてしまうのである。症状はまず脚や全身の倦怠感《けんたいかん》からはじまり、次第に脚の痺《しび》れ、知覚異常、浮腫《むくみ》、運動麻痺が加わって立ち上がれなくなり、さらに悪化すれば心不全を起こしてショック死（脚気衝心《かっけしょうしん》）に至る。

ビタミンＢ１は炭水化物の代謝を促進してエネルギーを産出するため、激しい労働によって一層不足する。日露戦争で補助輸卒に脚気が多発したのも、その激烈な肉体的加重労働に因るのであろう。陸軍省も後に編纂した『明治三十七八年戦役陸軍衛生史』の中で、「戦地内地共に補助輸卒の罹患率特に大なり」「概して階級の上るに従ひて罹患率は減少（兵卒一四・六二％、将官一・三二％）」「是《これ》に由《よ》りて観れは、勤務比較的劇烈にして身体の疲労を来し易《やす》きものは、本病に侵され易きか如《ごと》し」として、補助輸卒の置かれた苛酷な労働と脚気発症との因果関係に言及している。

ただし、米糠《こめぬか》から抽出されたオリザニン（ビタミンＢ１）が脚気治療に有効な成分であることがわかったのは、日露戦後の一九一〇（明治四三）年以降のことである。したがって、日露戦争当時はまだ脚気の原因が解明できておらず、栄養説・細菌説・中毒説など諸説が唱えられ混乱を招いた。海軍ではイギリス衛生学を学んだ高木《たかぎ》兼寛《かねひろ》海軍省医務局長が、いち早く脚気対策の重点を「食」に置いて兵食改良に着手した結果、日清戦争時には脚気はすでに海軍からほぼ一掃されていた。しかし、陸軍は高木兼寛の栄養策には批判的で白米の兵食を継続し、日露戦争においても脚気の蔓延を招く結果となったのである。

その背景にはドイツ細菌学の流れがあった。一八八二年、コッホが結核菌を発見したことによって細菌学が確立し、以来、次々に病原菌が発見されてワクチン開発が進展していた時代だった。明治期の日本人医学生にとって、病原菌の発見は輝かしい「科学的」な医学だったのである。森鴎外もコッホのもとで細菌学を学んだ一人である。日露戦争当時、森は第二軍軍医部長の地位にあって、病理学的裏づけに欠ける高木兼寛の栄養説を痛烈に批判し、細菌説に固執した。そのことが陸軍における脚気対策の遅れに繋がった、というのが一般的な見方である。ちなみに、森鴎外が衛生学の修得と陸軍衛生制度の調査のためドイツ留学に向かったのは、ちょうど高木兼寛が遠洋航海の「洋食」実験（牛乳とパンを主体にした兵食）で大成功を修めた、一八八四（明治一七）年のことである。[9]

さて、脚気に罹った米太郎は八月二八日に柳樹屯兵站病院に入院した。日記には「一人では足が間に合ぬ。石切山勝次郎、磯野勝之助この二人に世話になり、長時間をもって入院しまし《ママ》、誠に困難したり」「足が間に合ぬ。誠に困ります」と記している。すでに運動麻痺が起きていて、一人では立ち上がることもできないほど悪化しており、入院するのにも仲間二人の介添えを必要としたのである。先述したように、脚気の症状は全身の倦怠感や下肢の重感からはじまって次第に脚が痺《しび》れ、病状が進めば下肢の運動麻痺が起こる。米太郎にも倦怠感などの初期症状はあっただろうが、補助輸卒という軍務のために重篤化するまで休む間もなく働いていたのかもしれない。

入院してから五日後の九月二日には「楽（薬カ）は思う様に貰《もら》われず、診断も入院致してより一会（回）有りたなり」と、軍医からも見放されたかのような記述である。そして、「誠に残念で有るが、足は思う様に立つ事出来ず、誠に此悲しさ言うに言われず、人を便《たより》とする人もなく、只家の事、又は我が身の病気の事を思い」と、立ち上がることさえもできなくなった悲しさを切々と綴っている。

九月四日、「足はたたず残念である」と記してから以後は、「一度も立たず居ります」という状態が続いた。そして、一〇日後の九月一四日、米太郎は祖国の島影を見ることもなく、収容された病院船弘済丸の船中で死亡した。

ただ、この間、米太郎は盛んに空腹を訴えていた。「腹は実にへる（九月四日）」・「誠に腹はへる（九月六日）」という状態が続く中、「恤兵部《じっぺいぶ》より朝鮮飴を二個貰い、一個に五ツずつ入て有り、誠に喜びました（九月九日）」と、たった一〇粒の飴玉に大喜びする米太郎が哀れである。しかも、死亡する直前には、六日分の俸給にも相当する金額（一缶三五銭）を酒保《しゅほ》に支払って、二度までも牛乳を購入している。後述するように、牛乳は傷病兵の滋養を目的として軍から給せられる、言わば「医薬品」だった。しかし、入院中の米太郎に牛乳が給されたことは一度もなかったようだ。病気のために食欲が失せ何も飲食できなかった、というわけでもない。「腹は実にへる」・「誠に腹はへる」と空腹を訴えつつ、米太郎は自ら三五銭ずつ支払って二回牛乳を買った。

日露戦争と牛乳

日露戦争と牛乳について述べる前に、牛乳の普及ならびに軍隊との関係に触れておきたい。

そもそも「衛生」という概念は、一八七一～一八七二（明治四～五）年の岩倉使節団に随行して欧米を視察した長与専斎《ながよせんさい》が、医学教育・医療行政に関する調査を行って「発見」した、近代の概念である。その後、長与専斎は文部省医務局長に就任して「衛生」の啓発に務め、「衛生の父」と呼ばれている。一八七五（明治八）年、文部省医務局が内務省に移って「衛生局」と改称されたことにより、「衛生」という言葉も広く普及していくことになる。

こうした中で、「衛生のために牛乳を飲む」ことが推奨された。一八七一（明治四）年には天皇が初めて牛乳を飲んだことが報じられるとともに、文部省は『牛乳考』によって、牛乳の飲用が汚穢《おえ》に関係ないことを説いた。まずは庶民の食事迷信を打破する必要があったのである。

その後、牛乳飲用は「衛生寿護録《すごろく》」や「衛生唱歌」といった、遊びや歌を通して子どもたちにも具体的に教育されていき、明治三〇年代になると牛乳はすでに都市部を中心に広く普及、東京ではミルクホールも大流行していた(10)。

ちなみに、正岡子規の『仰臥漫録《ぎょうがまんろく》』（一九〇二）を見ると、病床にあった子規が毎日のように牛乳を飲んでいたことがわかる。「牛乳五勺ココア入」「牛乳一合ココア交て」「牛乳五勺紅茶入」などの記述が散見される。子規は牛乳独特の臭いを消すために、ココアや紅茶を交ぜて飲んでいたのかもしれない。

牛乳の最大の問題は保存が難しいことである。子規も「自分の内でも牛乳を捨てることが度々あるのでいつもこれを乳のない孤児に呑《の》ませたらと思ふけれど仕方がない」と吐露《とろ》している。その一方で、保存可能な缶詰の牛乳（煉乳や粉ミルク）も試行錯誤を繰り返しながら国産化が進められた。一八九五（明治二八）年、煉乳業の先駆者と言われる花島兵右衛門の煉乳が第四回内国勧業博覧会に出品され、有功二等賞を獲得している。そして、翌一八九六年、日本で初めてアメリカ製の真空釜を据え付けて本格化し、製品に金鵄《きんし》印のラベルを貼って市場に売り出した。その後、大正年間には「海軍御用品」の指定を受けている(11)。

もう少し牛乳と軍隊の関係を見ると、牛乳飲用を日本に定着させた人物として松本良順《まつもとりょうじゅん》が知られる。松本良順は戊辰戦争の際、会津で負傷兵の治療にあたり「朝敵」として捕われたが、一八七三（明治六）年には山縣有朋の要請を受けて初代軍医総監に就任した。軍医総監は軍医の最高峰である。後にこの最高峰の地位にまで上りつめることになる石黒忠悳《いしぐろただのり》や森鴎外も、松本良順と同様に、早い時期から牛乳の効用を説いていた。

例えば、石黒は一八七三（明治六）年に『長生法』を書いて「病人ハ…平日《つね》よりも良好養物《よきたべもの》を食ハしめ、魚鳥獣の肉ハ勿論、鶏卵《たまご》牛乳の類を専ら与ふべし」と、病人に牛乳を与えることを推奨している。森も『衛生新誌』で「乳は実に結構な食物です。一品で色々な食素を含んで居て、人の体を滋養するものは、此外にはありません」と、牛乳の栄養を説いている。

また、先述した一八九五（明治二八）年の第四回内国勧業博覧会では、鈴木恒吉洋酒店の煉乳も褒状《ほうじょう》を受けているのだが、鈴木恒吉は早速それを「日本一桃太郎印コンデンスミルク」と称して売り出した。そして、二年後の一八九七（明治三〇）年には新聞紙上に次のような広告を載せている。「本品の販路は内地は勿論《もちろん》遠く台湾支那に拡張し、殊に衛生材料として陸軍省より御用品の命を蒙《こうむ》れり(12)」。どうやら、この頃になると、陸軍と国産煉乳との繋がりも生まれていたようだ（図3）。

『商業資料新聞』1895. 8. 10 版

『東京朝日新聞』1897. 2. 4 版

図 3　明治時代の練乳・粉末乳広告

日露戦争との関わりを見ていこう。陸軍省が編纂した『明治三十七八年戦役統計』[13]によれば、牛乳は「糧秣《りょうまつ》」ではなく「衛生材料」の中の「薬物」、すなわち傷病兵の滋養に給される医薬品として扱われていた。牛乳は戦地調達もされたが、日本からは「粉末牛乳」や「稠厚牛乳《ちゅうこう》」（煉乳）などの缶詰が搬送された。衛生材料の輸入総額は一〇万一五一二円だが、この中に牛乳は含まれていない。つまり、陸軍が衛生材料として調達した缶詰牛乳は全て国産品だったことになる。陸軍臨時軍事費総額中、軍需品購入の二割を輸入に頼らざるをえなかった当時の状況から考えると、[14]缶詰牛乳を国産のみでまかなえたことは画期的だったと言えようか。

衛生材料の補給機関の中枢は陸軍衛生材料廠《しょう》である。薬品や医療器具などの衛生材料は、全軍の需要に応じてこの陸軍衛生材料廠から宇品《うじな》貨物廠に補充され、戦地へと補給された。おそらく牛乳についても同様であったと思われる。

ちなみに、戦地や病院船などに補給された牛乳類は稠厚牛乳が九九万三八四〇缶、粉末牛乳が二万缶、クリームが五万缶であった。[15]また、これとは別に、恤兵品《じゅっぺい》として陸軍糧秣廠が稠厚牛乳一万缶を患者用に調弁《ちょうべん》したりもしている。[16]

一方、牛乳は戦地の酒保で販売されるケースもあった。入院中の米太郎が購入したのは、この牛乳である。酒保の物品は規定を設けて請負商人に委託することもできた。その場合、「価額約定」を厳重に履行することとされていたが、米太郎が「酒保にては物は高直（こうじき）にて」と記しているように、価格の高騰も多々あった。

どのような牛乳がどのくらい調弁されたかも不明である。中には「奸譎恕《かんけつゆる》すべからざる御用商人」がいて、

「『リリー印』煉乳一箱（四八個入）の中、五個を抜き取りて代りに藁《わら》を詰め込みあり」と報告されたこともあった。[17]「リリー印」煉乳と言うから、これは国産品ではなかったのかもしれない。

ところで、衛生材料としての牛乳はどのように傷病兵に給されたのか、その一例として第一〇師団後備歩兵一等卒田中小一郎のケースを見てみよう。[18] 田中小一郎は一九〇四（明治三七）年九月三日の遼陽会戦で左大腿部《だいたいぶ》に敵の銃弾を受けて負傷し、野戦病院へと送られた。[19] その後、七嶺子《しちれいし》の第一〇師団戦地定立病院で「滋養品としてミルク四合」を給せられ、その翌日も鞍山站《あんざんたん》兵站病に後送されて「午後七時、滋養品にミルク二〇〇」を給された。続いて、内地に向かう病院船ではわざわざ「本日は船波の為め大に振動し、午前午後共滋養品なし」と日記に記しており、滋養品の支給が全くないのは、むしろ例外的なことだったようにも読み取れる。その後、内地の予備病院（広島予備病院・姫路予備病院）に後送されてからも、「日々滋養品としてミルク六〇〇を三回宛に給せらる」と記している。どうやら、小一郎は一日二〇〇〜六〇〇（推定グラム）のミルクを毎日のように給されていたようだ。

小一郎はいわゆる「名誉の負傷兵」であるが、陸軍では負傷兵だけでなく脚気に罹った将兵にも「消化し易き食餌《しょくじ》及び滋養品」を与え「滋養品としては鶏卵、稠乳（主として戦地）、牛乳、肉汁、『クリーム』等」を給した、とされている。一例を挙げると、一九〇五（明治三八）年八月九日、開原《かいげん》兵站病院では第一〇師団（福知山）第二〇聯隊の歩兵大尉安仲三郎に対して次のような処置が施された。[20]

「（略）食思不振なり、仍《よっ》て絶対的安静を守らしめ、「規那煎硫麻《きなせんるま》」（規那＝キニーネとも、解熱剤。硫麻＝硫酸マグネシウム、下剤。）・「ほみか丁」等を投し、粥食・蔬《そ》菜・鶏卵・「スープ」・「ミルク」等を給し、且つ心部に氷嚢《ひょうのう》を貼し、傍ら精神的慰安を与へ、遺憾なく治療を施行せしも、前記症候漸次増悪せり。」

安仲三郎大尉は「両手両下肢」に「知覚鈍磨」があり「歩行困難」な状態だったというから、症状としては米太郎とよく似ている。柳樹屯兵站病院に入院していた米太郎とは時期も場所も違うので一概には言えないが、安仲三郎大尉に対する軍医の処置は、米太郎とは比較にならないほど手厚いものだったように思われる。「食思不振」であったが、「ミルク」もきちんと与えている。

さらにまた、遼陽兵站病院の様子を取材した一九〇五（明治三八）年三月一四日・一五日付の『東京朝日新聞』によれば、「脚気患者最も多く、平病者百人に対する比例は七十五強」に上り、彼らには通常の献立の他「牛乳は三食とも一合宛」が給されていた、ということである。

しかし、米太郎にこのような処置がとられた様子はうかがえない。陸軍省は「特に、満韓に於ける冬季の所要を予期しては、一九〇四（明治三七）年七月多大の材料を戦地に致し、（略）多数傷病者の収療に対する材料、概《おおむ》ね普及したり(21)」としている。柳樹屯の兵站病院に衛生材料が不足していたとも考えにくい。むしろ、戦地には一年分の牛乳が貯蔵されていた時期もあったらしく、陸軍省は医務局に対して「戦地補給の為衛生材料廠に貯蔵しあるも、満韓には約一ヵ年分貯蔵準備しあるに依り、差向き追送の必要なし」と通達し、合計一二二五缶の「稠厚牛乳」を内地の各予備病院に送るよう指示している(22)。もちろん、時期によるバラツキは考慮しなければならないが、柳樹屯にはすでに満州軍倉庫も設置されており、その兵站の病院に牛乳が届かなかったとも考えにくいのである。

米太郎は牛乳が滋養になることを知っていたのであろう。九月一一日に一〇日分の俸給を貰うと、早速牛乳を買った。日記には「此日、九月一日より十日迄の俸給を貰いました。金六十銭。病院にて牛乳一個、金三十五銭に買いました」とある。しかし、翌日には「水落の所悪く、食事は進まぬ」状態となり、翌々日の一三日には「朝食は少し残し、中食《ちゅうしょく》は十分残しまして、肩が痛く、心ノ臓痛く、牛乳も一缶買いし、新に人に遣《や》りまして、私は進まぬ。菓子を十銭買いまして」と、病状が悪化して次第に食欲も失せる中、米太郎は再び牛乳と菓子を買った。何とかして滋養をつけようと思ったのだろう。死亡する前日のことであった。

軍隊の医療は基本的には戦闘力を保つためのものである。したがって、個人の快復を目指す医療とは根本的に異なる。しかも、補助輸卒隊は戦列隊と違って大量の戦死傷による減耗はなく、肉体的条件や教育による補充源の限界もなかったため、病気による一定の減耗率に対する補充は容易であった[23]。要するに、米太郎のような雑卒をわざわざ治療する必要はあまりない。実際、米太郎が軍医の診察を受けたのは、二週間余りの入院中わずか二回だけだった。その間、米太郎の周りでは次々に脚気患者が死んでいき、「此病院にても毎日三人位は死ぬ。皆々脚気にて、誠に心細くなります。野生事も蔭ながら仏を祈ります」と日記に綴った。米太郎の心細さと、死者に対する素朴で厳粛な弔意が伝わってくる。

おわりに

小稿では脚気に斃れた輜重輸卒の日記を取り上げて、戦地の一兵卒を取り巻く状況に思いを廻らせてみた。わずかな事例を以って結論を出すことはできないが、やはり補助輸卒はいつでも簡単に補充できる雑卒として、医療現場からも見放されていたように思えてならない（図4）。そもそも、米太郎自身が、半年前に召集されたばかりの「補充兵」であった。

この杯は日露戦争凱旋紀念として、功労のあった名古屋第三師団の補助輸卒隊兵卒に同師団の歩兵曹長が贈呈したもの。陰の功労を讃えたのは前線の下士官だった。

図 4　第三師団補助輸卒隊の凱旋紀念杯

米太郎は兵站病院でひたすら内地後送の病院船を待ち続けた。その日々の記述を紹介して、結びに代えたいと思う。

八月三十一日　病院船が来ました。第六師団二十人余り後送したり。

九月一日　此日に八十人余り後送したり。御用船にて本多、前岨皆行きました。

九月三日　此日の後送は第三号室に於て五十名余り行きました。

九月四日　病院舟にて二十名程後送になり、我々も楽しみ居りし処、何の御咄《おはな》し無之、実に力を落し。

九月五日　病院にて此日に後送は七十名余り有り。

九月六日　日々病院舟を待ち居る。

九月七日　後送はなく。

九月八日　此日にも後送はなかったり。御用舟にて後送あり。野岡、湯山も行きました。

九月十二日　病院舟を待ち居る。明日は大分後送だ様子。

九月十三日　此病院船は来ました。明日は大分後送だ。有□（あり〼《ます》カ）と楽しみ居りました。

翌一四日、米太郎は「どうかこの日記を遺族に送ってほしい」と言い残してこの世を去った。しかし、日記は遺族の手には渡されず、大本営に送付するようにと、宇品の第五師団（広島）軍医部長から指示が出された。「日記は遺族にとって反って涙の種になるのみならず、柳樹屯入院後の様子が世間に示されるのも不都合であり、大本営にとっては最良の参考資料にもなるだろう。」というのが送付の理由だった。病院船を待ちわびながら、最後の力を振り絞るようにして日記を書き続け、それを遺族に託した米太郎が哀れでならない。

註

（1）細川源太郎著・喜多川昭彦編（一九九三）『日露戦争秘帖　病院船弘済丸見聞録』博文館新社　二六二～二六六頁。加藤米太郎の日記は原本も複写も今のところ所在不明であるため、全容はわからない。ここで取り上げることができるのは、同書に掲載されているわずか二週間余の日記である。

（2）戦地にある最後方の病院。主要な兵站地に設置された。収容患者総数は二〇〇〇人程度までであった。

（3）建前上は非戦闘員であるが、彼らは刀剣で戦い、さらに戦闘部隊の指示により衛生隊や工兵隊などにも加わった。大谷正・原田敬一編（一九九四）『日清戦争の社会史―「文明戦争」と民衆―』フォーラム・A　四〇頁

（4）前掲註3　三二～三四頁

（5）西村真次（一九〇七）「日露戦役の輸卒生活」『血汗』精華書院　三頁。補助輸卒としての自らの体験・観察・感想を書き記している。

（6）大江志乃夫（一九七六）『日露戦争の軍事史的研究』岩波書店　五五三頁

（7）久保欣一（一九一〇）『従軍日誌』鴻盟社　三五頁
（8）前掲註1　二六二頁
（9）脚気予防試験を兼ねた遠洋航海は二八七日間（航海日数二〇八日、碇泊日数七九日）で、乗組員三三三名（下士以下二七三名）中、脚気患者はわずかに一六名を出したにすぎなかった。しかも、このうち四名はコンデンスミルクを飲めないものであった。山下政三（一九八八）『明治期における脚気の歴史』東大出版会
（10）当時の日本の畜牛は役牛が大部分で、乳牛はきわめて少数（一九〇三年で三万二一三五頭）であった。前掲註6　四九〇頁。牛乳飲用は都市部を中心としたものであったと思われる。
（11）雪印乳業株式会社広報室編（一九八八）『牛乳と日本人』新宿書房　一二四頁。その後、花島煉乳所は森永乳業の三島工場となる。
（12）明治三十年二月四日付『東京朝日新聞』広告欄
（13）陸軍省編（一九九四）『日露戦争統計集』第七巻　東洋書林
（14）前掲註6　四九二～四九三頁
（15）前掲註13。ちなみに、現地調達された牛乳は合計六五五万八五三〇グラムであった。
（16）陸軍省編（一九八三）『明治三十七八年戦役陸軍政史』第六巻　湘南堂書店　附表第一一号　其一「動員下令後調弁糧秣数量表」
（17）中山泰昌編（一九七一）『新聞集成明治編年史』第一二巻　本邦書籍　二二三頁
（18）豊岡市城崎町森貞淳一氏所蔵「日露戦争従軍日誌」、今西聡子（二〇〇九）「《史料紹介・翻刻》田中小一郎『日露戦争従軍日誌』」『文化論輯』第一六号　神戸女学院大学大学院
（19）野戦病院は繃帯所の後方、戦闘前線から約半日行程（五～一〇キロ）のところに開設された。定立病院は、前進移動する野戦病院の患者を引き受ける機関で、患者を治療・後送する任務を持つ。後方に開設され、野戦軍の管轄を脱して兵站部の所轄となった。

（20）陸軍省編（一九二四）『明治三十七八年戦役陸軍衛生史』第五巻第三冊　二七二頁〜二八〇頁
（21）前掲註13　二一三頁
（22）JACAR Ref.C03027051800、明治三十八年「陸満普大日記　満大日記四月下」（防衛省防衛研究所）
（23）前掲註6　五五一頁

参考文献

内田正夫（二〇〇七）「日清・日露戦争と脚気」『東西南北』和光大学総合文化研究所
大江志乃夫（一九七六）『日露戦争の軍事史的研究』岩波書店
大江志乃夫（一九八七）『日露戦争と日本軍隊』立風書房
大江志乃夫（一九八八）『兵士たちの日露戦争　五〇〇通の軍事郵便から』朝日新聞社
大谷　正・原田敬一編（一九九四）『日清戦争の社会史―「文明戦争」と民衆―』フォーラム・A
原田敬一（二〇〇一）『国民軍の神話―兵士になるということ』吉川弘文館
細川源太郎著、喜多川昭彦編（一九九三）『日露戦争秘帖　病院船弘済丸見聞録』博文社新社
山下政三（一九八八）『明治期における脚気の歴史』東大出版会
雪印乳業株式会社広報室編（一九八八）『牛乳と日本人』新宿書房

あとがき

日露戦争が勃発して一〇〇年以上の歳月が流れました。日本ははじめて列強の大国に総力戦を挑み、多くの日本国民が戦況にくぎ付けとなって一喜一憂したのです。運よく凱旋できた兵士はその活躍を一生の誇りとし、語り継ぎました。私も若いころに日露戦争の体験談をかすかに聞いた記憶があります。このような日露戦争が歴史研究として議論されるようになるとは隔世の感があります。

本書に収録されました横山篤夫先生・西川寿勝先生のご講演とご対談は、大阪市中央図書館講義室で二〇一一年一〇月一日に「大阪の兵士が語る坂の上の雲」と題して行われたものです。当日は、数多くの聴講者とともに白熱した議論が展開されました。また、両先生は世代の違いがあり、聴講者も若い方・お年寄りの方、さまざまでした。世代をまたいで多角的な視野で日露戦争を検討できたのではと、思います。ちょうど、NHKドラマで「坂の上の雲」が取り上げられたため、比較することもできました。

なにより、日露戦争をテーマに一般聴講とともに議論する機会はほとんどないとうかがい、時宜にかなった新しい企画と思いました。最新の研究成果が次々と提示され、非常に新鮮な出来事のような錯覚を感じて聞き入りました。

さて、この催しを企画・実施しました私達NPO法人いちょうコンソーシアムはひろく大阪市民を対象に、音楽・文学・歴史・芸能・美術などの生涯学習に関する事業を行っています。高齢者の資質向上と生きがいづくりをはかり、心豊かに生活できる社会づくりに貢献することを目的とし、二〇〇六年に発足した法人です。現在、二〇〇余名の会員があり、会員以外の方々を含め、活発に事業展開しています。

大阪府・大阪市は昨今の行政改革の真っ只中にあります。そして、文化や生涯学習活動に対する行政の支援が厳しくなりつつあります。しかし、今後も私達は府・市で活躍されておられる先生方のご協力を得ながら、歴史遺産に関する講演会・遺跡探訪などを多彩に企画する予定です。本書を機会に私達の活動をご理解いただき、ご参加くださることを心より期待しております。

NPO法人いちょうコンソーシアム理事長
西出　達郎

なお、入会・体験・会報などについては左記にお問合せください。

〒五三〇-〇〇〇一　大阪市北区梅田一-二-二-五〇〇
大阪市総合生涯学習センター　ネットワークラボ気付
NPO法人いちょうコンソーシアム
（〇六-六三四五-五〇〇四）

挿図出典

カバー写真

工藤清作従軍日記・征露紀念杯　個人蔵　西川撮影

第一章

図1　近・現代の戦争　森松俊夫（一九九一）『図説陸軍史』建帛社　より西川作図
図2　日露戦争の進軍経路　森松俊夫（一九九一）『図説陸軍史』建帛社　より西川作図
図3　日露戦争を想定した一八九八（明治三一）年の陸軍特別大演習　個人蔵　西川撮影・作図
図4　感状杯と日露戦争で陸軍が発行した感状　個人蔵　西川撮影・陸軍省（一九〇七）『明治卅七八年戦役感状写』一〜四巻　軍事教育会　より西川作図
図5　日露戦争時の陸軍組織　森松俊夫（一九九一）『図説陸軍史』建帛社　より西川作図

第二章

図1　兵の階級と日露戦争の動員兵力　大江志乃夫（一九七六）『日露戦争の軍事史的研究』岩波書店　より西川作図
図2　日露戦争における北中通村の召集人員　泉佐野市（二〇〇九）『新修泉佐野市史』近現代編　より
図3　日露戦争時の陸軍兵役　泉佐野市（二〇〇九）『新修泉佐野市史』近現代編　より西川作図
図4　野戦糧食規定による一日あたりの兵士の食糧　渡辺義之編（二〇〇二）『帝国陸軍　戦場の衣食住』学習研究社　より西川作図

図5　兵士の装備と銃　錦絵個人蔵
図6　南山の戦い進軍図　靖国神社（一九三三）『靖国神社忠魂史』第二巻　より西川作図
図7　藤岡鉄次郎と林三子雄の墓碑　西川撮影　大阪市真田山陸軍墓地・大阪狭山市報恩寺墓地
図8　諸外国の見る日露戦争　飯倉　章（二〇一〇）『日露戦争風刺画大全』上　芙蓉書房出版　より
図9　韓国の教科書にある義兵運動の歴史　三橋広夫訳（二〇〇七）『韓国の小学校歴史教科書』明石書店　より西川作図

第三章

図1　後備歩兵第九聯隊長高城義孝大佐墓碑　大阪市真田山陸軍墓地、西川撮影・和歌山県高野山奥の院墓地、冨井撮影
図2　公文書などからたどる高城義孝の年譜　陸軍省編（一八七五〜一八九四）『陸軍省大日記』などより冨井作図
図3　旅順要塞攻撃軍と後備歩兵第四旅団の損耗　靖国神社（一九三三）『靖国神社忠魂史』第二巻　より西川作図
図4　旅順要塞攻略戦の進軍経緯　靖国神社（一九三三）『靖国神社忠魂史』第二巻　より西川作図
図5　旅順要塞第一次総攻撃　靖国神社（一九三三）『靖国神社忠魂史』第二巻　より西川作図
図6　戦死者が語る戦闘の実態（旅順第一次総攻撃）　靖国神社（一九三三）『靖国神社忠魂史』第二巻、忠勇顕彰会編纂（一九一四）『日露戦役忠勇列伝』大阪府二巻より　西川作図・大阪市真田山陸軍墓地、西川撮影
図7　旅順要塞第一次総攻撃の戦死傷者数　陸軍参謀本部編（一九一五）『明治三十七八年日露戦史』第五巻本文・付図　東京楷行社刊、陸軍省編（一九九四）『日露戦争統計集』復刻版第二巻　東洋書林　より冨井作図
図8　大津市出身の後備歩兵第九聯隊戦没者　大津市私立教育会（一九一一）『大津市志』より冨井作図
図9　第四師団管区の後備歩兵部隊の動員　『日露戦争統計集計集』などより冨井作図

第四章

図1　奉天会戦　陸軍参謀本部編（一九一五）『明治卅七八年日露戦史』第九巻本文・付図 東京偕行社刊　より西川作図

図2　第二一聯隊（浜田）聯隊長稲葉瀧三郎の墓碑と銅像　右、大阪市真田山陸軍墓地・左、豊中市瑞輪寺墓地 西川撮影

図3　奉天会戦当初の中央戦線　陸軍参謀本部編（一九一五）『明治卅七八年日露戦史』第九巻本文・付図 東京偕行社刊　より西川作図

図4　奉天会戦の中盤戦　陸軍参謀本部編（一九一五）『明治卅七八年日露戦史』第九巻本文・付図　東京偕行社刊　より西川作図

図5　感状からみた第四師団の最前線　陸軍省（一九〇七）『明治卅七八年戦役感状写』一～四巻　軍事教育会より西川作図

図6　方面軍の戦死者数からみた奉天会戦の推移　靖国神社（一九三三）『靖国神社忠魂史』第四巻　より西川作図

図7　奉天の城門と市街略図　『奉天省　昭和八年観光案内図』（一九三三）　より西川作図

図8　奉天城占領　陸軍参謀本部編（一九一五）『明治卅七八年日露戦史』第九巻本文・付図 東京偕行社刊　より西川作図

図9　「奉天占領」を伝える三月九日の新聞号外　個人蔵　西川撮影

図10　大山総司令官の奉天城入城式　『日露戦争写真画帳』（一九三〇）戦記名著刊行会　より

第五章

図1　英国債発行額の推移と戦費　学習研究社編（一九九一）『日露戦争』学習研究社　より西川作図

図2　軍事郵便　個人蔵
図3　『公刊戦史』　個人蔵
図4　西川甚次郎『日露従軍日記』個人蔵　西川撮影
図5　様々な従軍日記　個人蔵　西川撮影
図6　「めくら鬼」遊び　五渡亭国貞（江戸後期）『仮名手本忠臣蔵七段目』赤穂市教育委員会所蔵・赤穂市立歴史博物館提供
図7　戦死者が語る戦闘の実態（奉天会戦）忠勇顕彰会編纂（一九一四）『日露戦役忠勇列伝』大阪府二巻より　西川作図・大阪市真田山陸軍墓地、西川撮影
図8　俘虜収容所　『明治三七八年戦役　浜寺記念』（発行年　発行者不詳）より
図9　凱旋と招魂　帝国在郷軍人会本部編纂（一九三一）『歩兵第九聯隊史』帝国在郷軍人会、森脇竹一（一九〇六）『第四師団招魂祭写真帖』より

コラム1
図1　日露戦争従軍日記各種　個人蔵　西川撮影
図2　日露戦争従軍日記一覧　延廣作図

コラム2
図1　日本軍の兵站　西川作図
図2　現地調達された鶏卵・肉牛　斎木寛直編（一九〇五）『写真画報』一八　奉天記念写真帖　博文館　より

コラム3
図1　与謝野晶子の詩「君死にたまふことなかれ」堺市堺駅前の晶子銅像　西川撮影
図2　第四師団（大阪）で六月に出征した部隊　陸軍省編（一九九四）『日露戦争統計集』第六巻　東洋書林　より富井作図
図3　旅順要塞攻撃のための大砲運搬　大本営写真班（一九〇六）『日露戦役写真帖』第七巻・第八巻　小川一真出版部　より

コラム4
図1　俘虜の発生　大熊秀治（二〇一一）『日露戦争の裏側　第二の開国』彩流社　より西川作図
図2　俘虜収容所　大熊秀治（二〇一一）『日露戦争の裏側　第二の開国』彩流社　より西川作図
図3　俘虜収容所の分布　大熊秀治（二〇一一）『日露戦争の裏側　第二の開国』彩流社　より西川作図

コラム5
図1　柳樹屯のにぎわい　亀井茲明（一九九二）『日清戦争従軍写真帖』柏書房　より
図2　日清戦争軍役夫の墓碑群　大阪市真田山陸軍墓地、西川撮影
図3　明治時代の練乳・粉末乳広告　永江為政（一九七三）『商業資料』（復刻版）新和出版社　（一八九九）『東京朝日新聞』東京朝日新聞社
図4　第三師団補助輸卒隊の凱旋紀念杯　個人蔵　西川撮影

執筆者紹介（執筆順）

西川寿勝（にしかわ　としかつ）

一九六五年生まれ。大阪府出身。大阪府教育委員会文化財保護課。

主な著作：『倭王の軍団』新泉社、二〇一〇（共著）、『陸軍墓地が語る日本の戦争』ミネルヴァ書房、二〇〇六（編著）など。

延廣壽一（のぶひろ　としかず）

一九七八年生まれ。兵庫県出身。東近江市史編纂室編纂員。

主な論文：「日清戦争と朝鮮民衆―電線架設支隊長の日記から見た抵抗活動―」『日本史研究』五八四、二〇一一、「『大阪朝日新聞』における濃尾地震報道」『地域研究いたみ』四一、伊丹市立博物館、二〇一二。

横山篤夫（よこやま　あつお）

一九四一年生まれ。千葉県出身。関西大学非常勤講師。

主な著作：『戦時下の社会』岩田書院、二〇〇一、「旧真田山陸軍墓地変遷史」『国立歴史民俗博物館研究報告』一〇二、二〇〇三など。

冨井恭二（とみい　きょうじ）
一九四七年生まれ。京都府出身。ＮＰＯ法人真田山陸軍墓地とその保存を考える会会員　元大阪府立高校社会科教諭。
主な著作：「屯田兵墓碑銘の謎」『真田山』一四、二〇〇八、「後備歩兵第九聯隊長高城義孝の墓碑」『真田山』二二、二〇一〇など。

堀田暁生（ほった　あきお）
一九四五年生まれ。大阪府出身。大阪市史編纂所長。
主な著作：『大阪俘虜収容所の研究』大阪俘虜研究会編・大正ドイツ友好の会、二〇〇八（編著）、『大阪川口居留地の研究』思文閣、一九九五（共著）、『大阪まち物語』創元社、二〇〇〇（共著）など。

今西聡子（いまにし　さとこ）
山梨県出身。神戸女学院大学大学院博士後期課程単位取得退学。
主な論文：「中山寺の日露戦病死者追弔絵馬をめぐる一考察」『歴史と神戸』五〇―三、神戸史学会編、二〇一一、「日露戦後の摂津軍事行啓―石碑『東宮殿下御野立所』を手がかりに―」『文化論輯』一四、神戸女学院大学大学院、二〇〇七など。

西出達郎（にしで　たつろう）
一九二八年生まれ。大阪府出身。ＮＰＯ法人いちょうコンソーシアム理事長。主に市民大学の歴史講座などを主催。

2012年 11 月25日　初版発行　　　　　　　　　　　　　　　　《検印省略》

兵士《へいし》たちがみた日露戦争《にちろせんそう》

—従軍日記《じゅうぐんにっき》の新資料《しんしりょう》が語《かた》る坂《さか》の上《うえ》の雲《くも》—

編著者　横山篤夫・西川寿勝
企　画　いちょうコンソーシアム
発行者　宮田哲男
発行所　株式会社 雄山閣
〒 102-0071　東京都千代田区富士見 2-6-9
TEL　03-3262-3231 / FAX　03-3262-6938
URL　http: //www.yuzankaku.co.jp
e-mail　info@yuzankaku.co.jp
振 替：00130-5-1685
印刷所　株式会社ティーケー出版印刷
製本所　協栄製本株式会社

ISBN978-4-639-02246-6 C0021
N.D.C.210　255p　21cm